BASIC
MARKETING

ベーシック・マーケティング

第2版

（公社）日本マーケティング協会 監修

恩藏直人・三浦俊彦・芳賀康浩・坂下玄哲 編著

同文舘出版

執筆者一覧 （執筆順）

〈＊は編者〉

＊恩藏　直人（早稲田大学商学学術院教授）	序　章
横山　斉理（法政大学経営学部教授）	第 1 章
石田　大典（同志社大学商学部准教授）	第 2 章
結城　　祥（神戸大学大学院経営学研究科准教授）	第 3 章
＊坂下　玄哲（慶應義塾大学大学院経営管理研究科教授）	第 4 章
須永　　努（早稲田大学商学学術院教授）	第 5 章
橋田洋一郎（専修大学経営学部教授）	第 6 章
＊三浦　俊彦（中央大学商学部教授）	第 7 章
松下　光司（学習院大学経済学部教授）	第 8 章
田嶋　規雄（拓殖大学商学部教授）	第 9 章
久保　知一（中央大学商学部教授）	第10章
＊芳賀　康浩（青山学院大学経営学部教授）	第11章

刊行の序

　我が国に，マーケティングという言葉が導入されてから，既に半世紀が過ぎております。

　マーケティングとは，「顧客の欲求と満足を探り，創造し，伝え，提供することにより，その成果として利益を得ること」だと説明されております。日本にマーケティングが導入された当時は高度経済成長期にあり，日本企業はあらゆるマーケティング活動により，金融危機など度重なる危機を突破し，確固たる地位を築き上げて参りました。まさにマーケティングとは企業の持続的成長，競争を勝ち抜くための源泉であるのです。

　本書は当協会で開催している「マーケティング・ベーシックコース」の指導講師の皆様に御執筆いただいたマーケティングの基本書であり，内容もより実務に即した形で構成されています。まさに，今までの日本企業が実践してきたマーケティング活動の理論が，盛り込まれているのです。実務家の方，研究者，学生の皆様他，次世代を担うマーケターの方には，是非本書を手にとっていただき，これからのマーケティング活動の一助として役に立てれば幸いに存じます。

　最後になりましたが，恩藏直人先生，三浦俊彦先生，芳賀康浩先生，坂下玄哲先生ほかご執筆いただきました先生方にはここにあらためて感謝申し上げます。そして，最後まで編集の労をとっていただいた同文舘出版取締役編集局長市川良之氏をはじめ，同文舘出版の皆様にも心から謝意を表する次第です。

2019 年 6 月

公益社団法人日本マーケティング協会

会長　藤重　貞慶

（ライオン株式会社　相談役）

はじめに

　多くのスキルと同様にマーケティングにおいても，そのスキルの磨き方は一様ではない。実務一筋で様々な局面を経験しながらスキルアップすることもできれば，ビジネススクールなどで理論を踏まえながらスキルアップすることもできる。だが，どちらの場合においても，最低限外すことのできない基礎理論や基本枠組みを身に着けていることは必要だ。本書『ベーシック・マーケティング（第2版）』は，実務の世界でマーケティングというスキルを武器に活躍したいと考える人のためにまとめられている。

　本書の出版企画は，(公社) 日本マーケティング協会の「マーケティング・ベーシックコース」(以下，ベーシックコース) に基づいている。ベーシックコースはその名の通り，マーケティングの基礎理論や基本枠組みを体系的に理解し，これを有効活用できる人材の育成を目的としている。新しくマーケティング部門に配属された方，あるいはマーケティング発想を習得し，実務に活かしたい人などを対象としている。

　1982 年から続く本コースは，受講生の高い満足度を獲得し，多くのマーケティング実務家を生み出してきた。受講生の増加とともにコースは拡充され，我が国におけるマーケティング基礎教育プログラムの決定版だと自負している。業種や職種を超えた人々の受講によって，マーケティングを理解するコミュニティが形成され，我が国におけるマーケティング発展の礎となっている。

　本書は，ベーシックコースにおける教育効果を引き上げ，コースをより充実させたいという思いで出版された。本書とほぼ同じコンセプトで，過去に『マーケティング・ベーシックス』(1995 年, 同文舘出版) と『ベーシック・マーケティング』(2010 年, 同文舘出版) が出版されている。マーケティングの学問的進化とベーシックコース講師陣の交代などを受けて，今回，大幅改訂に踏み切った。

　執筆者はベーシックコースで講師をつとめているが，編集に携わった数名を除くと 40 代であり，マーケティング研究の最先端を走る新進気鋭の研究者で

ある。しかも，それぞれの本務校や本務校以外でMBAプログラムをはじめとする社会人教育に携わっており，日々，実務界の動向や実務家の問題意識に接している。近年注目されている産学連携プロジェクトに参画し，実務上の課題に正面から取り組んでいる者も少なくない。

つまり，マーケティングの理論や枠組みに精通していることはもちろん，実務にも常に目を向けている研究者による書であるだけに，事例やエピソードを交えて，基本書でありながら臨場感をもって解説されている。

学問としてのマーケティングを学ぶと，まず例外なくコトラー（Kotler, P.）という名前を耳にする。彼は近代マーケティングの父とも称されており，私たちが学ぶマーケティング論の骨子を構築した人物である。彼が来日した時，次のような面白いコメントを残している。「私はサインを求められたとき，自分の書であっても，古いものにはサインをしない。それは私がケチだからではない。古いマーケティング書は役に立たないからだ」。

様々な局面でデジタル化が進み，ソーシャルメディアが浸透するなど，マーケティングを取り囲む環境は著しい変化を遂げている。顧客ニーズの把握，製品の販売チャネルの選定，広告コミュニケーションの実施，価格の設定など，マーケティングの各ステップは変わらないが，その取り組みは大幅に見直されている。

マーケティングで学ぶべき基本部分に大きな変化はないが，マーケティングで用いられる技術やツールが変われば，基本部分の使い方や解釈は変わってくる。本書では，「初歩的な知識」を単に盛り込むのではなく，今日的なマーケティング環境に適合した「基本的な視点や発想」の提示を念頭に置いている。もちろん，ベーシックコースに参加できないまでも，マーケティングの基礎を学びたいと考える人々が手にしても，しっかりと理解できる構成となっている。

最後となったが，本書の企画段階から出版に至るまで温かく見守ってくれた（公社）日本マーケティング協会の鈴木脩介氏をはじめ，同協会の皆様に感謝の意を表したい。

2019年5月

編著者を代表して　恩藏　直人

(5)

目　　次

刊行の序　　(1)

はじめに　　(3)

序章　マーケティング発想法 ─────────── **3**

§1　マーケティングの本質……………………………………………8

　(1)　マーケティング・マイオピア（近視眼）……………………8

　(2)　製品コンセプトとマーケティング・コンセプト……………9

§2　マーケティングの進化…………………………………………10

　(1)　非営利組織のマーケティング………………………………10

　(2)　ソサイエタル・マーケティング……………………………11

§3　マーケティングの粒度…………………………………………13

　(1)　マーケティング・ミックスの前段階………………………13

　(2)　市場の細分化…………………………………………………14

§4　マーケティングの対象…………………………………………15

　(1)　市場細分化の切り口…………………………………………15

　(2)　ターゲティングの考え方……………………………………17

　(3)　ポジショニングの有効性……………………………………19

§5　マーケティングの骨子…………………………………………21

　(1)　4つのP………………………………………………………21

　(2)　4つのC………………………………………………………22

(6)

第1章　戦略的マーケティング ————————— **25**

§1　戦略的マーケティング登場の背景……………………………27

§2　成長戦略…………………………………………………………28

§3　ポートフォリオ・マネジメント………………………………30

　（1）　ポートフォリオ・マトリックス……………………………30

　（2）　ポートフォリオ・マネジメント……………………………31

§4　事業ドメイン……………………………………………………33

§5　競争戦略…………………………………………………………36

　（1）　ポーターの競争戦略…………………………………………36

　（2）　市場地位別競争戦略…………………………………………38

第2章　マーケティングにおける環境分析 ————— **41**

§1　SWOT分析………………………………………………………43

§2　内部環境の分析…………………………………………………44

　（1）　経営資源と組織能力…………………………………………44

　（2）　経営資源の分析………………………………………………45

　（3）　組織能力の分析………………………………………………45

　（4）　重要性と卓越性による評価…………………………………47

§3　マクロ外部環境の分析…………………………………………48

§4　ミクロ外部環境の分析…………………………………………51

　（1）　製品ライフ・サイクル………………………………………51

　（2）　5つの競争要因………………………………………………52

　（3）　補完製品………………………………………………………54

§5　内部環境要因と外部環境要因の適合…………………………55

目　　次　(7)

第3章　マーケティング・マネジメントの基礎 ── 59

§1　マーケティングのSTP ……………………………………61

(1)　「売れる仕組み」作りのポイント ………………………61

(2)　STPの定義と3者間の関係 ………………………………62

§2　セグメンテーション ………………………………………63

(1)　セグメンテーションの意義 ……………………………63

(2)　セグメンテーションの手順 ……………………………65

(3)　セグメンテーションの留意点 …………………………66

§3　ターゲティング ……………………………………………68

(1)　ターゲティングの意義 …………………………………68

(2)　ターゲティングの手順 …………………………………69

(3)　ターゲティングの留意点 ………………………………69

§4　ポジショニング ……………………………………………71

(1)　ポジショニングの意義 …………………………………71

(2)　ポジショニングの手順 …………………………………72

(3)　ポジショニングの留意点 ………………………………74

第4章　マーケティング・リサーチ ── 77

§1　マーケティング・リサーチの概要 ………………………79

§2　問題の設定 …………………………………………………80

§3　リサーチ・デザインの決定 ………………………………82

(1)　探索的リサーチ …………………………………………82

(2)　記述的リサーチ …………………………………………84

(3)　因果関係リサーチ ………………………………………84

§4　データ収集の方法・形式のデザイン ……………………86

(1)　データのタイプ …………………………………………86

(2)　サンプリング ……………………………………………87

(8)

$\qquad$ (3) データの収集方法 ……………………………………… 88

§5 測定尺度とデータ分析 ……………………………………… 90

$\qquad$ (1) 測定尺度のタイプ ………………………………………… 91

$\qquad$ (2) データ分析 ………………………………………………… 92

§6 調査報告書の作成 ………………………………………… 96

第5章 消費者行動分析 ————————————————— **99**

§1 マーケティングにおける消費者行動分析 ……………………… 101

$\qquad$ (1) 消費者行動の分析水準 ………………………………… 101

$\qquad$ (2) 消費者知覚の特性 ……………………………………… 102

$\qquad$ (3) 知覚マップ ……………………………………………… 104

§2 ブランド・カテゴライゼーション ……………………………… 106

$\qquad$ (1) ブランド・カテゴライゼーションとは ……………………… 106

$\qquad$ (2) ブランド・カテゴライゼーションから導かれる戦略課題 ……… 108

§3 消費者の購買意思決定プロセス ………………………………… 110

$\qquad$ (1) 現代における消費者の満足度 …………………………… 110

$\qquad$ (2) 購買意思決定プロセス ………………………………… 111

$\qquad$ (3) 決定方略 ………………………………………………… 114

§4 情報処理アプローチ ……………………………………………… 115

$\qquad$ (1) 消費者意思決定研究の流れ …………………………… 115

$\qquad$ (2) 消費者関与概念 ………………………………………… 116

第6章 製品戦略 ————————————————— **119**

§1 製品とは何か ……………………………………………………… 121

$\qquad$ (1) 製品の捉え方 …………………………………………… 121

$\qquad$ (2) 製品の分類 ……………………………………………… 122

$\qquad$ (3) 製品ミックス …………………………………………… 124

目　　次　(9)

§2　製品開発･･･125

　(1)　参入順位･･･125

　(2)　単独開発と共同開発･･･････････････････････････････････････127

　(3)　新製品開発のプロセス･････････････････････････････････････128

§3　製品ライフ・サイクル･･131

　(1)　製品ライフ・サイクルの概念･･･････････････････････････････131

　(2)　製品ライフ・サイクルとマーケティング・ミックス･････････133

　(3)　特殊なケース･･･134

第7章　ブランド戦略 ———————————————— 137

§1　ブランドとは何か･･･139

　(1)　ブランドの歴史･･･139

　(2)　ブランドの種類と範囲･････････････････････････････････････140

§2　ブランド戦略の体系･･141

　(1)　ブランド・エクイティとブランド・アイデンティティ･････････141

　(2)　ブランド・エクイティとブランド・アイデンティティの関係･････142

§3　BIを創る（ブランド・ビルディングの戦略)･･････････････････143

　(1)　ブランド・コンセプト･････････････････････････････････････144

　(2)　機能的価値と情緒的価値･･･････････････････････････････････145

　(3)　情緒的価値創造の4つの方法･･･････････････････････････････146

　(4)　ID要素（ブランド要素)････････････････････････････････････152

§4　BIを伝える（ブランド・コミュニケーションの戦略)･･･････････154

　(1)　コードの重要性･･･154

　(2)　中立的なメディア：パブリシティと口コミ････････････････････156

　(3)　体験の場：店頭とショールーム････････････････････････････158

第8章　価格戦略 ——————————————— **161**

§1　価格設定戦略の意義……………………………………………163

§2　価格設定に影響を与える要因………………………………165

　　(1)　マーケティング目標…………………………………………165

　　(2)　コ ス ト…………………………………………………………167

　　(3)　需要の特性……………………………………………………168

　　(4)　競　　争………………………………………………………171

§3　価格設定アプローチ……………………………………………172

　　(1)　コストに基づく価格設定……………………………………173

　　(2)　需要に基づく価格設定………………………………………174

　　(3)　競争に基づく価格設定………………………………………181

　　(4)　最終価格の選択………………………………………………181

§4　価格適合……………………………………………………………182

第9章　コミュニケーション戦略 ————————— **185**

§1　コミュニケーションの基礎理論………………………………187

　　(1)　コミュニケーション戦略の視点……………………………187

　　(2)　コミュニケーション・モデル………………………………187

　　(3)　コミュニケーションに対する消費者の反応……………189

　　(4)　コミュニケーション戦略における「送り手」と「受け手」………190

§2　コミュニケーション戦略の諸手段……………………………191

　　(1)　コミュニケーション手段の4類型…………………………191

　　(2)　トリプルメディア……………………………………………197

　　(3)　トリプルメディアのコミュニケーション・モデル………200

§3　コミュニケーション・ミックス………………………………201

　　(1)　コミュニケーション・ミックスのプッシュ的要素とプル的要素…202

目　　次　(11)

(2)　コミュニケーション・ミックスのパターンを規定する消費者行動類型
　　　………………………………………………………………………203

(3)　消費者行動類型とコミュニケーション・ミックスのパターン……206

第10章　チャネル戦略 ———————————————— 211

§1　はじめに………………………………………………………………214

(1)　流通とはなにか…………………………………………………214

(2)　流通機関…………………………………………………………214

(3)　流通機能…………………………………………………………215

(4)　チャネル…………………………………………………………216

§2　日本の流通機構………………………………………………………218

(1)　小売構造…………………………………………………………218

(2)　卸売構造…………………………………………………………218

(3)　小売業態の進化…………………………………………………220

(4)　ECとプラットフォーム………………………………………221

§3　チャネル設計…………………………………………………………223

(1)　ターゲット顧客の行動分析：小売業態の選定………………223

(2)　チャネル構造：広狭基準・開閉基準・長短基準……………224

(3)　流通機能の代替性………………………………………………227

§4　チャネル管理…………………………………………………………228

(1)　対立とパワー……………………………………………………228

(2)　パワーの源泉：市場支配力・パワー基盤・取引依存度……229

(3)　VMS（垂直的マーケティング・システム）………………231

§5　チャネルの変化………………………………………………………232

(1)　延期と投機………………………………………………………232

(2)　関係特定的投資…………………………………………………234

(3)　チャネルの組み換え……………………………………………235

(12)

第11章　サービス・マーケティング ——————— **239**

§1　サービスとは何か…………………………………………241

§2　サービス・マーケティングの特徴と戦略……………………244

　(1)　サービスの基本特性とサービス・マーケティングの特徴………245

　(2)　サービスのマーケティング戦略………………………………248

§3　サービス・マーケティングと顧客満足……………………251

　(1)　サービス・エンカウンター……………………………………251

　(2)　サービス・プロフィット・チェーン…………………………253

用語解説………………………………………………………257

和文索引………………………………………………………273

欧文索引………………………………………………………278

ベーシック・マーケティング
（第2版）

序章　マーケティング発想法

　「マーケティング」と聞いて，多くの人は，企業の販売活動や広告活動などをイメージするのではないだろうか。確かに，製品やサービスを売り込もうとする取り組みは，マーケティングにおける重要課題の１つである。しかし今日，既に存在している製品やサービスを売り込むだけでは不十分であり，顧客が求めているものの本質を汲み取り，新たな価値を創造していかなければならない。マーケティング発想に基づいた組織活動では，常に起点を顧客ニーズに置きながら展開する。それゆえ，マーケティングは企業側からみた「売り込む方法」ではなく，顧客側の視点に立った「売れる仕組みづくり」などと称される。

　私たちはマーケティングを学ぶにあたって，マーケティング発想とはどのようなものなのかについて理解しておく必要がある。そこで，以下の事例について考察することにより，マーケティング発想について考えてみよう。

「横浜スタジアムの『プレミアムテラス』で楽しむ観客」（©YOKOHAMA DeNA BAYSTARS）

§1　マーケティングの本質	§4　マーケティングの対象
§2　マーケティングの進化	§5　マーケティングの骨子
§3　マーケティングの粒度	

　スポーツファンであれば，誰もが応援するチームや選手に活躍してほしいと願う。チームや選手が強ければ，おのずと応援にも熱が入る。それはプロ野球においても例外ではなく，ファンは喜んで球場を訪れるようになる。球団経営者が来場者数を増やしたいならば，まずチームを強くしなければならないと考えるとしても不思議ではない。ところが，横浜 DeNA ベイスターズの取り組みを知ると，ファンづくりに対する従来からの考え方は必ずしも正しくないことに気づく。

　2011 年 12 月，池田純氏が球団創設に伴い代表取締役社長に就任すると，マーケティング発想に基づいた戦略で，横浜スタジアムへの年間来場者数を伸ばしてきた。2011 年から 2015 年までの来場者数の伸びは 65％ で，110 万人から 181 万人へと増えている。12 球団の中で頭抜けた増加率である。座席数に対する動員率でみても，同時期に 50％から 90％ へ伸びている。一方，横浜 DeNA ベイスターズになってから 4 年間のチームの成績はというと，よくても 5 位で最下位を 2 回経験している。前半戦を首位でターンした 2015 年も，結局は 62 勝 80 敗 1 分け，勝率は 4 割 3 分 7 厘と低迷した。チームの成績が苦しいにもかかわらず，横浜 DeNA ベイスターズは，いかにして観客動員数の増加に成功したのだろうか。

　池田氏によると，ビジネスの出発点はまず顧客を知り尽くすことだという。顧客を正確に理解していなければ，有効な戦略は打ち出せない。社長に就任して最初に手掛けたのは，それまでバラバラだったファンクラブやチケット購入に関する顧客情報の一元管理である。本拠地である神奈川県民を対象にアンケート調査も実施した。その結果，横浜スタジアムに来てくれている観客の属性や行動パターンが把握できるようになった。3 年目からはドコモのビッグデータも利用している。データの収集や分析が進んだことにより，狙うべきターゲットが見えてきた。仕事帰りに友達と飲みに行くような 20 ～ 30 代のアクティブサラリーマンと呼んでいる層だ。そして，一度定めたターゲットからブ

れることなく，ターゲットを呼び込むという戦略のもとに，次々と話題作りを仕掛けていった。ビジネスにおける失敗の多くは，ターゲットやポジショニングの途中変更によって生じる。つまり，一貫した STP（セグメンテーション，ターゲティング，ポジショニング）をどれだけ実践できるかが，ビジネスの成果を左右するのである。

　池田氏は，マーケティングには 10 のプロセスがあり，組織の全体最適に向けて，それらを着実に遂行していかなければならないと主張している。10 のプロセスとは，①データと情報の収集，②市場分析と顧客分析，③戦略ターゲットの明確化，④ターゲットが求める商品の創造，⑤ストーリーの創造，⑥数字につながり，ストーリーを伝える広告と PR の創造，⑦ Web の活用，⑧ブランディング戦略の実行，⑨ PDCA による商品やコミュニケーションの改善，⑩営業戦略への責任，である（池田　2016）。特にプロセスの前半に当たる，データと情報の収集，市場分析と顧客分析からストーリーの創造まで，このプロセスをいかに組織メンバーに理解してもらい，チームとして取り組めるかが鍵であるという。

　上記のプロセスとともに池田氏が重視している点は，同業，異業を問わず，ベンチマーキングと呼ばれる他社から学ぶ姿勢である。学ぶべきエクセレントな事例は，必ずどこかに存在している。例えば，球場の演出方法を検討するうえで各種コンサートを参考にしているし，接客やホスピタリティでは東京ディズニーランドを参考にしている。球団と地域との結びつきを深めたいと考えた時には，自社のスタッフをレッドソックスにまで派遣し学ばせた。ボランティアを上手に利用した座席案内は，シカゴカブスを手本とした。

　横浜 DeNA ベイスターズが取り組んできた具体的な施策について見てみよう。多くの野球ファンは，野球観戦のためだけに球場へ来ているわけではない。プラスアルファの楽しみを提供することで，池田氏はターゲットであるアクティブサラリーマンの心を掴めると考えた。そこで，社員を交えてアイデアを出し合った。その 1 つに，花火や光による演出がある。試合後に照明を落とし，花火を打ち上げるとともにカラフルなサーチライトで照らすことにより，試合だけではなく観戦後の楽しみを生み出した。球場の外には特設のビアガーデンを開設し，大型ビジョンを設置することにより，球場内の試合の様子を見なが

ら楽しんでもらう。

　大がかりな施策だけではなく，細部にも手を加えた。それまで単なる作業服に過ぎなかったスタッフの服装は，海をテーマにした服装に変更した。球場の外周カラーを青に統一し，コンコースの視覚的なエンターテインメントを充実させるため改修工事を行った。加えてスタジアムの観戦環境向上のため内野コンコースのトイレを全面改修した。スコアボードは，試合進行に合わせた演出可能なものへと改修した。

　もちろん観客席の工夫も怠らない。3 〜 5 人ほどでちょっとした宴会気分が味わえる「BOX シート」，選手のプレイを地上レベルで見ることのできる「エキサイティングシート」，自宅のリビングにいるかのように寝転んで観戦できる「リビング BOX シート」，球場の最上段に設けられた「スカイバーカウンター」，ゆったりとした空間で最大 10 名が観戦できる「プレミアムテラス」など，様々なコンセプトを持った座席を用意した。野球観戦を中核としながらも，経験価値を消費してもらうための様々な工夫が施されたのである。生まれ変わった横浜スタジアムにとっての競争相手は，平日であれば居酒屋やカラオケ店，休日であればテーマパークであると池田氏は考えている。

　マーケティングでは，コスト意識も欠かせない。池田氏はコストを計算するうえで，生涯価値（LTV：Life　Time　Value）を重視している。横浜スタジアムの場合，ひとたび顧客になると年間 4 回ほどは来場し，その一部は熱烈なファンになる。もちろん一人当たりの顧客獲得コスト（CPA：Cost　Per　Acquisition）も把握しておく必要がある。これらの変数の方程式が解けると，顧客獲得に向けて許される投資額が明らかになる。

　ブランド意識も忘れてはならない。今日のマーケティングにとって，ブランド構築は最も重要な視点の 1 つとなっている。池田氏は，「横浜 DeNA ベイスターズ」を人々のマインド内に直接的に刷り込むのではなく，「横浜」に寄り添うという発想を取り入れた。つまり，ベイスターズを売り込むのではなく，横浜との連想で売り込もうというのである。ベイスターズのシンボルである「☆」をラブと発音させるアイデアも採用し，選手たちにも「I ☆ YOKOHAMA」と語らせる。国際的な港町である横浜との連想を強化することで，「横浜 DeNA ベイスターズ」に対する好感度のアップに成功した（恩蔵

2017）。

　上記の事例から，皆さんは何を学び，何を感じたでしょうか。マーケティング戦略を適切に推し進め，組織としての成果を実現させるためには，組織の全てのメンバーが，自社が狙うべき顧客に目を向け，彼らのニーズや課題を探り，導出されたニーズや課題を解決するための製品やサービスを生み出し，彼らの満足を高めるために取り組まなければならない。その過程を通じて，競争に打ち勝ち，ブランドを強化しながら利益をあげていく。マーケティングの用語を用いるならば，顧客志向，ターゲティング，顧客価値，ベンチマーキング，ブランディング，競争志向，コスト意識などになるだろう。これらの意識や枠組みをしっかりと理解し，ビジネスに取り組もうという発想がマーケティング発想だといえる。

　第 1 章以下では，しっかりと学ぶべき項目について論じているが，本章では，マーケティング発想の全体像を俯瞰していただくことを目的に，マーケティングの本質と進化，市場をとらえるレベル感としてのマーケティングの粒度，市場細分化とポジショニングによって浮かび上がってくるマーケティングの対象，そしてマーケティングの骨子である 4P についての解説をしておきたい。

§1 マーケティングの本質

　マーケティングがビジネスの中心的位置づけにあることはわかっていても，その本質を正確に把握している人は意外と少ないようである。実務家たちと話していても，また大学院（MBA プログラム）のメンバーと議論していても，マーケティングの捉え方には違いがある。広告やキャンペーンなどにより販売を促進することがマーケティングであると認識している者もいれば，市場調査を実施することがマーケティングであると理解している者もいる。

　確かに，広告や市場調査はマーケティングの重要な領域として位置づけることができる。しかし，マーケティングには他にも多くの課題が含まれている。そこで，個別の課題を集めてマーケティングを考えるよりも，理念や姿勢としてマーケティングを捉える方がよいだろう。

（1）　マーケティング・マイオピア（近視眼）

　日本企業の多くは優れた技術力で競争を有利に展開してきた。消費財企業であるパナソニックにしても花王にしても，さらには生産財企業である IHI や前川製作所にしても，技術に裏付けされた製品で市場をリードしてきた。もちろん今日のビジネスにおいても，技術力が引き続き重要であることは変わらない。

　ところが，技術力で勝ち進んできた企業は，顧客に目を向けることがどうしても疎かになり，「価格が手ごろで，品質が優れていれば顧客は支持してくれる」といった組織文化に支配されやすくなる。優れた技術力による製品で活路を見いだそうとするビジネス理念は，「製品コンセプト」とよばれている。

　アメリカの経営学者であるドラッカー（Drucker, P. F.）が，「ビジネスの基本はイノベーションとマーケティングである」と述べたように，技術面でのリー

ダーシップは市場競争を有利に展開する上で欠くことができない。だが，技術面にばかり気をとられていると，どうしても視野が狭くなり顧客ニーズの本質を見落としやすくなる。マーケティングでは，それを「マーケティング・マイオピア」という言葉で戒めている。レコードプレイヤーから CD プレイヤーへ，CD プレイヤーから iPod へ，さらにはスマートフォンへの変化を思い起こして欲しい。人々は高品質のレコードプレイヤーや CD プレイヤーを求めていたのではなく，美しい音楽を手軽に楽しむことを求めていたのである。

(2) 製品コンセプトとマーケティング・コンセプト

レコードプレイヤーや CD プレイヤーよりも扱いが簡単で，より美しい音をもたらすスマートフォンに人々は流れ，高品質のレコードプレイヤーや CD プレイヤーに固執していた企業は今や市場から駆逐されている。顧客が求めているものの本質を疎かにして，自社が現在取り組んでいる製品の完成度や高度化ばかりを目指そうとする製品コンセプトにとらわれてしまうと，製品の背後にある顧客ニーズの本質を見落としてしまう。

そこで，製品コンセプトを補うビジネス理念として，「マーケティング・コンセプト」に光が当てられることになる。マーケティング・コンセプトの下では，顧客ニーズを出発点としてビジネスが展開される（図表序-1）。製品コンセプトでは生産者の職人的自己満足が追求されやすいが，マーケティング・コンセプトでは戦略的に顧客満足が追求される。理想的なマーケティング企業では，顧客ニーズをしっかり反映したモノ作りがなされ，クチコミやパブリシティ

図表序-1　製品コンセプトとマーケティング・コンセプト

	製品コンセプト	マーケティング・コンセプト
起　　　点	生産現場	顧客ニーズ
視　　　点	組織内から組織外へ	組織外から組織内へ
対 処 法	製品改良	統合型マーケティング
志　　　向	職 人 的	戦 略 的
目　　　標	製品の完成度と自己満足	顧客満足

でその良さが広まるため，販売活動がほとんど不要になるとまで言われている。ドラッカーは「マーケティングの最終目標は売り込みを不要にすることだ」と述べている。各社の技術格差が少なくなり，製品やサービスのコモディティ化（一般商品化）が進む今日，製品コンセプトだけで競争を乗り切ることは難しくなっている。それだけに，優れた技術力で成長を遂げてきた生産財企業などにおいて，マーケティングの重要性が主張されるようになっている。ジェットエンジンや医療診断機器で有名な GE はその１つである。

　卓越した技術力だけで，厳しい市場競争を勝ち抜くことはできない。顧客を理解し，顧客満足を導き出すための発想や視点が求められる。ビジネスにおける二本柱の１つであるイノベーションが「筋力」や「体力」だとすれば，マーケティングは「技」や「知恵」だといえる。まさに車の両輪のごとく，イノベーションとマーケティングをビジネスの中核に位置づけなければならない。

§２　マーケティングの進化

（１）　非営利組織のマーケティング

　マーケティング発想は営利組織だけにとどまらず，大学や協会や病院などの非営利組織でも受け入れられている。18 歳人口の減少に伴って，各大学はオープンキャンパスを実施したり，高校に大学教員を派遣し模擬講義を提供したり，全国各地で説明会を開いたりするなど，受験生に自らの大学を理解してもらい，目を向けてもらうような取り組みをしている。また在学生には授業評価を実施し，教育内容の向上を心がけている。各大学でマーケティングという用語を用いるか否かは別として，上記のような試みは間違いなくマーケティング発想に基づいた取り組みだといえる。さらには，芸能人や政治家までもがマーケティング発想で，ファンや有権者の支持を獲得するようになっている。マーケティ

ングの先進国であるアメリカでは，芸能人や政治家を専門とするマーケティング・コンサルタントさえ現れている。

　マーケティングは別の視点でも進化を遂げている。それは，社会全体の利益への対応である。個々の顧客ニーズに対応することは，必ずしも社会全体の利益に貢献するとは限らない。顧客の満足と社会の幸福との間に不一致が生じてしまうこともありうるからだ。例えば，タバコの消費について考えてみよう。タバコは安らぎを与えたりリフレッシュ感をもたらしたりする製品として一部の消費者から支持を得ている。しかしながら，タバコには喫煙者ばかりではなく周辺の人々の健康に害を与えかねないというマイナス面があり，タバコの煙を嫌う人も少なくない。また，多くの消費者向け製品は便利で美しいパッケージに入っていることが多く，消費後のパッケージはゴミとなって環境問題を引き起こすかもしれない。

（2）　ソサイエタル・マーケティング

　環境汚染や資源不足といった問題が顕在化するとともに，従来からのマーケティング発想の限界が意識されるようになってきた。そうして生まれたのが，ソサイエタル・マーケティングとよばれる新しいマーケティングの理念である。従来のマーケティングと異なるのは，直接的な顧客のニーズや満足だけではなく社会全体の幸福を維持・向上させながら，顧客価値を創造し，伝達し，説得していこうとする点にある。

　したがって，マーケティングを展開するにあたり，「企業の利益」と「顧客の満足」だけではなく，「社会の幸福」という3つの要素をバランス良く操作しなければならない（図表序-2）。企業が利益を追求することは当然として，ソサイエタル・マーケティングのもとでは，顧客の満足とともに，社会の幸福をも追求することになる。

　ソサイエタル・マーケティングを実践している企業の1つにザ・ボディショップがある。ほとんどの化粧品会社が，マス広告と豪華なパッケージを駆使し，華々しいイメージで自社製品を顧客に訴えかけているのに対して，ザ・ボディ

図表序-2　ソサイエタル・マーケティングへの進化

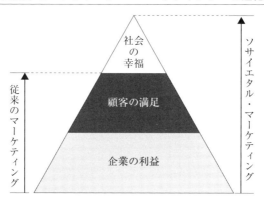

ショップではマス広告を用いることなく，簡素でリサイクル可能なパッケージや再生プラスチックを採用したパッケージで販売している。また，ザ・ボディショップは「コミュニティ・トレード」というプログラムを掲げ，地域社会の発展を支援すべく，社会経済的に恵まれない地域の原材料を積極的に使用している。

　環境性能の高いことで有名なトヨタ自動車のハイブリッド車「プリウス」やパナソニックのノンフロン冷蔵庫などでも，ソサイエタル・マーケティングが実施されている。平成から令和の時代となり，倫理的問題や社会的責任はますます大きな課題となっている。それだけに，ソサイエタル・マーケティングの重要性は一層高まるものと思われる。

§3 マーケティングの粒度

(1) マーケティング・ミックスの前段階

　優れたマーケティングを展開するためには，以降の章で述べる製品戦略や価格戦略などマーケティング・ミックスを実施する前に踏んでおくべき段階がある。それが，STP とよばれるセグメンテーション，ターゲティング，ポジショニング（Segmentation, Targeting, Positioning）である。もちろん，ターゲットやポジショニングは一定普遍ではなく，変更されることもある。その場合には，マーケティング・ミックスと STP が同時進行するかもしれない。大切なのは，後になってからターゲットやポジショニングを規定するような過ちを犯してはならないということである。

　今日のビジネスでは，ある市場の全体を狙うことは希である。むしろ，市場をいくつかのセグメントに分けて，自社が有利に戦えそうな特定部分を選び出し，選ばれた部分をターゲットとして，明確なブランド・ポジションを規定する。市場を全体で捉えるべきなのか，あるいは特定部分に絞るべきなのかといったレベル感は，マーケティングの粒度として考えておく必要がある。

　例えばロッテは，「グリーンガム（ミントの香りの爽快感）」「クールミント（辛口ペパーミント）」「ブラックブラック（眠気を取る）」「キシリトール（健康志向への対応）」「ACUO（息を爽やかに）」「Fit's（やわらかい噛みごこち）」などのガムを販売している。また，いくつかのブランドでは，ヘビーユーザーに向けてのお得なファミリーボトルも売り出している。ガム市場における様々なニーズを把握し，それぞれの市場セグメントに対して，明確なポジションを有する複数のブランドを提供しているのである。

（2）　市場の細分化

　もちろん，マス・マーケティングが有効に機能することもある。売り手は1つの製品をマス生産し，マス流通させ，マス・プロモーション（マス・コミュニケーション）することで，全ての買い手にアプローチする。例えば，かつてコカ・コーラはコンツァーボトルとよばれる192mlの瓶入りコークのみを生産し，それを世界中の人々に販売していた。ところが今日，1つの製品で市場の全てを満足させることは困難になっている。顧客のニーズは多様化し，1つの市場においても様々な嗜好が存在するようになっているからだ。そこでミクロ・マーケティングがマス・マーケティングに取って代わり，市場は幾つかのセグメントに細分化（セグメンテーション）され，それぞれのセグメントに異なる製品やサービスが提供されるようになっている。

　ミクロ・マーケティングは，さらに3つに分けることができる（図表序-3）。第1は，セグメント・マーケティングである。ある特定市場は，同じようなニーズ，同じような購買力，同じような行動を有する幾つかのセグメントに区別できるかもしれない。だとすれば，市場を1つの塊として捉えるのではなく複数セグメントからなる集合体として捉え，それぞれのセグメントに向けて適切な製品やサービスを提供すればよい。先に述べたロッテによるガム市場への対応は，このセグメント・マーケティングの好例である。

　第2は，ニッチ・マーケティングである。ニッチとは，市場において明確なサブ・ニーズを有した小さな特定部分をいう。世界の企業に向けて船舶用プロペラを生産している岡山県の「ナカシマプロペラ」，世界の高級ブランドに向けて化粧用刷毛を提供している広島県の「白鷗堂」などは，優れたニッチ・マーケティングの実践者と言えるだろう。ニッチ・マーケティングはセグメント・マーケティングよりも顧客ニーズを的確に満たしているため，企業は顧客からの強い支持を得ることができ，またプレミアム価格を要求することもできる。

　第3は，カスタマイズド・マーケティングである。ミクロ・マーケティン

序章　マーケティング発想法　15

図表序-3　市場の捉え方とマーケティング

グの究極の姿であり，個々の単位で顧客を狙ったマーケティングといえる。生産技術や情報技術が進歩したことにより，マスの効率を生かしながら個別ニーズに応じた製品やサービスの提供が実現できるようになった。例えば，バービー人形で有名なマテル社は，「自分だけのバービーのお友達」を提供している。希望者は，人形の肌の色，目の色，ヘアスタイル，髪の色，服，アクセサリー，そして名前を選ぶことにより，他にない人形を所持できる。一点物のバネを完全受注生産している「東海バネ工業」もカスタマイズド・マーケティングを実施していると考えてよいだろう。

§4　マーケティングの対象

（1）　市場細分化の切り口

　市場をいくつかに分けて捉えようとするのは，典型的なマーケティング発想の1つである。マーケティングという学問を学んでいなくても，優れたビジ

ネスパーソンは自社が狙うべき顧客を心得ており，その前提として適切な市場細分化を実施しているはずである。江戸時代には門前町や宿場町が栄えたが，繁盛店はそれぞれ寺社への参拝客や旅人の特徴を把握し，狙いを絞った商いを行なっていたはずである。これを高度化したものが，マーケティングにおける市場細分化でありターゲティングである。市場細分化は，幾つかの切り口で実施することができる。そうした切り口は細分化変数とよばれており，地理的変数，人口統計的変数，サイコグラフィック変数，行動上の変数という4つに整理することができる。

　地理的変数とは気候，人口密度，行政単位などであり，地域による顧客ニーズの違いが重視されている場合に取り上げられる変数である。関東地域と関西地域では好まれる風味が違うため，多くの食品において異なる味付けがなされている。住宅や自動車などでも，暖かい地域と寒い地域では仕様が異なっている。地域の特性に注目して展開されるきめ細かいマーケティングは，エリア・マーケティングとよばれている。

　人口統計的変数とは年齢，性別，所得，学歴，職業などであり，市場細分化において最も頻繁に利用されている切り口である。例えば，化粧品はまず性別によって区別されており，さらに女性用化粧品であれば，年齢によって若者向けから高齢者向けまで多くのバリエーションが提供されている。ゴールドカードやプラチナカードなどが用意されているクレジットカードでは，所得や職業という切り口で消費者を区分している。

　職業と所得，ライフサイクルと年齢のように，人口統計的変数の幾つかは極めて強い結びつきを有しているため，複数の変数を組み合わせるときには注意しなければならない。また人種のように，アメリカでは大きな意味を有していても，日本ではほとんど意味を有していない変数もある。

　サイコグラフィック変数とは，ライフスタイルやパーソナリティなどである。性別や職業が同じで，同じような年齢で，同じような所得であっても，旅行や外食が好きでアウトドアで時間を過ごすことの多い人もいれば，読書やゲームが好きで室内で時間を過ごすことの多い人もいる。こうした違いは人口統計的変数による説明が難しい。そこで注目されるようになったのがライフスタイル

という変数であり，これは消費者の生活様式や生き方を意味している。若い女性を狙ったファッション雑誌は何種類も発刊されているが，ライフスタイルの違いに応じて支持されるファッションを掲載することにより各雑誌の特徴が打ちだされている。タバコ，アルコール飲料，保険などでは，パーソナリティ（消費者の性格や個性）を考慮した製品開発がなされている。

行動上の変数とは，ベネフィット，使用頻度，ロイヤルティ，使用機会などである。虫歯予防，口臭予防，歯周病予防など，今日の練り歯磨き粉の多くは，単なる練り歯磨き粉ではなく何らかの特徴を有している。これは，消費者が求めているベネフィットを明らかにし，ベネフィットに応じて市場が細分化され，製品が差別化されていった結果である。また，幾つかの業界では，ヘビーユーザーを狙う企業やライトユーザーを狙う企業がある。

上述の説明では，分かりやすさを重視して消費財企業を念頭に置いている。生産財企業においても同様に，顧客の業種，企業規模，立地などで細分化することができる。

（2） ターゲティングの考え方

市場細分化が進められたならば，次に標的市場が設定されなければならない。標的市場を設定することはターゲティングとよばれているが，これは細分化された市場を評価して，どのセグメントをターゲットとするのかについての意思決定である。標的市場に対するマーケティングには，無差別型マーケティング，差別型マーケティング，集中型マーケティングという3つの考え方がある（図表序-4）。

無差別型マーケティングとは，市場セグメント間の違いを無視して共通の製品やサービスを提供していこうとする考え方である。そのため，市場セグメント間のニーズの相違点ではなく，ニーズの共通点に注目する。企業はマスの力を最大限に活用し，効率の良いマーケティングを展開することになる。ペットボトルの一般的な緑茶飲料などは，無差別型マーケティングの一種と考えられる。しかし多くの場合，全ての顧客に支持されるような製品やサービスを提供

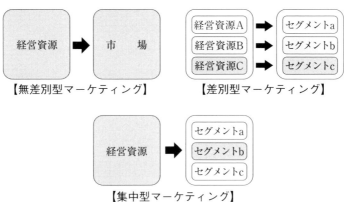

図表序-4　3つのターゲティング

することは困難であり，この無差別型マーケティングが今日の市場において有効に機能することは少ない。

　差別型マーケティングとは，複数の市場セグメントを取り上げ，それぞれの市場セグメントに対して異なる製品やサービスを提供していこうとする考え方である。顧客の好みが一様ではないことを前提とするならば，今日の市場において，差別型マーケティングは理にかなっている。それぞれの製品やサービスが顧客の好みに合致すれば，もちろん全体としての売上も大きくなるはずである。顧客の財力や目的を考慮して，トヨタが小型車から高級車まで様々な乗用車を提供しているのは，差別型マーケティングの典型といえるだろう。

　もっとも，差別型マーケティングを実施するためには，個別のマーケティング計画を立案し展開することになるので，どうしても効率面において劣ってしまう。1種類の製品を10,000個製造するよりも，10種類の製品をそれぞれ1,000個ずつ製造する方がコストは高くなることを考えるとわかりやすい。したがって，各セグメントへの適応によるメリットが，効率面での低下を補えるほど大きくなければならない。

　集中型マーケティングとは，1つもしくは少数の市場セグメントに注目して，その市場セグメントに経営資源を集中させようとする考え方である。多くの顧客の好みを満たすことはできないが，限られた市場では効率の良いマーケティ

ングを展開することができる。高級スポーツカーを提供しているフェラーリや高級時計を提供しているブレゲは，集中型マーケティングを展開していると考えることができる。特定顧客の好みや特性を十分に理解することで，当該市場からは高い評価が与えられ，高いシェアを獲得できるので，経営資源の限られている企業に適したマーケティングといえる。

（3）　ポジショニングの有効性

　ポジショニングとは，顧客のマインド内にブランドをどのように位置づけたらよいのか，というマーケティング上の重要課題である。ターゲットとすべき市場セグメントが決定されたならば，当該市場において占めるべき「位置」を明確化しなければならない。例えば，ボルボは「最も安全な自動車」，BMWは「究極のドライビング・マシン」，ポルシェは「世界最高のスポーツカー」として長らく位置づけられてきた。こうしたブランドのポジションとは，絶対的なものというよりは相対的なものであり，競合関係にある複数のブランドを顧客が比較することで抱く知覚や感覚によって規定される。したがって，ポジショニングは製品に対して行なわれる方策というよりも，顧客のマインドに対して働きかける方策として捉えるべきである。

　一般には，製品が設計される前にポジショニングは決められていなければならない。製品が設計され，完成した後にポジショニングを確定することは，多くの自由度が奪われているため，望ましい結果に結びつき難い。§3で述べたように，4つのPからなるマーケティング・ミックスを展開する前に，STPつまりセグメンテーション，ターゲティング，ポジショニングを決定しておかなければならない。なお，既存製品のポジショニングを変更する意思決定はリポジショニングとよばれており，苦境に陥っているブランドの再活性化や低迷しているブランドの躍進を狙って用いられることが多い。

　企業側からの働きかけがないと，顧客はブランドを思い思いにポジショニングしてしまう。すると，ブランドは一定の特徴を有することができず，いわば顔を失った状態になる。これでは強いブランドの構築へと結びつかない。そこ

で，自社ブランドの独自性を生み出すために，マーケターは自らのポジショニングを検討しなければならない。先発の医薬品ブランドが「即効性」という切り口でポジショニングしていたら，後発ブランドは「安全性」という切り口でポジショニングすればよい。さらには，「経済性」「利便性」「持続性」などの切り口でポジショニングすることも可能である。

　もちろん，どのような切り口でも良いというわけではない。あるポジショニングの切り口が有効であるためには，少なくとも次の3つの条件を備えている必要がある。第1に，「重要性」である。多くの顧客に重要性を感じてもらえる切り口でなければならない。風邪薬であれば，即効性や安全性は重要性という条件を備えているが，薬の色は重要性を備えていないかも知れない。第2に，「独自性」である。多くの既存ブランドによって用いられている切り口は，有効なポジショニングにはなりにくい。他社ブランドによって既に即効性や安全性が用いられていれば，自社ブランドでは持続性を用いるなど，異なる切り口を追求した方がよい。第3に，「優越性」である。自社ブランドのポジショニングが常にユニークであり続けることはない。競合他社が類似したポジショニングで参入してきたり，自社が既存ブランドと類似した切り口でポジショニングを展開したりするかも知れない。とすれば，即効性という切り口で競争している風邪薬は少なくないはずであり，競合ブランドと比べて優越性という条件を満たしているかどうかが鍵となる。他社ブランドが30分で効くと訴えていたならば，自社ブランドが1時間で効くことを訴えたとしても，顧客は注目してくれないだろう。

§5　マーケティングの骨子

（1）　4つのP

　マーケティングの本質，マーケティングの進化，マーケティングの粒度，そしてマーケティングの対象について理解していただいた上で，マーケティングの骨子ともいうべきマーケティング・ミックスの考え方について述べておこう。マーケティング・ミックスとは，標的市場において目標とした成果を実現するために，企業がコントロール可能なマーケティング要素を適切に組み合わせることである。米国のマーケティング研究者であるマッカーシー（McCarthy, E. J.）は，コントロール可能なマーケティング要素を4つのP，つまり「製品（Product）」「価格（Price）」「流通（Place）」「プロモーション（Promotion）」で整理している。

　まず「製品」では，企業が提供する製品（無形のサービスを含む）に結びついた諸課題が検討される。新製品をどのように開発したらよいのか。既存製品をどのように改良すべきなのか。顧客から支持されなくなった製品をいつ廃棄したらよいのか。さらにブランドに係わる課題，保証や返品などの課題も「製品」の領域で検討される。

　次に「価格」では，製品の価格設定に結びついた課題が検討される。コストや競争や需要をどのように考慮して価格設定を進めたらよいのか。必要に応じて割引を実施したり，顧客の心理を加味しながら価格変更を検討したりする必要もある。9,800円や1,980円といった端数の価格は，顧客の心理を加味して設定されていると言われている。価格の課題は非常に重要であり，利益を生み出す唯一のマーケティング変数であると主張する人さえいる。

　「流通」では，製品をいかにして顧客の手元に届けたらよいのかという課題

が検討される。製品が製造業者から卸売業者や小売業者を経て顧客の手元にまで届く流れを流通チャネルと呼ぶが，チャネルをどのように設計し管理したらよいのか。チャネル間で発生する対立や衝突であるコンフリクトを，どのように扱ったらよいのか。モノとしての製品の流れは物流で，取引の流れは商流として分けて検討されることが多い。また，完成品の流通課題ばかりではなく，原材料の調達などロジスティクスの課題もここに含まれる。

　最後に，「プロモーション」について説明しておこう。いかに素晴らしい製品を提供していても，顧客に当該製品の存在を知ってもらわなければ販売に結びつかない。プロモーションとは，顧客に製品の購入を促すための諸活動である。具体的には，広告，人的販売，販売促進，そしてパブリシティなどの課題が含まれている。

(2)　4つのC

　マーケティングを効果的なものとするためには，全てのマーケティング・ミックス要素を適切に組み合わせて，統合されたマーケティング・プログラムを策定しなければならない。その際，ターゲットである顧客とのフィットとともに要素間のフィットが求められる。狙った顧客が支持してくれる製品を適切な価格で提供することはもちろん，そうした製品を彼らの手元に効率よく届け，的を射た情報伝達を実現しなければならない。

　ところで，4つのPは企業側からの視点に立って整理された枠組みである。ロバート・ラウターボーンは，顧客側からの視点に立ち，4つのPを4つのC

図表序-5　マーケティングにおける4つのPと4つのC

企業側の視点（4P）	顧客側の視点（4C）
製品（Product）	顧客ソリューション（Customer Solution）
価格（Price）	顧客コスト（Customer Cost）
流通（Place）	利便性（Convenience）
プロモーション（Promotion）	コミュニケーション（Communication）

に置き換えて整理している（図表序-5）。4つのCとは，顧客ソリューション（Customer Solution），顧客コスト（Customer Cost），利便性（Convenience），コミュニケーション（Communication）である。4つのPが有名だということもあり4つのCはあまり浸透していないが，マーケティングを顧客中心に論じるためには，4つのCで検討しようという姿勢も忘れてはならない。

【参考文献】

池田純（2016）『空気のつくり方』幻冬舎.

Kotler, P. and K. L. Keller（2006）*Marketing Management*, 12th,ed., Prentice-Hall.,
　　恩藏直人監修，月谷真紀訳（2008）『コトラー＆ケラーのマーケティング・マネジメント（第12版）』ピアソン・エデュケーション.

恩藏直人（2017）『マーケティングに強くなる』筑摩書房.

恩藏直人（2019）『マーケティング（第2版）』日本経済新聞出版社.

和田充夫・恩藏直人・三浦俊彦（2016）『マーケティング戦略（第5版）』有斐閣.

第1章　戦略的マーケティング

　本章では，多製品・多事業部を抱える企業同士が競争する現代ビジネスにおいては戦略的マーケティングという考え方が必要であることを指摘した上で，戦略を立案するプロセスで必要となる成長戦略，ポートフォリオ・マネジメント，事業ドメイン，競争戦略の考え方を学習する。

　戦略的マーケティングでは，外部環境と内部資源に適合した資源配分を行うことが重要だが，本章では，資源配分を中心に見るため，外部環境と内部資源の分析には踏み込めていない。

　しかし，例えばドメインを定義するためには外部環境や経営資源の分析も必要になる。環境や資源を分析しなければドメインは定義しにくいが，同時に，ドメインが定義できないと環境や資源の分析もしにくい。つまり両者は相互に影響を与え合う関係にある。そのため，実際の戦略策定の際には，同時進行で両者を行ったり来たりしながら精度を高めていく必要がある。外部環境と内部資源の分析については，次章で詳しく学んでいく。

写真提供：バルミューダ株式会社

> トーストを科学する
> 最高のトーストとは，表面にさっくりと焼けたきつね色の薄い層があり，中はたっぷりの水分を含みつつ熱々に温まっているもの。トーストを科学の目線で徹底的に追究したBALMUDA The Toasterでは，独自のスチームテクノロジーと完璧な温度制御によって誰でも簡単に，驚くほどおいしいトーストを作ることができます。

§1	戦略的マーケティング登場の背景	§4	事業ドメイン
§2	成長戦略	§5	競争戦略
§3	ポートフォリオ・マネジメント		

　「バルミューダ」と聞いて何を思い浮かべるだろうか。「感動のトースター」，それとも「自然な優しい風を出す扇風機」だろうか。もしかしたら，（ちょっと字は違うが）超常現象で有名な海域を思い浮かべる人もいるかもしれないが，バルミューダは 2003 年に東京で設立されたクリエイティブとテクノロジーを旗印としたものづくりの会社である。これまで，従来の家電業界にはなかった価値をもつ製品を次々と世に送り出している。

　ヒット商品となったトースターや扇風機は，そのデザインと機能に目が行きがちだが，この背景には，（経営者がそのことを意識しているかは別として，）すぐれた戦略的マーケティング上の意思決定が行なわれている。

　今日の競争環境においては，競争の中心的なプレイヤーは数多くの製品や事業部を有する大企業である。大企業同士の競争を勝ち抜くためには，コストや機能など，何らかの面で他社よりも優位性を持つ必要がある。ここでのポイントは，すべての面で他社よりも優れている必要はないということだ。どこに力を入れるかは，自社や競争状況に応じて臨機応変に決めればよい。

　バルミューダは，多くの企業が生き残りをかけてしのぎを削っている家電業界において，高機能高付加価値製品に経営資源を集中させることで，独自のポジションを得ることに成功した。このことは，自らの事業が何であるかを定義し，自社の資源と業界の競争状態，ターゲット顧客（市場）のニーズを見極め行動することの重要性を示唆している。これこそが戦略的マーケティングの要諦だ。

　ちなみにバルミューダの「感動のトースター」は，ハーバード大学経営大学院の竹内弘高教授の大のお気に入りだそうだ。

§1 戦略的マーケティング登場の背景

　戦略的マーケティングとは，「個々の製品やブランドのレベルではなく事業や企業のレベルで環境変化と自社の有する経営資源の適合を志向するマーケティング」のことである。この考え方が出てきた背景には，製品・ブランド単位の枠組みである「マーケティング・マネジメント」の考え方では，複数製品や複数事業を有する企業全体または事業部レベルでの意思決定に活用しにくいからである。つまり，戦略的マーケティングは経営者層の意思決定問題を考えるために生まれたということである。

　マーケティング・マネジメントでは，顧客志向を前提に，製品やブランドについて，市場細分化を行ない（セグメンテーション（S）），標的市場を設定し（ターゲティング（T）），その市場において望ましいポジションを得る（ポジショニング（P））ことを目的とする（STP の詳細は第 3 章）。その目的を実現するために働きかけることが可能な対象が，製品（Product），価格（Price），広告・プロモーション（Promotion），流通チャネル（Place）である。これらは頭文字をとって 4P と表現され，4 つの P を整合的に組み合わせることをマーケティング・ミックスと呼ぶ（4 つの P の各論については，第 6 章〜 10 章）。

　例えば，可処分所得の高いビジネス・パーソンに高品質なチョコレート（Product）をコンビニエンスストア（Place）にて中高価格帯（Price）で売ろうという計画を立てた場合，そのプロモーション（Promotion）はどういうものが適しているだろうか。おそらく昼の時間帯のテレビコマーシャルは向いていない。なぜなら，ターゲット顧客でその時間帯にテレビを視聴している人は少なそうだからである。これが 4 つの P の要素間の整合性の一例である。

　マーケティング・ミックスが整合的であることを前提としたうえで，マーケティング・マネジメントではさらに次の 2 つの意味での整合性が重要となる。

　第 1 は，ターゲット市場（＝顧客）のニーズや行動とマーケティング・ミッ

クス（4P の組み合わせ）が整合的かどうかである。4 つの P が整合的であっても，ターゲット顧客のニーズや行動に合致していなければ意味がない。第 2 は，マーケティング・ミックスを実行するだけの資源を自社が有しているかどうかという意味での整合性である。ターゲット顧客の頭の中で望ましいポジショニングを得るために最適な 4P が計画できたとしても，それは自社が保有する資源で実現可能でなければ意味がない。

　マーケティング・マネジメントはビジネスの世界で広く受け入れられ，現在も有用だが，計画・実行の対象となるのは主として製品やブランドであるため，数多くの製品やブランド，事業部を抱える企業の経営者層の意思決定には活用しにくいという問題がある。

　そこで登場したのが，戦略的マーケティングである（市場戦略または戦略市場経営と呼ばれることもある）。戦略的マーケティングでは，複数の事業をもつ企業が全社あるいは事業部単位でどのように顧客や競争の変化に対応していくかを考える。その際に重要になるのは，①企業が計画・実行する戦略と環境・経営資源との適合性と，②限られた経営資源をどのように配分していけばいいのか，である。①については次の第 2 章で詳しく見ていくため，ここでは②を中心に説明してくことにしよう。

§2　成 長 戦 略

　戦略的マーケティングにおいて限られた資源の配分を考えるために，まずは，全社レベルでの成長戦略を見据えておく必要がある。そうしないと，資源配分の方針が立てられないからである。

　成長の方向性を整理する基本的な枠組みとして有名なのは，アンゾフ（H. I. Ansoff）の「製品 - 市場戦略」である。開発・販売する製品が既存製品か新製品か，販売対象が既存市場か新規市場かという 2 軸で整理することで，大きくは 4 つの成長戦略の類型を示すことができる（図表 1-1）。

第1章　戦略的マーケティング　29

図表1-1　事業成長のための製品-市場戦略

	既存市場	新市場1	新市場2	新市場3	新市場n
既存製品	市場浸透	市場開発			
新製品1	製品開発	多角化			
新製品2					
新製品3					
新製品4					
新製品n					

出所：Ansoff（1957）p.114 に基づき作成。

　自社にとって既存の製品を既存の市場に提供しながら成長を図るのが「市場浸透（Market penetration）」である。具体的な施策としては，既存製品の利用頻度を高めることや，新たな用途を提案することが考えられる。例えば，クノールのカップスープにパンを浸して食べようというキャンペーンは，既存製品の新たな用途を提案することで利用頻度を高めようとする試みといえるだろう。

　既存製品を自社にとって新たな顧客層に提供しようとするのが「市場開発（Market development）」である。具体的な施策としては，地理的な隔たりを超えていくタイプと，同じ場所でも異なる顧客に販売していくタイプがある。例えば，国内で販売していた自動車を海外にも展開するのは前者，中高年向けの高機能肌着を若者にも展開するのは後者のタイプである。進出する新市場を慎重に選ぶのがポイントだ。

　自社にとっての新製品を既存顧客に提供するのが「製品開発（Product development）」である。具体的な施策としては，次々と新製品を出したり，モデルチェンジを繰り返したりすることが考えられる。例えば，清涼飲料水やカップ麺は次々に新しい製品が売り出されるし，スマートフォンは頻繁にモデルチェンジされるが，これらは製品開発に当たる。既存製品を補完する製品も製品開発に含まれる。

　新市場に新製品を導入するのが，「多角化（Diversification）」である。どの市場にどの製品ラインを投入するかにはたくさんの組み合わせがあるが，既存事業との関連性の程度によって関連多角化と非関連多角化の2つに大別でき

る。関連多角化は，自社の既存事業と何らかのシナジーが期待できる多角化である。例えば，花王のヘルシア緑茶は，独自にもっていた抽出技術を活用して開発し（技術シナジー），定価販売が軌道に乗り始めてからは既存事業でもっていたチャネルを活用して販路を広げていった（流通シナジー）。一方，非関連多角化は，自社にとって全くの新事業に乗り出すことになり様々なリスクが想定されるので，買収が有効なオプションとなる。そうした例としては，JTの清涼飲料水事業への進出などが挙げられる。非関連多角化には，どちらかの事業が不振でももう一方の事業には悪影響が及ばないというメリットもある。

　アンゾフは製品と市場の2軸で成長戦略を理解したが，例えばブランドと流通といった別の2軸に置き換えてマトリックスを作ることも可能である。このほかにも，製造企業が販売に乗り出す，小売企業が製造に乗り出す，といった垂直統合による成長や，同一業界で競合同士が合併する水平統合も成長の方向性としてあり得る。例えばユニクロのファーストリテイリングは，もともと小売業だったが，製品の企画・製造に乗り出して大きく成長した。どの枠組みや方向性が自社に適しているかを考えてみるとよいだろう。

§3　ポートフォリオ・マネジメント

（1）　ポートフォリオ・マトリックス

　成長戦略の基本的な方向性を確認したら，次は，どの事業にどれぐらいの資源を配分すればよいのかを考える必要がある。企業の資源には限りがあるため，競争を有利に進めるためには資源を集中的に投入すべき事業を選択し，事業間の資源配分を決定しなければならないからである。

　このための手法として有名なのは，ボストン・コンサルティング・グループが開発した製品ポートフォリオ・マネジメント（PPM：Product Portfolio

第1章 戦略的マーケティング　31

図表1-2　ポートフォリオ・マトリックス

相対市場シェア

		高	低
市場成長率	高	花　　形	問　題　児
	低	金のなる木	負　け　犬

Management）である。

　PPMでは，2軸4象限のマトリックスを用いて企業が保有する複数の事業を分類する。その2軸とは，市場成長率（その事業が属する業界全体または市場全体の年間成長率）と相対的市場シェア（当該事業の市場シェアを分子とし，業界内で最大の企業の市場シェアを分母とした比率，但し自社事業の市場シェアが業界内で最大の場合は，自社事業のシェア／2位の企業シェア）である（図表1-2）。

　但し，市場成長率や市場シェア（市場占有率）は，事業が定義できていなければどのデータを参照すればよいかわからないため，これらを設定する際には次セクションで学ぶドメインに従う必要がある。

　縦軸の市場成長率を高低に分ける決まった基準はないが，目安としてGDP成長率より高い場合と低い場合を分割するのが一般的で，状況に応じて基準は変動させてもよい。横軸の相対的市場シェアは通常1.0で高低を分割する。相対的市場シェアが1.0以上ということは，すなわち自社の事業がナンバーワンのシェアを持つことを意味し，それ以下だとシェアは2位以下ということである。

（2）　ポートフォリオ・マネジメント

こうして出来上がったマトリックスの中で，市場成長率と相対市場シェアが

ともに高い事業は「花形」と呼ばれる。花形事業は市場シェアが高いため企業に多くの資金をもたらしてくれるが，市場成長率が高い成長段階の業界は競争が激しいことから追加投資が必要となり，資金の流出も大きくなる。

　しかし，投資を続けて高い市場シェアを維持しているうちに市場成長率が鈍化してくると，その事業は収益性の高い事業となりえる。このような，市場成長率が低く相対的市場シェアが高い事業は「金のなる木」と呼ばれる。市場成長率が低い成熟段階では，うまみが少ないという理由から新規参入の脅威も小さく，積極的な投資はそれほど必要なくなる。しかし，市場シェアは大きいので競合企業よりも売り上げは大きく，安定した資金を企業にもたらしてくれる。

　そのため，ここで得た資金は，市場成長率は高いが相対的市場シェアが低い事業に振り分けられることになる。このような事業を「問題児」と呼ぶ。この時点では相対的市場シェアが低いので，多くの資金を企業にもたらしてくれるわけではないが，市場成長率が高いので，投資を行ない高いシェアが得られた暁には，次の花形事業となってくれる可能性がある。但し，失敗するリスクも大きいため，撤退という決断が必要になることもある。

　低市場成長率，低市場シェアの事業は「負け犬」と呼ばれる。この事業に投資しても市場成長やシェア拡大の可能性は低いため，売却や撤退の検討が必要となる。

　それぞれの事業には４つの戦略代案がある。第１は，短期的な利益を犠牲にしてでもその事業のシェアを伸ばそうとする拡大戦略で，これに適しているのは問題児や２位との差が小さい花形である。第２は，現状のシェアをキープしようとする維持戦略で，花形や比較的成長率の高い金のなる木に適している。第３は，投資を少なくして短期的な資金流入を増やそうとする収穫戦略で，金のなる木や負け犬に適している。第４は，売却または清算する撤退戦略で，負け犬に適しているが，問題児でも早めにそうした意思決定を行なう場合もある。

　拡大，維持，収穫，撤退の各戦略は，各事業でのマーケティング・マネジメントにも影響を与える。拡大戦略では，製品デザインは先端的で差別化，製品ラインは多様化，価格は製品価値に対応，プロモーション／セールスは需要拡

大，流通は広範であること，がそれぞれ求められる。それに対して，収穫や撤退戦略では，製品デザインはコスト削減，製品ラインは縮小，価格はマージン志向，プロモーション／セールスは最小コスト，流通はマージン志向が，それぞれ求められる。

なお，PPM については次の問題も指摘されている。第1は，ドメインの定義によって4つのセルのどこに位置するのかが変わってしまうこと，第2は，事業間のシナジーが考慮されていないことである。例えば，ある事業は負け犬かもしれないが，そこで活用される技術が他の事業で重要な役割を果たしている場合は，当該事業が負け犬であることをもって撤退するのが妥当，という判断にはならないはずである。

その他にも，経営資源としてキャッシュのみに焦点を当てている，新規事業や新製品を探索するヒントを与えてくれないといった問題点もあるが，PPMはほとんどの企業に活用できる枠組みである。シンプルであるがゆえに活用しやすく，全社的な資源配分や長期的な全社戦略を考えるためには極めて有用である。

いずれにしても，市場成長率と相対的市場シェアから自社の事業の位置づけを確認することで，どの事業にどれくらいの資源配分を行なうかの意思決定のヒントが得られる。多くの事業は，問題児を経験したのちに花形，金のなる木となる。そのため，この枠組みの重要な示唆は，次なる花形，金のなる木をどうやって育てるのか，金のなる木から得られた余剰資金をどう振り分ければよいのか，金のなる木のライフサイクルをどうやって引き延ばすのか，といったことになるだろう。

§4 事業ドメイン

戦略的マーケティングを考えるための前提として，§2では成長戦略を，§3ではポートフォリオ・マネジメントを学んだが，これらの基本的な枠組みを有

効に活用するためには，自らの事業をしっかりと定義しておく必要がある。なぜなら，後で例示するように，事業の定義次第で成長戦略の基本的な方向性やポートフォリオの作り方自体が変わるからである。

ドメインとは，企業が自社で決める事業領域，つまり競争するフィールドのことである。企業全体の事業領域は企業ドメイン，事業部や戦略事業単位(SBU: Strategic Business Unit) の事業領域のことを事業ドメインと呼ぶ。ドメインの決定は，戦略的マーケティングを計画する際に全体としての長期的方向を定めることを意味するため，戦略の出発点といわれることもある。

ドメインの定義は，「自社は何の会社であるのか」「自社の事業とは何なのか」という問いに答えることで可能になる。かつて，多くの企業は属している業界や提供する製品に従って自社のドメインを定義していた。「わが社はビール会社である」，「わが社は鉄道会社である」といった具合である。

しかし，自らを「鉄道会社」であると定義したアメリカの鉄道会社は大きく成長できなかった。理由は，鉄道会社は交通や輸送サービスを顧客に提供する会社であるはずなのに，自らを鉄道会社と狭く定義してしまったからである。事業は，製品や業界で定義するのではなく，顧客が製品やサービスに期待すること，すなわち市場のニーズによって定義することが重要なのである。

この考え方は，レビット（T. Levitt）が 1960 年に発表した論文「Marketing Myopia（マーケティング近視眼）」で提起され，現在でもなお重要である。例えば，IBM 社はパソコンではなくサービスを売る会社として，複写機で有名なゼロックス社は書類に関する問題解決を行なう会社として，市場のニーズによって自社のドメインを定義している。

しかし，だからといって自身の事業の定義を市場のニーズに沿って広げれば広げるほどよいというわけではない。アメリカの GE 社は 1960 年代に自らの事業の定義を「電力事業」から「エネルギー供給業」に変更し，そのおかげで電気だけでなく他の発電技術にまで視野を広げ収益機会を増やしたが，その一方で，資金回収や資源配分という問題に直面することになった。このエピソードは「マーケティング遠視眼」と呼ばれたりもする。近くを見すぎてもダメ，遠くを見すぎてもダメ，ということだ。

図表1-3　ドメインを定義するための3次元

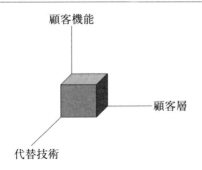

出所：Abell (1980), 訳書 p.35 に加筆。

　そこで，エーベル (D. Abell) は，ドメインの定義を，顧客機能 (Customer functions)，顧客層 (Customer groups)，代替技術 (Alternative technologies) の3次元で定義することを提案した（図表1-3）。

　顧客機能は「何を (What)」，顧客層は「誰に (Who)」，代替技術は「どのように (How)」に相当する。企業は，どのような顧客ニーズを満たす製品・サービスを提供するか (What)，どのような顧客層をターゲットとするのか (Who)，ターゲットとした顧客層のニーズをどのような方法で充足するのか (How) を定義することで，具体的な戦略計画を検討できるようになる。

　カフェ・チェーンを例にとると，顧客ニーズ (What) としては，味，ボリューム，価格，容器のデザイン性，品揃えのバリエーション，待ち時間，店舗の雰囲気，接客態度などがある。顧客層 (Who) としては，若者，ビジネス・パーソン，家族連れなどがある。提供方法 (How) としては，受注／見込み生産，フル／セルフサービス，街中／郊外立地などがある。

　ドメインは，一度決めたらそれで終わりというわけではない。市場ニーズや競争状況，自社の経営資源は変化するので，それに合うようにドメインを再定義する必要がある。例えば，アパレルショップは，顧客ニーズの点では，どんな商品があるのかを認知し，どんな商品が自分に合っているかを検討し，気に入った商品を購入し，購入した商品を実際に手にする場所であったが，シェアリング・エコノミーが社会に浸透するとサブスクリプション方式（モノを買い

取るのではなく利用権を借りて期間に応じて料金を支払う方式）で服をレンタルするだけになるので，リアル店舗のアパレルショップは自分に合う服かを検討するだけの場所に変わるかもしれない。

§5　競 争 戦 略

　基本的な成長戦略を確認した上でポートフォリオを整理し，ドメインを定義することで資源配分の方針を定めることができる。そうなれば，いよいよ具体的な戦略策定に移ることができる（実際には，次章で紹介する外部環境と自社資源の分析も適宜，行なう必要がある）。ここでは，競争戦略論として有名なポーター（M. Porter）の基本戦略と，競争戦略論を応用したコトラー（P. Kotler）の市場地位別競争戦略を紹介する。

（1）　ポーターの競争戦略

　ポーターによると，企業が長期にわたって平均以上の業績を維持するためには3つの基本戦略が存在する。それらは，「コスト・リーダーシップ」，「差別化」，

図表1-4　3つの基本戦略

		競争優位のタイプ	
		低コスト	差別化
ターゲットの幅	広	コスト・リーダーシップ	差　別　化
	狭	集　　中	
		コスト集中	差別化集中

出所：Porter（1985），訳書 p.16 を参考に作成。

「集中」である（図表 1-4）。

　マーケティング・マネジメント論における競争戦略と比べると，第 1 に，製品差別化だけでなく同質化する戦略（コスト・リーダーシップ）も評価する点，第 2 に，事業の選択や資源配分を考慮する点，第 3 に，複数の製品・サービスについて共通する基本戦略を考える点で異なっている。

　コスト・リーダーシップとは，業界内で他社よりも低いコストを実現する戦略である。市場シェアが大きな企業は，経験効果（累積生産量が増えるに従ってコストが低下すること）によって低コストを実現できる可能性が高い。他社と価格水準がほとんど同じであれば，コスト・リーダーシップを実現することで他社よりも高い収益が見込める。そのため，他社よりもさらに低価格を設定してシェアをますます高めることも可能になる。ただし，独自の技術をもっていたり，他社よりも有利な原材料を確保できたり，自社の他事業とシナジー（相乗効果）が見込めたりする場合は，高いシェアをもたなくても低価格を実現できる可能性がある。

　差別化とは，顧客にとって価値があり，かつ，競合他社にはない特異性を実現する戦略である。他社にはない革新的・画期的な製品やサービスを開発したり，ブランド・イメージを高めたりすることによって，差別化による優位性が実現できる。この場合，価格水準が他社とそれほど変わらないのであれば，差別化されている製品・サービスが選ばれるため，シェアを高められる。ただし，差別化のタイプによっては，競合他社の模倣によって優位性を失ってしまう場合がある。例えば，機能や広告イメージによる差別化は，競合他社の模倣により優位性を失ってしまう可能性が高いが，ブランド・イメージや独自チャネルの構築などによる差別化は，すぐには追随が難しいため，優位性を持続しやすい。いずれにしても，差別化を実現するためには相応のコストがかかるため，ひとたび差別化が実現できれば，それを持続させる努力が必要となる。

　集中とは，特定の製品・サービスや，特定の顧客セグメントに経営資源を集中することで，その分野での優位性を獲得する戦略である。特定分野でコスト・リーダーシップを実現することをコスト集中といい，特定分野で差別化を実現することを差別化集中という。冒頭で紹介したバルミューダは，差別化集中の

一例である。いずれにしても，集中する範囲をうまく設定することが重要となる。市場シェアが小さな企業が競争優位を獲得して高い収益性を得るためには，どちらかのタイプの集中戦略が適切であることが多い。

（2）　市場地位別競争戦略

　市場における地位により企業が取り得る戦略が異なることを説明するために，コトラーは，PPM の考え方とポーターの差別化戦略および差別化集中の考え方をもとに，市場地位別の競争戦略を主張した。市場地位別競争戦略では，市場シェアを基準に競争状態にある企業をリーダー，チャレンジャー，フォロワー，ニッチャーに分類した。それぞれの特徴を見ていこう。

　リーダーは，業界最大のシェアをもつ企業である。豊富な経営資源をもつのはもちろん，収益やイメージの面でも他社に勝っている場合が多い。この場合の基本戦略は全方位戦略で，市場の大部分をカバーして最大シェアをキープすることである。それに加え，市場全体の規模拡大もリーダーの基本戦略となる。なぜなら，トップの地位が安泰であれば，市場全体の拡大は自社の売上・利益拡大を意味するからである。この場合のマーケティング・ミックスは，中高級品のフルライン生産，高いシェアを獲得するための低価格設定，マス広告によるブランド構築，広範なチャネル展開が定石となる。トヨタ，資生堂，パナソニックなどがそうした企業の一例である。

　チャレンジャーは，業界で２～３番手のシェアをもつ企業である。リーダーに挑戦するために必要なのはシェアの拡大で，そのための基本戦略はリーダーとの差別化である。その理由は，リーダーと同じような製品・サービス，技術，流通チャネルで勝負しても，経験効果などの点でリーダー企業のコスト・リーダーシップと対抗するのは難しいからである。差別化の方向としては，消費者需要の変化を捉えて新製品開発に投資する，チャネルを先に押さえてブランド・イメージを構築するといった戦略で，リーダーとの逆転も不可能ではない。ビール業界で３位だったアサヒビールが「スーパードライ」の投入によって差別化に成功し，シェアを大幅に伸ばしたのはそうしたケースの一例である。

フォロワーは，シェアは大きくなく，経営資源の点でリーダーやチャレンジャーに対抗できない企業である。リーダー企業に対して差別化できるほどの経営資源は有していないし，同質化してもコストの面で勝ち目がないため，フォロワー企業の基本戦略は模倣となる。リーダーやチャレンジャー企業が開発した製品を模倣することができれば，開発のリスクやコストを抑えることができる。そのため，リーダーやチャレンジャーよりも低価格を実現することができ，一部の消費者に受容される可能性がある。そうした例としては，医薬品業界におけるジェネリック薬品などである。

ニッチャーは，業界全体での市場シェアは小さいが，特定の市場において強みを有している企業である。リーダーやチャレンジャーのように広い顧客層を相手にするのではなく，これらの企業があまり重視していない市場セグメントや特定の製品分野に資源を集中させるのが基本戦略である。特定の分野に集中することでコスト・リーダーシップか差別化を実現する必要がある。ただし，ニッチャーが相手にしているセグメントにリーダーやチャレンジャーが参入してくるリスクがある。その場合は，参入を阻止できるだけの技術やブランド・イメージを有していることが必要となる。そうした例としては，自動車業界において特定の顧客セグメントから高い支持を得ているポルシェなどの高級車が挙げられる。

この枠組みでの市場地位別競争戦略は，リーダー企業が40％，チャレンジャーが30％，フォロワーが20％，ニッチャーが10％のシェアをもつ場合に最も当てはまりがよいとされている。

コトラーの市場地位別競争戦略は，基本的に市場シェアによって地位を分類するため，リーダー企業はともかく，誰がチャレンジャーで誰がフォロワーで誰がニッチャーかを識別しにくい。そのため，嶋口は市場地位の捉え方について，ともに相対的だが，リーダーを狙える経営資源力と独自能力の蓄積度の2軸4類型で捉える枠組みを提案している（図表1-5）。

相対的に経営資源が大きく独自能力を蓄積している企業をリーダー，相対的経営資源の量はリーダーに準じ，高い意欲はあるがリーダー企業ほど独自資源の蓄積がない企業がチャレンジャーである。ニッチャーは，経営資源の量では

図表1-5 市場地位別競争戦略のマトリックス

経営資源力

		高	低
独自能力の蓄積度	高	リーダー （全方位）	ニッチャー （集中）
	低	チャレンジャー （差別化）	フォロワー （模倣）

出所：嶋口ほか（2004）p.47 を参考に作成。

リーダーやチャレンジャーに及ばないが，何らかの独自能力を蓄積している企業で，フォロワーは経営資源の量でリーダーに及ばず，際立った独自能力の蓄積もない企業である。このように類型化することで，自社事業の位置づけをより明確に理解することができるようになる。

【参考文献】

Abell, D. F.（1980）*Defining the Business*, Prentice-Hall., 石井淳蔵訳（2012）『［新訳］事業の定義―戦略計画策定の出発点』碩学舎.

Ansoff, H. I.（1957）"Strategies for Diversification," *Harvard Business Review*, 35（5），pp.113-124.

Day, G. S.（1990）*Market Driven Strategy: process for creating value*, Free Press.

宇山久子／日経デザイン編（2015）『バルミューダ　奇跡のデザイン経営』日経 BP 社.

Porter, M. E.（1985）*Competitive Advantage: creating and sustaining superior performance*, Free Press., 土岐坤・中辻萬治・小野寺武夫訳『競争優位の戦略―いかに好業績を持続させるか』ダイヤモンド社.

嶋口充輝・和田充夫・池尾恭一・余田拓郎（2004）『マーケティング戦略』有斐閣.

寺尾　玄（2017）『行こう，どこにもなかった方法で』新潮社.

第2章　マーケティングにおける環境分析

　マーケティング戦略とは，製品やブランドに関する目標を達成するため，企業を取り巻く外部環境下において進むべき方向性を決定し，資源配分を行なうことである。したがって，マーケティング戦略の策定にあたっては，外部環境を把握するとともに，自社の経営資源や能力を理解することも必要となる。本章では，SWOT分析の枠組みを援用しながら，自社の強みと弱み，そして外部環境における機会と脅威を分析するための枠組みや考え方を説明していく。

写真提供：アイリスオーヤマ株式会社

§1　SWOT 分析	§4　ミクロ外部環境の分析
§2　内部環境の分析	§5　内部環境要因と外部環境要因の適合
§3　マクロ外部環境の分析	

　アイリスオーヤマと聞けば，読者はどのような製品を思い浮かべるだろうか。園芸用品やペット用品を想像する人もいれば，収納用品や家電製品を想像する人もいるだろう。このようにアイリスオーヤマは多様な製品カテゴリーに進出しているが，その背景には環境の変化を機敏にとらえ，自社の強みを最大限に活かしていることが窺える。

　例えば園芸用品に参入した当時，大山健太郎氏が日本企業 140 万社のデータを調べたところ，園芸用品市場が成長しており，かつ利益率も高いことがわかったという。また，プラスチック製の鉢が市場に導入され始めていた。そこで同社は，鉢の水はけを良くし，既存のプラスチック製の鉢が抱える根が腐りやすいという問題を解決してヒット商品を生み出した。その後，経済の成長や家族構成の変化によって，ペットが屋内で飼育されるようになっていることに注目し，室内用の猫のトイレを開発してペット用品市場においても確固たる地位を築いた。最近でも家電製品や食品など様々な事業に参入している。

　これらの新規事業において共通しているのは，消費者の生活の変化から新たな市場の機会を発見し，同社が持つプラスチック加工技術を基にその機会をとらえようとしていることである。大山氏は新規事業においては勝てる市場を見極めることが重要であると指摘している。勝てる市場とは，自社の強みを活かせる市場である。誰もが注目する市場へ安易に飛びつくのではなく，丹念な分析を積み重ねたうえで強みを活かせるかどうかを判断することが鍵となるのである。

§1 SWOT分析

　マーケティング戦略を成功裏に導き，競争優位を構築するためには，顧客の
ニーズを理解し，競合他社よりも優れた方法でそれを充足することが重要であ
る。そのためには，顧客のニーズや競合他社の動向へ影響を及ぼす様々な外部
環境要因を理解し，それに対して自社の経営資源や組織能力を適合させること
が求められる。

　外部環境要因を大別すると，事業にとって追い風となるような機会と向かい
風になるような脅威に分類することができる。また，経営資源や組織能力は，
外部環境に対応するうえで，強みとなるのかあるいは弱みとなるのかに大きく
分かれる。このように，経営資源や組織能力の強み（Strength）と弱み
（Weakness），外部環境の機会（Opportunity）と脅威（Threat）という4つの
視点から環境要因を整理する枠組みをSWOT分析という。なお，機会や脅威
を外部環境要因というのに対して，自社の経営資源や組織能力を内部環境要因
ということがある。本章においても経営資源や組織能力を内部環境要因とよぶ。

　SWOT分析と同様に，環境要因をとらえることを目的とした枠組みに3C
分析がある。3C分析では，自社（Company），顧客（Customer），競合（Competitor）
という3つの視点から環境要因が整理される。自社は内部環境を表しており，
SWOT分析における強みと弱みに相当する。一方，顧客と競合は市場の構成
要素であり，外部環境ということができる。したがって顧客や競合に関して，
機会をもたらす要因と脅威となる要因を分析することになる。

§2 内部環境の分析

（1） 経営資源と組織能力

　自社の強みや弱みは，競合他社と比較してどれほど優れた経営資源や組織能力を有しているのかということである。経営資源とは，企業経営に必要とされる手段の総称である。具体的には，ヒト，モノ，カネに代表される有形の経営資源と技術，ノウハウ，情報，ブランドに代表される無形の経営資源があげられる。経営資源それ自体は必ずしも優位性に結び付くわけではない。経営資源を効果的に配分し，活用する組織能力が発揮されることも重要である。例えば，サッカーや野球などのスポーツでは，監督が替わっただけでチームが強くなったり弱くなったりすることがある。選手を起用する監督の力量によって成果は大きく異なるのである。同様に，組織能力を十分に活かすためには，相応の経営資源が必要とされる。

　経営資源や組織能力が事業において強みとなるためには，①重要性を有していることと②卓越性を有していること，という2つの条件を満たしていなければならない。重要性とは，ある経営資源や組織能力が事業の成功へ寄与するかどうかである。卓越性とは，保有する経営資源や組織能力が競合よりも優れていたり，多かったり，独自であったりするかどうかである。重要性と卓越性の高い経営資源や組織能力は競争優位の構築に結びつくだけでなく，競争優位の維持にも寄与する。したがって，重要性と卓越性を備えた経営資源や組織能力は強みとなるのである。

　自社の経営資源と組織能力を分析する際，強みと弱みは相対的であることを認識しておかなければならない。同じ経営資源でも比較対象となる競合他社が変われば強みにもなるし弱みにもなる。したがって，競合他社の定義が非常に

重要となる。

（2）　経営資源の分析

　経営資源をより詳細に評価する枠組みに VRIO 分析がある。VRIO とは，経済価値（Value），希少性（Rarity），模倣困難性（Imitability），組織（Organization）の 4 つの要素を表している。経済価値とは，経営資源や組織能力が外部環境の機会をとらえたり，脅威に対応したりするうえで有効かどうかということである。したがって，経済価値は，強みに関する 1 つ目の条件である重要性との関連性が高い。

　希少性とは，特定の経営資源を保有している企業が多いのかあるいは少ないのかということである。経済的価値の高い経営資源であっても，多くの企業が保有しているのであれば，優位性を構築できたとしてもそれを維持するのは難しい。模倣困難性とは，競合他社が当該経営資源を模倣できるかどうかということである。単純な製造設備や資金は調達できるので，一般的に模倣困難性は低い。一方，ノウハウやブランドなど構築に時間のかかる経営資源や技術のように特許で守られている経営資源は模倣困難性が高いといえるだろう。希少性や模倣困難性は，強みに関する 2 つ目の条件である卓越性との関連性が高い。

　組織とは，経営資源を活用し，組織能力を発揮できるように組織がデザインされているかということである。組織の構造やルールが適切に設計され，従業員のモチベーションを高めるような制度が整えられることで，経営資源や組織能力の潜在性は最大限に発揮されるだろう。

（3）　組織能力の分析

　組織能力をとらえるためには，事業における様々な活動へ目を向ける必要がある。組織の活動を細分化し，整理する枠組みとしてビジネス・システムやバリュー・チェーンがある。これらは，企業が提供する製品やサービスに関して，原材料の調達からアフターサービスの提供まで，付加価値を高める諸活動を細

図表2-1　マッキンゼーのビジネス・システム

| 技術開発 | 製品デザイン | 製造 | マーケティング | 流通 | アフターサービス |

出所：Barney（2002），訳書 p.248.

分化して一連のプロセスとして表したものである。図表2-1には，コンサルティング会社のマッキンゼーが提唱したビジネス・システムの例が示されている。このモデルによると，一般的な製造業の活動は，①技術開発，②製品デザイン，③製造，④マーケティング，⑤流通，⑥アフターサービスに細分化される。技術開発は製品や製造に関する技術の開発であり，製品デザインは見た目のデザインだけでなく，機能や品質なども含めた設計を表している。また，製造は原材料を基に最終的な製品を製造していくプロセスである。マーケティングに関して，ここで含まれる活動は4Pすべてではなく，主に価格とプロモーションである。なぜならば，製品開発と流通は異なる活動として位置づけられているからである。アフターサービスには，製品の設置や保守，点検などが含まれる。

　マイケル・ポーターは，バリュー・チェーンというモデルを提唱している（図表2-2）。ポーターのモデルでは，組織の活動は主活動と支援活動に分類されており，マッキンゼーのビジネス・システムよりも広範囲の活動を含んでいる。主活動とは製品を製造し，販売し，アフターサービスを行なうまでを指しており，①購買物流，②製造，③出荷物流，④マーケティング及び販売，⑤サービスが含まれる。一方，支援活動はそれぞれの主活動を支える役割を果たす。支援活動は，①全般管理，②人事及び労務管理，③技術開発，④調達活動に細分化される。

　購買物流とは，原材料の調達における物流活動である。出荷物流は買手に届けるまでの物流活動を表している。製造，マーケティング及び販売，サービスはマッキンゼーのビジネス・システムと同様である。調達活動とは，サプライヤーの選定やサプライヤーとの交渉などである。技術開発はマッキンゼーのビジネス・システムにもあるが，ポーターの枠組みでは支援活動に位置づけられ

第 2 章　マーケティングにおける環境分析　47

図表2-2　ポーターのバリュー・チェーン

支援活動	全般管理				
	人事及び労務管理				
	技術開発				
	調達活動				
主活動	購買物流	製　　造	出荷物流	マーケティング及び販売	サービス

出所：Porter（1985），訳書 p.58.

ている。人事及び労務管理は，従業員の採用や教育に関する活動である。全般
管理とは，経営，財務，法務など組織の運営に関する幅広い活動を指している。

　マッキンゼーのビジネス・システムとポーターのバリュー・チェーンはどち
らも製造業企業を主として描かれており，細分化された諸活動は必ずしも製造
業以外においても等しく重要であるわけではない。そのため，分析においては
まず自社が属する業界の一般的なバリュー・チェーンを理解するところから始
めなければならない。また，同一業界内であったとしても，企業ごとにバリュー・
チェーンは異なることにも留意しなければならない。例えば，アイリスオーヤ
マは製造業だが，卸売機能を有しているので競合他社とはバリュー・チェーン
が異なるだろう。

（4）　重要性と卓越性による評価

　自社の経営資源や組織能力が強みとなっているのか弱みとなっているのかを
判断するための簡単な方法として，重要性と卓越性のスケールによる評価があ
る。図表 2-3 には，いくつかの経営資源と組織能力に関する分析例が示され
ている。たとえば，技術は重要性が高く，卓越性も高いので強みといえるだろ
う。一方，製品開発は重要性が高いが卓越性は低く，競合よりも劣っていると
思われるため弱みとなる。生産拠点については重要性が低いので，競合よりも

図表2-3　経営資源と組織能力の評価

経営資源と組織能力	重要性*	卓越性*
経営資源		
財務	6	6
技術	8	8
プラントと設備	8	6
生産拠点	4	4
ブランド	6	5
組織能力		
製品開発	9	4
調達	7	5
製造	8	6
マーケティング	7	4
サービス	6	6

＊重要性と卓越性は10ポイントのスケールで評価.
出所：Grant（2008），訳書 p.199 一部改変.

優れていたとしても強みにはならないし，劣っていたとしても弱みにはならないだろう。

§3　マクロ外部環境の分析

　外部環境はマクロ外部環境とミクロ外部環境に分類される。マクロ外部環境とは，顧客のニーズや競合他社の動向へ幅広く影響を及ぼす環境要因である。一方，ミクロ外部環境とは，自社が事業を展開する市場環境を指している。主要なマクロ外部環境要因には，人口動態要因，経済要因，政治要因，社会文化要因，技術要因，自然環境要因，グローバル要因がある（Hitt, et al., 2014）。特に，政治要因（Politics），経済要因（Economics），社会文化要因（Society），技術要因（Technology）の4つに注目したPEST分析という手法もある。人口動態要因は，人口や年齢構成など人々の属性を表している。例えば，少子高齢化による高齢者の増加や核家族化による世帯数の増加は企業に対して新たな

第 2 章　マーケティングにおける環境分析　49

図表2-4　主要なマクロ外部環境要因

マクロ環境要因	例
人口動態要因	・人口規模 ・年齢構成 ・所得 ・民族構成
経済要因	・経済成長率 ・金利 ・物価 ・個人貯蓄率
政治要因	・独占禁止法 ・消費者保護法 ・規制緩和
社会文化要因	・女性の社会進出 ・転職やキャリア選好 ・働き方への意識
技術要因	・イノベーション ・民間や政府が支援する研究分野 ・コミュケーション技術
自然環境要因	・天然資源 ・自然災害 ・持続可能性 ・気候
グローバル要因	・言語，宗教 ・異なる文化や制度 ・政治的な対立 ・天然資源やインフラ ・気候の違い

出所：Hitt , *et al.*(2014), 訳書 p.57 一部改変.

機会や脅威をもたらす可能性がある。

　経済要因には，経済成長率，物価，そして金利の変動などが含まれる。経済要因は，消費者や組織の購買行動へ影響を及ぼす。例えば，経済が成長するほど消費者の所得水準は高まり，結果として消費への意欲が高まる。また，金利が低くなるほど，消費者の高額な買い物や企業の設備投資が促進される。

　政治要因とは，事業活動に影響を及ぼす法律を指している。例えば，独占禁

止法のように不公正な競争から企業を守る法律や，消費者保護法のように不公正な取引から消費者を保護するような法律があげられる。また，税制に関する法律も政治的要因に含まれる。例えば，消費税や所得税が増税されたり，あるいは減税されたりすると，消費者の購買意欲は変化する。

　社会文化要因とは，社会，文化，価値観などに関連した要因である。ライフスタイルや働き方に対する価値観の多様化によって，これまでは考えられなかったような新たなニーズが顕在化する可能性がある。技術要因とは，技術の進化や革新を表している。例えば，人口知能やブロックチェーンといった分野では目まぐるしい速度で技術開発が行なわれている。そうした技術は，様々な業界でイノベーションを引き起こす可能性がある。自然環境要因は，気温や天候，天然資源などに関連した環境要因である。地球温暖化や環境破壊，さらには天然資源の枯渇など，多くの問題が存在している中で，自然環境要因への注目はますます高まっている。

　多くの国で事業を展開する企業は，マクロ外部環境をグローバルな視点で分析しなければならない。グローバル要因とは，複数国におけるマクロ外部環境要因の差異である。人口動態要因の差異であれば，年齢や人種の構成の違いなどがあげられる。また，経済要因の差異であればインフラ整備，所得格差，一人あたりのGDPの違いなどがある。例えば，中国は一人あたりのGDPという点では日本よりもまだ低い水準にあるが，電子マネーのインフラは日本よりも普及している。政治要因の差は，政治的な関係，貿易協定の有無，通貨の共通性など，政治的な背景を基にした違いである。社会文化要因の差異には言語や宗教の違いなどがあり，技術要因の差異には科学技術や生産技術などの水準の違いがある。自然環境要因の差異とは，面積，気候，地形，天然資源などの違いである。

§4 ミクロ外部環境の分析

（1） 製品ライフ・サイクル

　製品ライフ・サイクルとは，新製品が市場に導入されてからその姿を消すまでのプロセスを人の一生になぞらえた考え方である（製品ライフサイクルについては，第6章参照）。製品ライフ・サイクルが進展するにつれて市場環境は変化する。それゆえライフ・サイクルの各段階において様々な機会が考えられる。新製品が上市されて間もない導入期では，市場が確立されておらず競合も少ない。そのため，先発優位性を構築できる可能性がある。競合よりも先んじて市場に参入することで，先発ブランドとしてのイメージを構築できたり，売場のスペースなどの希少な資源を確保したりすることができる。製品の普及が加速される成長期では，市場の成長に伴い，市場シェアの獲得や売上の拡大という機会がもたらされる。

　成長期から成熟期に移行すると，市場の成長は鈍化していく。競争が激しくなるので，企業の利益水準は低下していく。そのため，成熟期では低コスト化を実現するための技術革新や製造プロセス革新が機会としてあげられる。また，新製品は市場全体へ普及しているので，幅広い顧客がターゲットとなる。顧客ニーズは一様ではないため，まだ満たされていないニーズを見出して差別化したり，細分化された顧客のニーズに焦点を絞ったりすることも機会として考えられる。製品への需要が低減し，市場が小さくなる衰退期においても機会は存在する。それは，市場の寡占である。競合他社が撤退する中で市場に留まり続けることによって，残存者利益を得られる可能性が高まる。

(2) 5つの競争要因

ミクロ外部環境を構成する要因は，顧客や競合他社，そしてサプライヤーなどに細分化できる。マイケル・ポーターは，業界全体の収益性を左右する要因として，5つの競争要因をあげている（図表2-5）。それは，①業界内の競争関係，②新規参入の脅威，③売手の交渉力，④買手の交渉力，⑤代替品の脅威である。

第1の要因は，業界内の競争関係である。競争が激しくなるほど，業界全体の収益性は低くなる傾向にある。なぜならば，各社は競合企業に勝つために価格を下げようとしたり，差別化のために多大なコストを掛けたりするからである。競争が激しい業界は，一般的に①競合他社が多い，②競合企業間の差が小さい，という特徴を有している。一方，市場が寡占状態になると，リーダー企業が圧倒的な力を持つので競争は起こりにくい。つまり，業界内の上位集中度が低いほど競争は激しくなりやすいといえる。

業界内の上位集中度を測る指標の1つに，ハーシュマン・ハーフィンダール指数がある。ハーシュマン・ハーフィンダール指数は，業界に存在する各社

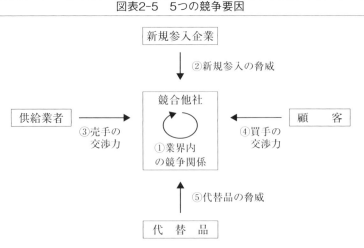

図表2-5　5つの競争要因

出所：Porter (1980), 訳書 p.18.

の市場シェアを2乗して足し上げたものである。例えば，ある市場が5社の企業によって構成され，各社のシェアがそれぞれ20％だったとする。その場合，ハーシュマン・ハーフィンダール指数は$0.2(=0.2^2+0.2^2+0.2^2+0.2^2+0.2^2)$となる。ハーシュマン・ハーフィンダール指数は，値が小さいほど競争が激しくなりやすいことを意味している。なお，上の計算例は市場シェアを小数で表現しているが，％で用いられている数字を基に2000と表現する場合もある。

　第2の要因は新規参入の脅威である。新規参入が容易であるほど，競合企業の数が増えやすいので，結果として競争が激しくなり業界の収益性は低くなる。新規参入における参入障壁には，①規模の経済性，②必要投資額，③チャネルの確保，④製品差別化，⑤政府による規制などがある。規模の経済性とは生産量が多くなるほど製品一単位当たりのコストが減少するという効果である。規模の経済性が働きやすい業界ほど，既存企業のコスト優位性が大きく，新規参入企業にとっては不利となる。また，参入に際して必要となる投資が大きいほど，市場への参入は難しくなる。例えば，製造業では生産設備が必要となるし，金融業ではキャッシュが必要となるだろう。チャネルの確保とは，販売経路を確保するということである。消費財のカテゴリーでは，チャネルの確保は代表的な参入障壁の1つである。コンビニやスーパーなどの売場は限られており，そこに新規参入企業の製品を置いてもらうことは容易ではない。大きく差別化され，顧客のロイヤルティを獲得しているブランドが多い市場も参入が難しい。なぜならば，顧客をスイッチさせるのに多くのコストがかかるからである。最後に，政府の規制によって参入するための厳しい基準が設定されている場合，新規参入は難しいものとなる。

　これらの参入障壁は業界内の競争にもあてはまる。例えば，集中戦略を採用している企業が方向転換してコスト・リーダーシップ戦略を目指すのは容易ではない。なぜならば，既存のコスト・リーダーシップ企業よりも相対的に生産数量が少なく，規模の経済性が障壁となるからである。こうした業界内での戦略転換を困難にする要因を移動障壁という。

　第3の要因は売手の交渉力であり，第4の要因は買手の交渉力である。これらは取引相手の交渉力という面において共通点が多い。売手の交渉力が高ま

るほど高く買わなければならなくなるし，買手の交渉力が高まるほど安く売らなければならなくなる。したがって，売手もしくは買手の交渉力が強い業界は収益性が低くなる。取引相手の交渉力は，市場支配力や取引依存度といったパワーの源泉によって決まる。なお，ハーシュマン・ハーフィンダール指数を用いれば，売手および買手市場の上位集中度を測定することができる。上位集中度の高い業界には市場支配力の強い有力企業が存在するため，そうした企業との取引依存度が高まりやすい。その結果，取引相手の交渉力が高まるので，自社の収益性は低くなるだろう。

　第5の競争要因は代替品の脅威である。代替品は同じニーズを異なる方法で満たす製品やサービスを指している。例えば，スマートフォンのアプリケーションは，カメラ，辞書，地図，カーナビゲーション，パソコン，書籍といった様々な製品を代替している。代替品のほうが既存製品よりもコストが優れており，価格が安い場合，既存製品も値下げをしなければ顧客を奪われてしまう。また代替品のほうが高い機能を有している場合，代替品と同程度の価格設定は難しくなる。結果として，業界の収益性は低下してくことになる。

（3）　補完製品

　スマートフォンとアプリケーションのように組み合わせることで機能を発揮したり，スマートフォンとスマートウォッチにように組み合わせることで機能を高められたりする関係にある製品を補完製品という。補完製品は，一方の製品の市場が拡大すると，もう一方の製品の売上が増加するという協調関係にあるため，事業環境に影響を及ぼす重要な要因といえる。バリー・ネイルバフとアダム・ブランデンバーガーは事業におけるプレイヤーを①顧客，②供給業者，③競争相手，④補完的生産者の4つに分類し，価値相関図という枠組みで整理している（図表2-6）。

　価値相関図は5つの競争要因と類似しているが，いくつかの点で異なっている。第1に，上で述べたように補完製品の影響が取り入れられている。彼らは，所有することで顧客にとって自社製品の価値が増加するような製品を製

図表2-6　価値相関図

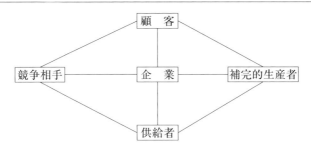

出所：Brandenburger and Nalebuff（1997）,訳書 p.29.

造する企業を補完的生産者としている。第2に，5つの競争要因では競合他社は同一業界内の企業とされていたが，価値相関図においては，競合他社をより幅広く定義している。具体的には，所有することで顧客にとって自社製品の価値が減少するような製品を製造する企業を競争相手としている。したがって，競争相手の中には代替品を提供する企業も含まれることになる。第3に，彼らは競争相手と補完的生産者は一意に定まるものではなく，競争相手が補完的生産者になることもあるし，補完的生産者が競争相手としての一面を有することもあると指摘している。例えば，トヨタとグーグルはコネクテッド・カーの分野では補完関係にあるが，自動運転の分野においては競争関係にあるといえる。このように，競争をとらえる視点をより柔軟に持つことの重要性を強調している。

§5　内部環境要因と外部環境要因の適合

　本章の冒頭で述べたように，優れたマーケティング戦略を策定するためには，環境要因と経営資源の適合性は欠かせない。なぜならば，外部環境要因から導かれる結論は「自社は何をするべきか」であり，内部環境要因から導かれる結論は「自社は何ができるのか」だからである。するべきことだけでなく，でき

図表2-7　SWOT分析に基づく戦略の方向性

		内 部 環 境	
		強 み	弱 み
外部環境	機会	強み×機会の戦略 強みを用いて機会をとらえる	弱み×機会の戦略 弱みを補強して機会をとらえる
	脅威	強み×脅威の戦略 強みを用いて脅威に対応	弱み×脅威の戦略 脅威のリスクをコントロール

出所：Weihrich（1990）p.26 一部改変.

ることも明確にされなければ戦略は策定できない。したがって，環境分析において強み，弱み，機会，脅威に関する事項を羅列してまとめるだけで終わってしまっては不十分である。ハインツ・ヴァイリッヒは，内部環境要因と外部環境要因を掛け合わせたマトリックスを基に戦略を立案することを提唱している（図表2-7）。マトリックスの各セルには，機会や脅威といった外部環境に対して強みや弱みを適合させた場合の戦略の方向性が示されている。

　市場における機会に対して，自社の強みが適合する場合，その強みを活かした戦略により競争優位を構築するべきである。例えば，ダイフクはネット通販の増加や人件費の高騰という外部環境の変化を機会ととらえ，多様な物流機器を内製し，搬送システム全体を最適化できるという強みを活かして物流センターの高度化と自動化に対するニーズへ対応している。一方，機会をとらえるための経営資源が競合他社よりも劣っている場合，市場で調達したり他社と提携したりして経営資源を補強する必要がある。例えば，アイリスオーヤマは電機メーカーの早期退職者を積極的に雇用し，家電事業における技術力という弱みを補強した。

　市場における脅威があったとしても，自社の強みが適合する場合は，それを活かして対応することが可能である。例えば，マツダはディーゼルエンジンの技術を活かしてヨーロッパの厳しい排ガス規制を達成するエンジンを開発し，

ディーゼル車に対する社会のイメージ悪化へ対応しようとしている。一方，市場の脅威に対応するための経営資源に弱みがある場合，事業の縮小や撤退など，リスクをコントロールすることを選択肢として考慮しなければならない。

【参考文献】

Barny, J. B.（2002）*Gaining and Sustaining Competitive Advantage,* 2nd ed., Pearson education., 岡田正大訳（2003）『企業戦略論（上）』ダイヤモンド社.

Brandenburger, A. M. and B. J. Nalebuff（1997）*Co-opetition,* Doubleday., 嶋津祐一・東田啓作訳（1997）『コーペティション経営』日本経済新聞社.

Gemawat, P.（2007）*Redefining Global Strategy: Crossing Borders in a World Where Differences Still Matter,* Harvard Business School Publishing Corporation., 望月衛訳（2009）『コークの味は国ごとに違うべきか』文藝春秋.

Grant, R. M.（2008）*Contemporary Strategy Analysis*, 6th ed., Blackwell., 加瀬公夫監訳（2008）『グラント現代戦略分析』中央経済社.

Hitt, M. A., R. D. Ireland and R. E. Hoskisson（2014）*Strategic Management: Competitiveness and Globalization,* 11th ed., Cengage Learning., 久原正治・横山寛美監訳（2014）『戦略経営論』センゲージラーニング.

沼上　幹（2000）『わかりやすいマーケティング戦略』有斐閣.

沼上　幹（2009）『経営戦略の思考法』日本経済新聞社.

大山健太郎（2017）「変化の基本は「一歩ずつ」経常利益の50％を投資に回す」『日経トップリーダー』第393号, pp.24-25.

Porter, M. E.（1980）*Competitive Strategy,* Free Press., 土岐坤ほか訳（1982）『競争の戦略』ダイヤモンド社.

Porter, M. E.（1985）*Competitive Advantage,* Free Press., 土岐坤ほか訳（1985）『競争優位の戦略』ダイヤモンド社.

Weihrich, H.（1990），"The TOWS Matrix: A Tool for Situational Analysis," in R. G. Dyson（eds.）, *Strategic Planning: Models and Analytical Techniques,* John Wiley & Son Ltd, pp.17-36.

第3章　マーケティング・マネジメントの基礎

　もともとは軍事用語である「戦略」の要諦は,「どのように戦うかを決めること」ではなく,「戦場を選ぶこと」にあると言われる。同じことはマーケティングにおいても当てはまる。つまり「製品（サービス）をどう売るか」を考える前に,「わが社が対応すべき顧客は誰か」,そして「その標的顧客に何を（どのような価値を）提供するか」という問いに答えなければならない。

　それでは,標的顧客と提供価値を定める際には,どのような点に注意すべきであろうか。またそもそもの問題として,標的顧客と提供価値を事前に定めることのメリットとは,いったい何であろうか。これらの問題を検討することが,本章のテーマである。

（萩原司朗氏撮影）

§1	マーケティングのSTP	§3	ターゲティング
§2	セグメンテーション	§4	ポジショニング

　大阪にあるテーマパーク，ユニバーサル・スタジオ・ジャパン（以下，USJ）は，開業した2001年度に1,100万人を超える来場者数を記録した。しかしその後，集客力は低下し，翌年度以降の来場者数は700～900万人台の間で推移していた。

　当時，来場者数減少の原因として社内外で指摘されていたのが，「ポジショニング（提供価値）のブレ」であった。すなわち，USJは「映画専門のテーマパーク」であったはずなのに，映画と無関連のコンテンツを相次いで導入したせいでテーマ性がぼやけてしまった，という説である。

　ところが，2010年に同社に入りマーケティングの陣頭指揮を執った森岡毅氏は，この説に異を唱え，状況を次のように分析した。すなわち「映画関連のコンテンツを提供する」という無意味なこだわりが，映画ファン以外の顧客層の来場機会を著しく狭め，それがかえって業績の低迷を招いている，と。

　USJが映画関連のコンテンツに特化すれば，確かに映画ファンは喜ぶだろう。しかし映画ファンの数は限られているため，その来場収入だけでは巨大なパークの維持費を賄えないし，来場者数の回復も見込めない。また，そもそも映画は，人を感動させるエンターテイメントの1つの形でしかない。これらの点を考慮した場合，来場者数を回復させるためには，「映画専門のテーマパーク」ではなく，「エンターテイメントのセレクト・ショップ」と自らを位置づけ，映画ファンを超えた幅広い顧客層に「最高品質の感動を提供する」という方針を採った方が良いはずだ。森岡氏はそう考えたのであった。

　USJはこの方針に基づき，エルモ，スヌーピー，ハローキティなどの人気キャラクターや，ワンピース，モンスター・ハンターといったマンガ・アニメのコンテンツを積極的に活用し始めた。その結果，それまで十分に対応できていなかった小さな子供連れのファミリー層や，非関西圏あるいは海外の顧客層をカバーできるようになった。来場者数は順調に回復し，2013年度には1,000万人の大台に再び乗り，2016年度には1,400万人突破を記録した。

§1 マーケティングの STP

(1) 「売れる仕組み」作りのポイント

　今日，多くの業界において新製品が絶えず開発され，その販売を支援するために，大量の情報がマスメディア等を通じて顧客に提供されている。このように製品と情報が溢れ返った市場の中にあって，自社製品が自然に売れていく状態＝「売れる仕組み」を作り出すこと，これがマーケティングに課せられた中核的ミッションである。

　売れる仕組みを構築する際のポイントは 3 つある。1 つ目は，「自社製品のユニークなイメージを，顧客の頭の中に刻み込むこと」である。例えば，ある消費者が「吸引力の落ちない掃除機は何か」と問われて，迷わず「ダイソン」と答えたならば，ダイソンはその消費者の頭の中に独自のポジションを築いていることになる。大量の製品・情報が氾濫する中で顧客を獲得するには，顧客の頭の中を制することが必要であり，だからこそ独自性のある強力なポジションを築かなければならないのである。

　加えて独自のポジションを築くためには，「自社が対応する顧客層を明確に定めること」が求められる。これが 2 つ目のポイントである。例えば，ある企業が「わが社の掃除機は，リーズナブルで，頑丈で，軽量で，パワーがあり，操作がしやすく，かつ静粛性とデザイン性に優れています」とアピールした場合，何が起こるだろうか。その製品の提供価値は曖昧になり，顧客の頭の中に独自のポジションを築くことは難しくなる。そうした事態を回避するためには，「万人ウケ」を狙わず，自社が対応する顧客層を絞り込み，その固有のニーズにフィットする価値の提供に専念すべきである。

　さて，自社が対応する顧客層を絞り込むには，その前段階として，「市場が

どのようなニーズを持つ顧客層によって構成されているのか」を把握できていなければならない。3つ目のポイントはこの点，すなわち「自社が向き合う既存顧客や潜在顧客の塊を，そのニーズの異同に応じて，幾つかのグループに細分化すること」にある。

そもそも顧客層を絞り込むという作業は，「顧客のニーズが多様である」という前提があって初めて意味を持つ。ニーズが多様であるからこそ，「ある顧客に高く評価される価値が，他の顧客には全く評価されない」ということが起こりうるし，「万人ウケを狙うと，かえって全ての顧客からの支持を失う」という事態が発生しうるのである。

掃除機を例にとると，吸引力を重視する顧客もいれば，静粛性を重視する顧客も存在する。さらに別の顧客は，掃除の手間そのものを減らしたがっているかもしれない。企業は，こうしたニーズの違いに着目して市場全体を幾つかの下位グループに分割し，自らが対応する顧客層を選択しなければならない。

（2） STPの定義と3者間の関係

以上の説明を踏まえて，製品レベルのマーケティング戦略の大枠を整理しよう（図表3-1）。

顧客を自社製品に引き付けるためには，自社製品の独自のイメージないしは価値を定め，それを顧客の頭の中に植え付けなければならない。この作業のことを「ポジショニング」（positioning）と呼ぶ。そして，強固なポジションを確立するためには，マーケティング努力を注ぐべき標的顧客を明確に定めること，つまりは「ターゲティング」（targeting）が不可欠となる。

ポジショニングとターゲティングは一見似ているが，その意味することは全く異なる。ターゲティングは企業の視点に立って「我が社がどの顧客に対応するか」を決めることであるのに対して，ポジショニングは「顧客の視点から自社製品がどう見えるか」を考え，それを操作することを意味している。

さらに，自社のターゲット顧客を選定する際には，既存顧客や潜在顧客を，ニーズの異同に応じて複数のセグメント（下位グループ）に分割すること，す

図表3-1 セグメンテーション，ターゲティング，ポジショニング

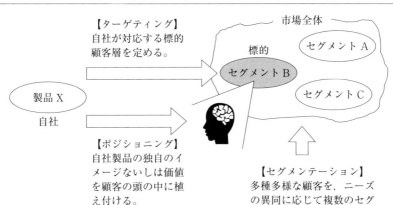

なわち「セグメンテーション」（segmentation）と呼ばれる作業が必要となる。

なお，本セクションでは便宜上，ポジショニング⇒ターゲティング⇒セグメンテーションの順に紹介したが，実践においては，セグメンテーション⇒ターゲティング⇒ポジショニングの順序で検討することが一般的である。そのためこれら3つの作業は，その頭文字をとって「STP」と表記されることが多い。

次のセクション以降では，STPそれぞれの意義，手順，留意点を解説する。

§2　セグメンテーション

（1）　セグメンテーションの意義

顧客のそれぞれが異質なニーズを持っている場合，企業はどのように対応すれば良いだろうか。

1つ目に挙げられるのは，洋服のテーラーメードのように，顧客一人ひとり

の個別ニーズにフィットした製品を提供することである。この方法は，各顧客の満足度を高める上で魅力的であるが，その実行は難しい。というのも，顧客ごとに仕様を変えて製品を作っていたのでは，コストがかかり過ぎ，顧客が購買を断念するほどの高価格を設定しないと，利益を創出できないからである。

　2つ目の方法は，ニーズの違いではなく，その共通性に注目して，全ての顧客ニーズを部分的に満たす1つの製品を提供することである。そうした製品の代表例が，「T型フォード」と呼ばれる自動車である。20世紀初頭，フォード社はT型モデルの生産に集中し，そのカラー・バリエーションも，途中からは黒色のみとなった。こうした対応は，生産効率の向上と低価格での製品提供を可能とさせるが，他方では顧客ニーズの充足が犠牲になってしまう。T型モデルの顧客は皆，「自動車で移動する」というニーズを低い対価で満たすことができたが，「黒色以外の自動車に乗りたい」，「よりハイクラスの自動車に乗りたい」という個別ニーズを満たすことは出来なかった。

　さて，以上に挙げた2つの方法から見えてくるのは，一般的に「ニーズの充足」と「生産効率」はトレードオフの関係にある，という事実である。すなわち個別ニーズの充足を追求すれば生産効率が低下するし，反対に生産効率を優先すれば個別ニーズの充足が犠牲になってしまうのである。

　しかし企業には，このトレードオフを緩和できる第3の方法が残されている。それは「ニーズが似通った顧客層」を識別し，それにフィットする製品を提供する，という方法である。

　厳密に言えば，顧客のニーズは一人ひとりで異なる。しかし実際のところ，全ての顧客ニーズが全くバラバラに存在するわけではない。むしろ世の中には，「同じニーズを持つ顧客が一定数存在する」と考えた方が自然である。それゆえ同じニーズを持つ顧客層（セグメント）を上手く抽出することができれば，その顧客層固有のニーズにフィットした製品の提供が可能になるし，また一定の市場規模が見込めるために，一人ひとりの顧客にカスタマイズするよりも，生産効率を高めることができる。セグメンテーションは，ニーズ充足と生産効率を両立させるための有力な方法なのである。

（2）　セグメンテーションの手順

　セグメンテーションの起点は，顧客のニーズにある。すなわち，自社の既存顧客や潜在顧客のニーズを見つめ，その違いや多様性を把握することがセグメンテーションの第一歩となる。

　しかし重要なことに，ニーズの違いそのものは目に見えない。そこで必要となるのが，「顧客間のニーズの異同を浮き彫りにする境界線」を識別することである。掃除機の場合，本体の軽さを重視する顧客は高齢層に多く，若年層には少ないかもしれない。ごみの吸引力を重視する顧客は，小さな子供やペットがいる家庭に多く，他の顧客層には少ないかもしれない。また本体のデザイン性を重視する顧客は，若い女性層に多く，他の顧客層には少ないかもしれない。このように，ニーズの違いは顧客の性別，年齢，ライフスタイルといった軸を用いることで可視化できる。

　セグメンテーションには，一般に，地理的変数，人口統計的変数，心理的変数，行動的変数が用いられる（図表3-2）。

図表3-2　代表的なセグメンテーション変数

カテゴリー	変　　　数
地理的変数	地域，都市規模，人口密度，気候
人口統計的変数	年齢，性別，世帯規模，家族ライフサイクル（独身，既婚，子供の有無や年齢），所得，職業，学歴，社会階層，人種，世代，国籍
心理的変数	ライフスタイル，パーソナリティ
行動的変数	追求便益（品質，便益，経済性），使用量（ヘビー，ミドル，ライト），ロイヤルティの強さ，製品の使用シーン（自宅，職場，休暇，通勤時）

出所：Kotler and Keller（2007），訳書 p.145 を修正。

（3） セグメンテーションの留意点

セグメンテーションを行う際の留意点は2つある。

1つ目は，セグメンテーションが，その後に控えたターゲティングやポジショニングに役立つように実行できているか，という点である。効果的なセグメンテーションの一般的基準として，以下の5点を挙げることができる。

① 測定可能性：各セグメントの規模や購買力が測定できること。

② 利益確保可能性：各セグメントが，それに適合したマーケティング・プログラムを使って対応するのに値するだけの規模と収益性を備えていること。

③ 接近可能性：各セグメントの顧客にアクセスし，製品や情報を送り届けることが可能であること。

④ 差別化可能性：同じセグメント内で異なるニーズを持つ顧客が混在したり，異なるセグメント間で同じニーズを持つ顧客が混在したりしないこと。

⑤ 実行可能性：各セグメントに対応するための，効果的なマーケティング・プログラムを設計・実行できること。

本章冒頭に挙げたケースを見ると，USJは行動的変数（映画が好きか），人口統計的変数（家族ライフサイクルの段階），地理的変数（居住地域）といった軸を用いてセグメンテーションを行なっていたことが窺われる（図表3-3）。これらの軸は，有効なセグメンテーションに関する5つの基準を満たしているが，当時のUSJにおいて特に重要だったのは，①測定可能性と②利益確保

図表3-3　USJのセグメンテーション例

		大人（子供なし）		大人（子供あり）		学　　生	
		映画ファン	非映画ファン	映画ファン	非映画ファン	映画ファン	非映画ファン
居住地	関西圏	A	B	C	D	E	F
	非関西圏	G	H	I	J	K	L

可能性であったと思われる。というのも，業績の低迷から脱却するためには，各セグメント（図表3-3のA〜L）がどれだけの市場規模を有し，利益や売上の増強にどれだけ貢献するのかを把握する必要があったからである。

セグメンテーションにおける第2の留意点は，「あくまでもニーズの違いを起点に考える」ということである。（図表3-4）

例えば，ある製品の顧客を年齢と性別の2軸によって分割すれば，「20代男性」，「20代女性」，「30代男性」，「30代女性」……というように，誰でも簡単に「セグメントめいたもの」を作り出すことができる。しかし20代男女のニーズは，実はほとんど同じかもしれない。あるいは性別によってニーズは異なるが，年齢はニーズの違いと無関係かもしれない。また場合によっては，年齢と性別という軸が，顧客ニーズの違いを浮き彫りにする上で全く役に立たないかもしれない（図表3-4（b））。

以上の例からも分かるように，ニーズの違いを無視した「変数ありきのセグ

図表3-4　ニーズの違いを起点とするセグメンテーション

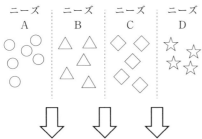

a）理想的なセグメンテーション
思考の起点：目に見えないニーズの違い

ニーズの違い（境界線）を上手く可視化できる変数・軸が何なのかを考える。

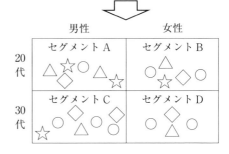

b）間違ったセグメンテーション
思考の起点：目に見える変数・軸

結果：同じセグメント内で異なるニーズを持つ顧客が混在したり，異なるセグメント間で同じニーズを持つ顧客が混在したりする。

メンテーション」は無意味であり，時に有害ですらある。セグメンテーションは，あくまでも顧客間のニーズの違いを出発点として，「目に見えないニーズの違いは，どのような変数を用いれば，上手く可視化できるか」を考えることであり，その意味でかなりの創造性を要する作業なのである（図表3-4（a））。

§3 ターゲティング

（1） ターゲティングの意義

ターゲティングとは，セグメンテーションを踏まえて，自社が対応する標的セグメントを定めることである。それでは，ターゲットを定めることの意義は何であろうか。

第1に挙げられるのは，「ターゲットを定めることで，自社が応えるべきニーズや提供すべき価値が明確になる」という点である。ターゲットをきちんと定めないと，自社が対応しようとする顧客の顔とニーズが見えなくなる。そうすると，「とにかく安いものを造ろう」とか「とにかく品質を高めよう」という漠然とした方針を掲げざるを得なくなり，結果として製品イメージや提供価値がぼやけてしまう。このような事態を回避するためには，顧客ニーズの深い理解と集中的な対応が必要となり，またそれゆえにこそ，事前にターゲットを明確に定めておく必要性が生じるのである。

ターゲットを定めることの第2の意義は，「企業の限られた資源を効果的・効率的に使うことができる」という点にある。詳しくは次章以降で言及されるが，企業はSTPの作業が完了すると，次に製品の仕様や価格，販売ルートやプロモーションの内容（マーケティング・ミックス）を決定するステージに移行する。このときにターゲットが明確に定まっていないと，製品の特徴がぼやけるだけでなく，販売やプロモーションに投下される資源が分散してしまう。

顧客は，製品に対してそれぞれ異なるニーズを持つだけでなく，製品や製品情報の入手ルートも異なっている。そのため，ターゲットが明確に定まっていないと，製品・情報の入手ルートが異なる顧客に幅広く対応するために，利用する販売ルートやメディアを増やさざるを得なくなる。その結果，各販売ルートに投下できる営業部隊や，各メディアに投入可能な予算が小さくなり，マーケティング努力の効果が著しく低下してしまうのである。反対に，ターゲットが明確に設定できていれば，そのターゲット固有の買物行動や情報収集行動に合わせて，自社の販売ルートやコミュニケーション・ルートを絞り込み，そこに限られた経営資源を集中投入することが可能となる。

ターゲティングは，どの顧客のニーズに応えるかという「注意の焦点化」と，経営資源の分散投入を防ぐ「努力の集中化」を促す役割を担っているのである。

(2) ターゲティングの手順

ターゲティングに際しては，識別された各セグメントの規模・成長性や，他社との競合状況を評価しなければならない。それらを評価するための簡便な方法は，「需要を増やせそうなセグメント」や「自社が取りこぼしているセグメント」を，複数の切り口を用いて発見する，というものである（図表3-5）。

加えてターゲット・セグメントを選択する際には，自社内部の事情を考慮することも必要である。企業全体や各事業部の目標・ミッション，利用可能な経営資源，得意とする分野と苦手な分野（強みと弱み）を把握しておかなければ，自社に有利な戦場を設定することが困難になる。これらの点を把握するには，前章で学んだ3C分析やSWOT分析が有用となろう。

(3) ターゲティングの留意点

ターゲティングを行なう際には，目標達成に照らしてターゲットが小さくなり過ぎないように注意すべきである。

たとえば本章冒頭のケースにおいて，USJは映画ファンを超えた幅広い顧

図表3-5　ターゲティングの手がかり

製品カテゴリー内の全ての顧客			
取りこぼした顧客		自社の顧客	
領域① 自社製品がカバーできていない顧客	領域② 競争に敗れて他社に流れた顧客	領域③ 競争に勝って獲得した顧客	領域④ ロイヤル顧客

【領域①】
　自社製品の浸透率が低い（自社の顧客数が少ない）セグメントはあるか。その中で，浸透率を上げる余地のあるセグメントはどれか。

【領域②】
　競合他社製品の顧客の中で，自社製品にスイッチしてくれそうなセグメントはあるか。

【領域③】
　自社製品の顧客ではあるが，自社製品へのロイヤルティが低い（頻繁に競合他社製品に浮気する）セグメントはあるか。その中でロイヤルティを高めることが可能なセグメントはどれか。

【領域④】
　自社製品の顧客の中で，「1回あたりの消費量を増やせそうなセグメント」，「購入頻度を増やせそうなセグメント」，「同一ブランド内の姉妹品の同時購買を促すことができるセグメント」はあるか。

出所：森岡（2016）pp.154-156，および Ohmae（1982），訳書 p.157 を参考に筆者作成。

客層をターゲットに含めることで，業績低迷の打開を図った。その意思決定を支えたのは，①「映画ファン」セグメントの規模があまりに小さく，それだけでは売上や来場者数の目標を達成できない，②「子供連れファミリー」セグメントの来場者数が少なく，そこに需要創出の余地がある，という読みであった。

　もちろん多様なセグメントをターゲットに含めると，コンセプトがぼやけたり，東京ディズニーランド（以下，TDL）との差別化が困難になる，という懸念が生じうる。USJがこうした懸念を断ち切り，複数セグメントのターゲティングに踏み切った背後には，③「最高品質の感動」という，エンターテイメント全体にまたがる高次の価値に焦点を合わせることで，コンセプトのブレは抑制できる，④「今年はセグメントAを対象としたアトラクションを増設する」，「来年はセグメントをB対象としたイベントを開催する」というように，時間

差を上手く利用すれば，メリハリの効いた経営資源の投入が可能になる，⑤ USJとTDLは空間的にかなり離れているので，実際のところ競合度は弱い，という冷静な判断があった。

　なお以上の事例は，ターゲットを1つのセグメントだけに絞り込む必要はなく，複数のセグメントを同時に標的とすることも可能であることを示している。ただし複数セグメントを標的とする場合は，セグメント間のコンフリクト（対立）に注意しなければならない。例えば女子高校生が，「私はもう大人であり，小さな子供連れファミリーと同じ場所で遊ぶのは幼稚な気がして嫌だ」と強く思うのであれば，これら2つのセグメントを1つの空間に同居させることは難しくなる。一般的に，セグメント間のニーズが大きく異なったり，セグメント間でコンフリクトが発生しうる場合には，セグメントごとに別ブランドを用意したり，それぞれのニーズに合わせた製品ラインを提供したりすべきである。

§4　ポジショニング

（1）　ポジショニングの意義

　ポジショニングは，自社製品の独自のイメージないしは価値を定め，それを顧客の頭の中に植え付けること，言い換えると「顧客の立場から自社製品がどう見えるか」を操作することである。マーケティングにおいて，なぜポジショニングが重視されるのか。その理由は，「自社製品を競合他社製品からどう差別化するか」という問題に関わっている。

　既に述べたように，セグメンテーションとターゲティングを上手く実行できれば，企業は魅力的なセグメントに到達できるであろう。しかし往々にして，自社にとっての魅力的なセグメントは，他社にとっても魅力的であるから，当

該セグメントの顧客獲得を巡る競争は激しくなってしまう。そしてこのとき，他社との競争を有利に進めるためには，自社製品の差別化，つまりは「自社製品に代わる製品はない」と顧客に認識してもらうことが必要になる。だからこそ，顧客の頭の中に自社製品のユニークなイメージや提供価値を植え込むポジショニングが重要になるのである。

（2） ポジショニングの手順

　強固なポジションを築くための最も強力な方法は，業界のパイオニアかリーダーのいずれか（あるいは両方）になることである。例えば，「家庭用宅配便と聞いて何を思い浮かべますか」，「インスタント・コーヒーと聞いて何を思い浮かべますか」という質問に対して，多くの日本人はそれぞれ「クロネコヤマトの宅急便」，「ネスカフェ」と答えるであろう。このように，業界を「最初に」切り開いた製品や，業界の「最大の」シェアを誇る製品は，ブランドの名前，イメージ，そして提供価値を，顧客の頭の中に容易に刻み込むことができる。「第1位」という事実それ自体が，独自のポジションを支える強固な足場となり，製品の差別化を可能にするのである。

　それでは，パイオニアでもリーダーでもない製品の場合は，どのようにポジショニングを行なえば良いだろうか。1つの方法は，「顧客の頭の中に新たな空白地帯を作り，そこに1番乗りする」というものである。たとえば，「朝専用の○○」，「世界で最も安全な○○」，「ニューヨークで最も売れている○○」というように，製品の利用シーン，価値，地域などの新たな軸を設定し，それを顧客の頭の中に植え付けることができれば，その製品は有利なポジションを築くが可能となるであろう。

　また，上位企業の弱点を突く軸の導入も有効である。例えば，ある地方銀行Aが，都市銀行Bに比べて店舗ネットワークや安心感で劣っている，と顧客に認識されているとしよう。しかし都市銀行Bにも，何らかの弱点があるかもしれない。仮にその弱点が「サービスの処理スピードが遅い」という点にあるとすれば，地方銀行Aは「スピード」という新たな軸を顧客の頭に埋め込

むことが有効となる（もちろん，それに合わせてサービスを実際に迅速化できなければならない）。それに成功すれば，「地方銀行A＝スピードが速い」というポジションを獲得できるだけでなく，「都市銀行B＝スピードが遅い」というように，競合他社のポジションを自社に有利な方向に変化させることも可能になるのである。

加えて，新製品を開発する場合や，既存製品のポジションを修正する場合には，顧客が知覚している各製品の特徴を空間的に示した「知覚マップ」の利用が役に立つ。

1つの例として，ある顧客が，頭痛薬を「効き目の強さ」と「胃に対する負担の少なさ」の2軸で評価しているとしよう（図表3-6）。これら2軸の座標の中で，顧客が各製品をどう位置付けているのかが分かれば，ポジショニングの手がかりが得られやすい。

例えば知覚マップの中で，「効き目が強い」領域にはたくさんの製品が乱立し，反対に「胃に対する負担が非常に小さい」領域が空白になっている状況を考えてみよう。このケースにおいて，「効き目の強さ」に頼って独自のポジションを築くことは難しい。他方で，胃に対する負担を格段に下げられる技術があり，かつそのニーズを持つ顧客が一定数存在するのであれば，「胃に対する負担の

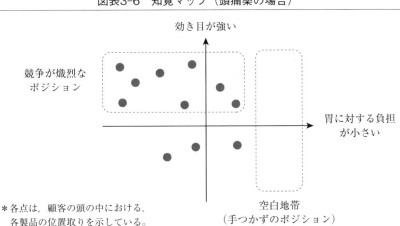

図表3-6　知覚マップ（頭痛薬の場合）

小ささ」という点で強固なポジションを構築できるかもしれない。もちろん、「効き目」と「胃に対する負担」という2軸による差別化が困難だと判断される場合は、それらに代わる新たな軸を用意しなければならない。

(3) ポジショニングの留意点

　ポジショニングにおける第1の留意点は、「提供価値を、シンプルに、エッジを効かせて伝達すること」である。顧客は日々、処理しきれないほどの大量の情報に晒されている。そのため、どれだけ丁寧に自社製品の価値を説明しても、顧客の関心が低かったり、注意力が低下していたりすれば、その情報は簡単に無視されてしまう。そうした環境にあって、顧客の頭の中に自社製品を食い込ませるためには、製品固有の価値を可能な限りシンプルな形で伝達できなければならない。

　本章冒頭のケースにおいて、USJ は自らを「映画専門のテーマパーク」から「世界最高のエンターテイメントを集めたセレクト・ショップ」に移行させようとした。その際、USJ は自らの提供価値を「世界最高を、お届けしたい」というシンプルなメッセージに乗せて顧客にアピールし、それを通じて強固なポジション作りを進めたのである。

　ポジショニングにおける第2の留意点は、自社の弱みを克服するよりも、「既に顧客に評価されている自らの強み」をさらに強化する方法を検討した方が良い、ということである。顧客が既に持っている認識やイメージを180度変えることは、極めて難しい。例えば、顧客が自社製品のある機能を低く評価していたとしよう。このとき、仮に顧客の認識が間違っていたとしても、その機能に関して一度形成された負のイメージをひっくり返すことは困難である。このような場合には、むしろポジティブなイメージを獲得できている自社製品の強みに注目し、それを梃子としたポジショニングを検討すべきであろう。

【参考文献】

　石井淳蔵（2010）『マーケティングを学ぶ』筑摩書房.

Kotler, P. and K. L. Keller（2007）*A Framework for Marketing Management*, 3rd ed., Prentice Hall., 恩蔵直人監訳（2014）『コトラー＆ケラーのマーケティング・マネジメント基本編（第3版）』丸善出版.

久保田進彦・澁谷覚・須永努（2013）『はじめてのマーケティング』有斐閣.

Moon, Y.（2010）*Different: Escaping the Competitive Herd*, Sagalyn Literary Agency., 北川知子訳（2010）『ビジネスで一番，大切なこと』ダイヤモンド社.

森岡　毅（2016）『USJのジェットコースターはなぜ後ろ向きに走ったのか？』KADOKAWA.

森岡　毅（2016）『USJを劇的に変えた，たった1つの考え方』KADOKAWA.

沼上　幹（2008）『わかりやすいマーケティング戦略（新版）』有斐閣.

小川孔輔（2009）『マーケティング入門』日本経済新聞出版社.

Ohmae, K.（1982）*The Mind of the Strategist*, McGraw-Hill., 田口統吾・湯沢章伍訳（1984）『ストラテジック・マインド』プレジデント社.

Ries, A. and J. Trout（1986）*Positioning: The Battle for Your Mind*, McGraw-Hill., 川上純子訳（2008）『ポジショニング戦略（新版）』海と月社。

三枝　匡（2002）『戦略プロフェッショナル』日本経済新聞出版社.

和田充夫・恩蔵直人・三浦俊彦（2000）『マーケティング戦略（新版)』有斐閣.

第4章　マーケティング・リサーチ

　企業はマーケティングの様々な局面で意思決定を下すことが求められるが，そこには常に不確実性が伴う。したがって，自社のみならず競合他社，そして何よりも市場における消費者に関する情報をいち早く収集し，活用することが必要不可欠である。例えば，新しい商品を市場投入する際はターゲット顧客の特性情報が必要であるし，ライバル他社が値下げしてきた場合は自社商品の値下げ効果について知る必要があるだろう。この時，必要な情報が何であるかを識別し，正確な情報を効率良く収集・分析して，マーケティング意思決定に資するためのツールがマーケティング・リサーチである。インタビューやアンケート，観察など，マーケティング・リサーチには多種多様な手法があるが，本章ではその概要についてみてみよう。

主菜：そぼろと野菜のビビンバ
副菜：小ねぎとのり，豆腐の韓国風スープ

写真提供：オイシックス・ラ・大地株式会社

§1 マーケティング・リサーチの概要	§4 データ収集の方法・形式のデザイン
§2 問題の設定	§5 測定尺度とデータ分析
§3 リサーチ・デザインの決定	§6 調査報告書の作成

　オイシックス・ラ・大地は有機野菜，特別栽培農産物，無添加加工食品などの安全性に配慮した食品や食材の販売を手がける企業であるが，同社の商品に「Kit Oisix（キットオイシックス）」がある。2013 年 7 月に発売され，15 年 3 月には累計出荷個数が 100 万個にも満たなかったが，多様な顧客ニーズをきめ細かく商品設計に反映する徹底的なリサーチ主義が奏功し，18 年 2 月には累計 900 万個を突破する大ヒット商品となった（『日経 TRENDY』2018/05 号 pp.126-127 より）。

　商品開発当初は，共働き世代の増加から「忙しく毎日手作りできないが，手を抜き過ぎるのは嫌」というニーズを感じていたという。手軽ながら顧客自身で行なう簡単な調理工程を入れることで，単なる時短への罪悪感を払拭する「20 分で 2 品」というコンセプトが受け入れられ，当初から反応は良好であった。発売後にわかったことは，「作る時間」よりも「献立を考える時間」の省略欲求が高かったことで，その後献立を提案する機能を高め，メニュー数の充実に注力した。その結果，週あたり 20 以上の献立を揃えるまでに成長した。

　同社が重視しているのが，顧客の声をすくい上げ商品開発に活かすためのマーケティング・リサーチである。毎週の数百件にのぼる顧客アンケート分析に加え，電話によるヒアリングを行なったり，自宅を訪問し冷蔵庫の中を観察したりするなど，異なる複数の方法を組み合わせて情報収集を行なっている。親子参加型の企画においては，実際に子供にメニューを食べてもらい，味の評価だけでなく，食べる時の進み具合，野菜サイズの適切さなど，細かな情報まで収集している。こうした情報は新商品の提案や改善に活かされる。

　アンケート調査や観察調査だけでなく，マーケティング・リサーチの具体的な調査方法には，実験やグループ・インタビューなど，様々な種類がある。マーケティングにおける製品，価格，流通，プロモーションといった諸施策立案には多種多様な情報が必要となるため，効果的な方法を効率良く組み合わせて意思決定に役立てることが重要である。

§1　マーケティング・リサーチの概要

　マーケティング・マネジメントにおいては，市場環境に関する分析や，セグメンテーション，ターゲティング，ポジショニングなどの戦略的意思決定が行なわれ，その上で具体的なマーケティング・ミックスが決定される。さらに，マーケティング・プログラムが策定された後も，その実行や統制などの様々な調整を必要とする。このすべての過程において，必要な情報を効率よく収集し，意思決定に役立てることが重要である。そのために活用されるのが，マーケティング・リサーチである。

　米国のマーケティング協会（American Marketing Association：AMA）の定義によれば，マーケティング・リサーチとは，以下を遂行する機能のことを意味している。すなわち，「マーケティングの機会および問題を識別し定義するために用いられる情報を通じて，消費者，顧客，大衆をマーケターとリンクする」「マーケティング活動を創出，洗練，評価する」「マーケティング成果をモニターする」「過程としてのマーケティングの理解を改善する」というものである。この定義において重要なことは，情報を通じてマーケターと消費者をつなぎ，効果的なマーケティングを策定するための役割をマーケティング・リサーチが担っているということである。

　マーケティング・リサーチには，大きく分けて以下の5つのステップがある。第1は，マーケターが抱える問題について，その全体像を明確に把握するための「問題の設定」である。第2は，「リサーチ・デザインの決定」であり，ここでは探索的リサーチ，記述的リサーチ，因果関係リサーチの3つについて検討する。第3は，「データ収集の方法・形式のデザイン」である。具体的にいかなるデータをどのようにして収集するのかについて，コミュニケーション法，観察法といった方法から選択する。また，データ収集の対象について選定するサンプリングについても，このステップで行なう。第4は，実際に収

図表4-1　マーケティング・リサーチの概要

集されたデータを分析し，仮説の検証などを行なう「測定尺度とデータ分析」段階である。特に統計的な分析を行なう場合は，データがどのような尺度で収集されたものなのかが重要となるため，測定尺度に関する検討もここで行なう。最後の第5は，発見事項をまとめて具体的なマーケティング提言を行なう「調査報告書の作成」段階である。以下順に見てゆこう。

§2　問題の設定

　ライバル他社が強力な新商品を市場投入してきたり，原材料価格が高騰してコストが上昇したりと，企業を取り巻く環境においては日々様々な問題が発生する。このような予期できない環境変化によって引き起こされる問題もあれば，新しい流通チャネルを採用したり，価格の見直しをしたりと，ある程度予期できるような種類のものもある。いずれにしても，マーケティング・リサーチのはじめのステップでは，このような問題を正確に把握し，定義することが試みられる。具体的には，抽象的で高次な「意思決定問題」を，より具体的な「リサーチ問題」，そして実際のデータによって検証可能な「調査仮説」へと変換する作業である。

　マーケティング意思決定を行なうマネジャーが抱える意思決定問題は，例えば「売上を伸ばしたい」や「自社ブランドを強化したい」などといった，どちらかと言うと漠然とした問題であることが多い。しかし，漠然とした問題は，そのままではどのように解決したらよいのか，具体的にいかなる施策を打てばよいのかについて，なかなかわからないものである。したがって，マーケティ

ング・リサーチによって，より具体的なリサーチ問題へと翻訳してやることが必要となってくる。

先の例でいえば，「売上を伸ばしたい」という意思決定問題に対しては，例えば「新商品の市場投入」や「新しい流通チャネルの開拓」といったリサーチ問題が立てられるだろう。リサーチ問題は意思決定問題に応じて作成されるものであるため，意思決定問題の性質によっては，複数のリサーチ問題が立てられることもある。いずれにしても，リサーチ問題を解くことによって，意思決定問題に答えを返すことができることが重要である。

リサーチ問題が立てられれば，次はそれを更に具体的で詳細な調査仮説に分解してゆく。先の例でいえば，「新商品の市場投入」というリサーチ問題に対しては，例えば「女性は男性に比べて新商品に対する関心が高い」や「年齢が高くなるほど既存商品への愛着が強くなる」などといった調査仮説が立てられるだろう。調査仮説もリサーチ問題に応じて作成されるが，1つのリサーチ問題に対して複数の調査仮説が作成されるのが通常である。

ここで調査仮説とは，ある現象に対する自分なりの説明のことであり，通常は2つ以上のキーワード（「コンセプト」と呼ばれる）の関係が記述されたものである。先の調査仮説においては，例えば「性別」と「新商品への関心度」，「年齢」と「既存商品への愛着度」がコンセプトであり，それぞれ相互に関連があるとされている。すなわち，一方の水準によって他方が異なったり（性別ごとに関心度が異なる），一方があがれば他方もあがったり（年齢が上がると愛着も強くなる），という関係が記述されているということである。いずれにしても，調査仮説は実際のデータの収集・分析を通じて検証可能なものであることが重要である。すなわち，男性と女性に対して新商品への関心度合いについて質問し，その結果を比較することによって，立てられた調査仮説が正しいかどうかをテストできなければならない。

以上のように，問題の設定においては，抽象的で漠然とした意思決定問題を，より具体的なリサーチ問題へと変換し，さらに具体的で検証可能な調査仮説に分解することが目指される。実際に収集されたデータの分析によって調査仮説が検証されれば，その結果からリサーチ問題に対して答えを返し，更にリサー

チ問題から意思決定問題へと答えを返してゆくことで，マネジャーに対して具体的なマーケティング代替案を提案するのである。

§3　リサーチ・デザインの決定

　問題の設定が終われば，立てられた問題に沿ってどのようなリサーチを行なうべきか決定する。マーケティング・リサーチにおいては，アイデアやインサイトを得るために行なわれる「探索的リサーチ」，ある事象の頻度や二変数間の関係を明らかにする「記述的リサーチ」，原因と結果の関係について推論する「因果関係リサーチ」の大きく3つが存在する。

　マーケティング・リサーチの初期段階においては，解決すべき問題の全体像が明らかになっておらず，何が問題の本質なのか，問題を解くためには何がキー・コンセプトとなるのか，曖昧であることが多い。したがって，アイデアやインサイトを得ることを目的として，はじめに探索的リサーチが行なわれるのが一般的である。そして，探索的リサーチによってある程度問題の全体像が把握できた段階で，特定変数間の関係を探る記述的リサーチが行なわれる。記述的リサーチによって特に重要な変数間の因果関係の存在が推測できれば，それをベースに因果関係リサーチが行なわれる。しかしながら，この順序はあくまでも一般的なリサーチの流れであり，探索的リサーチと記述的リサーチのみで終了することもあれば，はじめから記述的リサーチを行なうこともある。また，因果関係リサーチの結果から発見された事項をもとに，再び探索的リサーチに戻ることもある。重要なのは，3つのリサーチタイプにはそれぞれ固有の特徴があるため，問題の性質によって適切なものを選択することである。

（1）　探索的リサーチ

　探索的リサーチの目的は，現在直面する問題をより微細に明示化したり，リ

サーチ全体においてどの情報収集を先に行なうかといった優先順位を設定したり，非実践的なアイデアをふるい落としたりすることである。その中で，問題解決のために重要なコンセプトを抽出し，調査仮説の構築を目指す。

探索的リサーチには様々なタイプがあるが，その主要なものには「文献検索」「経験調査」「グループ・インタビュー」「事例分析」の４つがある。文献検索においては，新聞や雑誌，書籍，パンフレット，インターネット，データベースなどの様々な情報源から，問題に適合した情報が検索される。収集された情報の信頼性を確保するために，誰が，いつ，どのような方法で，どのような情報源からデータを収集したかについても記録しておくことが重要である。

経験調査では，実際の商品やサービスを調査者が店頭で購買したり，実際に使ってみたりすることで，洞察を得ることを目指す。例えば，携帯電話サービスについて調査する場合は，小売店頭に行って実際に購買を検討してみたり，店員に話しかけたりすることで，消費者がどのような情報に接触しているかについて体験的に明らかにする。

グループ・インタビューでは，ターゲット顧客を数名集めて，対象商品やサービス，嗜好やニーズなどについて自由に意見交換してもらい，その発話データを記録する。ここで重要な役割を演じるのが司会者である。グループ・インタビューの目的はターゲット顧客から正確な情報を効率良く引き出すことであるため，司会者は理解が早く，良い聞き手であり，インタビューが停滞した時はメンバーを活性化できるような能力を持っていることが望ましい。

事例分析では，過去に起こった関連事例についての情報が収集され，詳細な検討が加えられる。この時に調査対象となるケースについては，急激な変化を含むものや，極端な行動を含むものなどが望ましい。なぜならば，その事例が特定の結果に至った原因について，はっきりした事象があるほうが分析しやすいからである。大成功や大失敗ケースから得られる情報のほうが，成功も失敗もしなかった中庸なケースからよりも，より多くの示唆が得られるだろう。また，事象が連続的に発生する順序を含むケースは，特定の行動に対してどのような結果が得られ，それについて更にいかなる行動，結果が生じたかについて分析できるため，事例分析に適した素材であると言える。例えば，ロングセラー

商品の発売からの広告戦略を時系列に並べて分析したり，新商品を導入順に並べて分析したりすることによって，いくつかの原因－結果関係について示唆を得ることができる。

（2） 記述的リサーチ

記述的リサーチの目的は，特定グループの特性を記述したり，ある特定の行動様式を持つ集団が全体の中でどの程度の割合存在するかを推定したり，特定事象の予測をしたりすることにある。例えば，自社ブランドの認知率を調査したりする場合がこれにあたる。記述的リサーチで分析対象とされるデータには，時系列データとクロス・セクション・データという2つがある。

レジのPOSデータや長期的な売上データなどのパネル・データは，時系列データの例である。同一変数（例えば売上）について長期的に何度も観測されたデータが望ましいが，バラバラな変数について長期間収集されたものもあるので注意が必要である。また，いわゆるアンケート調査（質問票調査）などによって収集されるデータは，クロス・セクション・データにあたる。時系列データとは異なり，一時点における様々な変数のスナップショット的なデータであり，例えば被験者をグループ化してセグメンテーションを行なうといった活用法が考えられる。いずれにしても，通常のデータ分析においては統計的な手法が利用されることが多く，諸変数間の関係について，調査仮説をベースに様々な統計的推論が行なわれる。

（3） 因果関係リサーチ

因果関係リサーチでは，ある結果をもたらす複数の原因のうち，そのいくつかの存在について推論することが試みられる。ここで重要なのが，マーケティング・リサーチにおける因果関係は決定的ではなく，確率的であるということである。すなわち，ある原因の存在によって，特定の結果が必ずしも起こるわけではないのである。また，探索的リサーチや記述的リサーチでも特定の因果

関係の存在について推論することは可能であるものの，厳密な因果関係について明らかにするには不適である。例えば，記述的リサーチによって広告評価とブランド態度との間に正の関係が確認されても，それをもって「評価の高い広告によってブランド態度は高まる」とすることはできないだろう。なぜならば，両者の正の関係が明らかになったとしても，例えば質問票調査のような記述的リサーチにおいては，その因果の方向性までは特定できないからである。すなわち，ブランド態度が高いためにその広告に対する評価が高くなってしまうという，逆の因果関係もありうるわけである。したがって，厳密な因果関係の検証には，因果関係リサーチである実験を適用すべきであろう。

　因果関係リサーチには，実際の店頭などの実地で行なわれる「フィールド実験」と，実験室に店頭などを再現して行なわれる「ラボ実験」の2つが存在する。フィールド実験では，実際の被験者の自然な行動をベースとしたデータが収集できる長所があるが，実際の店舗で行なうために予期せぬアクシデントが起こったり，効果を知りたい原因変数以外の要因が結果に影響を与えてしまったりと，なかなか統制が難しいという短所もある。これに対し，ラボ実験では実験環境を統制することが比較的容易なためそのような問題は起こりにくいが，実験室という異質な空間における行動をベースとしたデータしか収集できないため，現実との乖離という問題がある。

　実験には，そのデザインによって「被験者内実験」と「被験者間実験」という大きく2つのタイプがある。被験者内実験とは，被験者に実験刺激を与えて，その前後の変化から因果関係を推論するやり方である。広告提示によるブランド態度の向上を例に説明しよう。ここでは，被験者に広告を見せる前後におけるブランド態度が測定される。そして，前後の差分をとって，広告の効果と考えるのである。両者に統計的に有意な差があれば，広告によってブランド態度が変化するという因果関係が支持されたことになる。しかし，被験者が実験の意図を意識して回答してしまったり，広告を提示する前後にどの程度の時間的間隔をあけるべきか判断に困ったりと，注意すべき点も多くある。

　いっぽう，被験者間実験とは，被験者ごとに異なる刺激を与えて，その結果を比較するやり方である。すなわち，被験者を2つのグループに分けて，一

方に広告を見せてブランド態度を測定し，もう一方には広告を見せずにブランド態度のみを測定して，両者を比較する方法である。この時，実験要因（広告提示）の操作が加えられるグループを「実験群」，要因の操作が加えられず，比較対象として設定されるグループを「統制群」と呼ぶ。この方法であれば，被験者が実験意図を察知することも比較的起こりにくく，測定のタイミングという問題も軽減されるが，例えば2つのグループ間でバラツキがある場合，実験要因以外の要因によって結果が影響を受けてしまうことも懸念される。したがって，異なる被験者グループには，結果に影響するような偏りがないように注意する必要がある。

§4　データ収集の方法・形式のデザイン

（1）　データのタイプ

　データには大きく「二次データ」と「一次データ」がある。前者は当面の調査目的ではない，その他の目的で収集されたデータであり，例えば企業が保有している会員情報や企業年報，売上データなどの内部データや，電話帳や国の調査結果，視聴率データなどの外部データがある。後者は調査目的のために独自に収集されたデータを指す。

　二次データは既にあるものを活用するため，収集コストや時間が節約できて効率的である。しかしながら，データが収集された時期，データ収集の目的など，マーケティング・リサーチが扱う問題との適合性は必ずしも高いわけではないため，注意が必要である。また，非常に高額であったり，公表されておらず，そもそも利用することができないものもある。同時に，収集されたデータの手続きや，集計，分析の方法においても，信頼性という点から問題が残る場合も多い。このような欠点を克服するためには，出版目的が明確なデータや，

官公庁などの一般的な高品質データを採用することが考えられる。しかしながら，いかに注意したとしても，すべての欠点を克服できるわけではない。こうした場合に利用すべきなのが，一次データである。

　一次データのタイプには様々なものがあり，問題に応じて多種多様なデータが収集される。そのようなデータの例としては，デモグラフィック要因に関するデータ（例えば年齢や性別，職業や所得水準，家族構成など），ライフスタイル要因に関するデータ（嗜好や価値観，性格や生活習慣など），認知度や知識水準，態度，購買意図，行動に関するデータなどがある。

（2）　サンプリング

　収集すべきデータが決定した後は，誰からデータを収集するかについて考えねばならない。性質を明らかにしたいターゲット集団のメンバーすべてに対して調査を行なうことが，データの偏りを回避するという意味でも望ましい。しかしながら，そのような調査は莫大なコストと時間がかかってしまう。マーケティングにおける意思決定にはスピードが要求されるため，できる限り低コストかつ短時間で，効率良くデータを収集する必要がある。ここで使用されるのが，サンプリングである。

　ここで，リサーチによって性質を明らかにしたい集団は，「母集団」と呼ばれる。そのうち，実際の調査対象となる集団のことを，「標本（サンプル）」と呼ぶ。そして，この標本を選ぶ作業が，「標本抽出（サンプリング）」である。母集団すべてを対象に行なわれる調査は,「全数調査（悉皆調査）」と呼ばれる。国が行なう調査などはこの類のものである。しかしながら,先に述べたように,全数調査には困難が伴うため，母集団の一部分のみを対象とした「標本調査」が行なわれるのが普通である。

　代表的なサンプリングの方法としては，対象をランダムに選ぶ「無作為抽出法」がある。この方法で抽出されたサンプルはもっとも母集団を代表していると考えられ，例えば認知率や購入割合などについて知りたい場合に有効な方法である。しかしながら，母集団の台帳が存在しない場合や，特定の行動様式を

有したセグメントについてのみ調べたいときなど，必ずしも対象を無作為に選ぶ必要がない場合もある。この場合に採用されるのが，対象を作為的に選ぶ「有意抽出法」である。

　有意抽出法には様々なものがあるが，その代表的な例としては，エリアを無作為に抽出した後に割り当てられたサンプルを調査する「割当抽出法」や，とにかくやりやすい対象を調査してゆく「便宜的抽出法」，サンプル構成が母集団の構成と合致していると判断して行なう「判断抽出法」などがある。また，稀少セグメントに属する人だけを抽出して調査したい場合は，そのセグメントに属するメンバーに調査依頼をし，その後その人の知人友人をたどって調査対象者を広げてゆく「スノーボール法」が採用される。特定顧客のみをスクリーニングして調査したい場合は，ショッピングモールや繁華街などで人を呼びとめ，簡単なスクリーニングを行なった上で調査協力を依頼する「人ごみインターセプト法」がある。また，自社商品の潜在顧客のみを対象に調査したい場合などは「ハンドメーリング法」が有効である。この方法では，路上などでターゲットらしき人に調査票を手渡して，記入後に返送してもらうよう依頼する。この時，自社商品に興味のない人は返送しないことが予想されるため，回収されたデータは潜在顧客の意向を反映したものである可能性が高いとされる。

（3）　データの収集方法

　データの収集方法には，調査者が聞きたい項目を質問して答えてもらう「コミュニケーション法」と，被験者の自然な様子を観察して記録する「観察法」の2つがある。前者では，様々な項目を効率的に質問することが可能であり，迅速，かつ，測定のタイミングも統制可能であるという利点がある。いわゆるアンケート調査や，インタビューなどがこれにあたる。後者では，調査者が被験者に質問することがないため，被験者の自由な行動をリアルタイムで記録することが可能である。コミュニケーション法では，調査時点以前の情報は被験者の記憶がベースとなるため，被験者が忘れてしまっていたり，後から理由づけをして回答されてしまったりする可能性がある。これに対し観察法では，被

験者の購買場面などをそのままデータ化することが試みられるので，こうした問題は少ないと考えられる。しかし，知りたい項目について直接質問できないため，なかなか希望するデータが得られないこともしばしばである。

　コミュニケーション法では，「構造化の程度」，「偽装の程度」そして「管理方法」について検討する。構造化とは，特定の質問に対する回答の仕方について，事前にどの程度決めておくかということである。例えば，特定ブランドのイメージについて質問する場合を考えてみよう。構造化されている場合は，例えば「このブランドに親しみを感じますか」という質問に対して，「はい」「いいえ」や，「まったく親しみを覚えない」から「非常に親しみを覚える」の５段階で回答させるなどのように，答え方を調査者が事前に決めておいて，被験者に選んでもらうというやり方でデータが収集される。この方法では，データを集計したり平均値を算出したりして傾向を確認できるなど，後のデータ分析や解釈が容易になる。しかし，詳細で具体的な情報については得ることができないため，調査の初期段階ではむしろ構造化しないやり方が採用されることが多い。その場合，例えば「このブランドについてどう思いますか，自由にお答えください」などといった回答形式が選択される。こうして収集されたデータは集計できるよう加工するのに煩雑な手続きを要するため，全体の傾向を把握するのには不向きである。しかし，構造化できない具体的な情報まですくい取ることができるという利点がある。

　偽装の程度とは，調査目的について被験者に教えるのかということであり，教えない場合は偽装，教える場合は非偽装と呼ばれる。例えば，特定ブランドの調査を実施する場合に，被験者に調査者がそのブランドの担当者であると伝えてしまうと，無理に好意的な回答をしたり，否定的な意見を控えるようになってしまったりすることがある。このような場合は，調査目的を隠した上で調査を実施すべきであろう。

　管理方法とは，データ収集過程をどのように処理するのかということである。代表的な管理方法には，「面接法（調査者が実際に被験者宅などに訪問して，本人確認を行った上で実施する）」，「郵送法（被験者に調査票を郵送し，記入の上返送してもらう）」，「留置き法（調査員が被験者を訪問して調査票を渡し

て調査協力を依頼し，後日再度訪問して記入済みの調査票を回収する）」，「電話法（項目を少数に絞った上で電話で質問する）」などがある。

　観察法でも同様に，構造化の程度，偽装の程度，管理方法について検討する必要がある。観察法における構造化とは，観察される事象が事前にどの程度コード化されているかということである。前もってコード化していれば観察も容易になり，集計や分析もある程度簡単になる。しかし，あまりコード化し過ぎてしまうと，細かいデータが落ちてしまうため，注意が必要である。偽装の程度は，観察者の存在を被験者に知らせるかどうかという問題に関わる。人は見られているとなかなか自由な行動ができないものである。そのため，例えば洗剤の購買行動をダイレクトに観察するといった直接観察だけでなく，洗剤のストックや洗濯機周りを写真で撮影するような間接観察も有効である。管理方法については，人的管理と機械的管理の２つがある。前者では調査者が観察記録をとるのに対し，後者ではビデオカメラや反応速度計，アイカメラなどのメディア機器が利用される。この３つに加えて，観察環境を人為的に設定するのか，自然なセッティングで行なうのかという問題もある。これは先の実験におけるフィールド実験とラボ実験に類似しており，人為的設定による観察はラボ実験にあたる。人為的設定による観察では様々な測定装置をセットできるが，被験者はなかなか自然な行動を出しづらくなるため，注意が必要である。

§5　測定尺度とデータ分析

　調査仮説に沿って必要なデータが収集されると，仮説の検証を行なう段階に入る。仮説検証では統計的な手法が採用されるのが一般的であるが，収集されたデータがどのような形式によるものなのかによって，使用できる統計手法も変わってくる。よってここでは，はじめに測定尺度に関して説明し，その上で基本的な統計手法について主要なものをいくつか紹介する。

（1）　測定尺度のタイプ

　先に述べたように，調査仮説は通常2つ以上のコンセプト間の関係について記述したものである。これらの関係について検証するためには，コンセプトが適切に測定されていなければならない。ここで，測定とは，現実を言語化することであり，特に数字を用いて現実を表現することを数量化と呼ぶ。この時に使われる数字が測定尺度である。

　測定尺度には「名目尺度」「序列尺度」「間隔尺度」「比尺度」という大きく4つがある。名目尺度と序列尺度をあわせて質的データ，間隔尺度と比尺度をあわせて量的データと呼ぶこともある。名目尺度は性別や職業など，数字に数量的な意味のないものを指す。例えば，性別に関して「男＝1」「女＝2」としても，1や2といった数字には識別能力しかなく，「1＋1＝2」が「男＋男＝女」となるわけではない。このような尺度においては，同一性（数字が同じかどうか）によって被験者の違いが比較され，平均測度としては「モード（最も多い測定尺度値，最頻値ともいう）」がある。

　序列尺度とは，お気に入りのブランド順位や市場シェア順位などの，順序を示す測定尺度のことである。この尺度では，名目尺度のような識別機能に加えて，大小関係などの序列によって被験者の違いが比較される。しかし，「1位」「2位」「3位」には大小関係しかなく，したがって「2－1＝1」「3－2＝1」となっても，1位と2位の差分と，2位と3位の差分が等しいわけではないことに注意すべきである。平均測度としてはモードに加えて「メディアン（順序通り並べた時にちょうど真ん中にくる値，中央値ともいう）」が利用できる。

　間隔尺度の例としては，ブランドに対する選好（「1＝まったく好きでない」〜「5＝非常に好きである」）や温度などがあり，この尺度では，被験者の違いは間隔的に比較される。「1」と「2」や，「3」と「4」の間隔が等しいため，通常の四則演算のうち，加法と減法を適用することができる。したがって，「1」と「2」の差分と，「3」と「4」の差分は等しいことになるが，例えば「1＝まったく好きでない」を5倍したら「5＝非常に好きである」とはならないので注

図表4-2　測定尺度のタイプ

	基本的比較方法	例	平均測度
名目尺度	同 一 性	性別，職業など	モード(最頻値)
序列尺度	順 序	ブランド順位，市場シェア順位など	メディアン(中央値)
間隔尺度	間隔的比較	ブランド選好，温度など	ミーン(平均値)
比 尺 度	絶対的比較	販売数量，重量など	幾何／調和平均

意が必要である。平均測度については，モード，メディアンに加えて，「ミーン（いわゆる算術平均のことで，平均値とも呼ばれる）」も適用できる。

　比尺度とは，販売数量や重量などの，間隔尺度の特性に絶対的なゼロの位置が含まれているものを指す。被験者の違いは絶対的な比較で判断することが可能であり，例えば「100グラム」を5倍したものが「500グラム」となるといったように，四則演算すべてを適用することができる。モード，メディアン，ミーンに加えて，「幾何平均」や「調和平均」などの平均測度も適用できる。

　測定尺度は，名目尺度，序列尺度，間隔尺度，比尺度になるにつれて，適用できる平均測度も多くなってくる。したがって，様々な手法による比較が可能となるが，同時に回答者への負荷も高くなることが予想されるため注意が必要である。また，調査仮説を構成するコンセプトを測定尺度によってデータ化する場合，できるだけ複数の測定尺度項目によって測定することが望ましいとされる。以上をまとめたものが図表4-2である。

（2）　データ分析

①　データの傾向を把握する

　適切な測定尺度によってコンセプトを測定し，データセットの準備が整ったら，いよいよ仮説検証の段階に入る。はじめに，収集されたデータの全体的な特性を把握するため，単純集計や平均値の算出を行なう。ここでは，被験者の

全体的な特性や傾向について，円グラフや棒グラフを用いて表現する。被験者の年収や体重など，項目の多い比尺度については，カテゴリー化してグラフ化するか，平均値や標準偏差などを算出して把握するのが一般的である。また，2つの変数の回答にどのような傾向があるかを確認するには，散布図と呼ばれるものを参照することが多い。

②　2変数間の関連を把握する

　調査仮説の検証には統計的手法が用いられるのが一般的であるが，統計分析においては，変数間に関連や差があることを直接的に証明することはできない。かわりに，検証したいことの反対の仮説（「帰無仮説」と呼ばれる）を立てて，それがどの程度の確率で成り立つかについてテストする。そして，帰無仮説が非常に低い水準でしか成り立たないことを確認することによって，元の調査仮説を支持するという手続きをとる。この水準のことを「有意水準」といい，通常は5％が採用されている。有意水準5％で仮説が支持された場合，帰無仮説が成立する確率が5％未満であることを意味している。

　2つのコンセプトがいずれも名目尺度で測定されている場合は，クロス表分析によるカイ2乗（χ^2）検定が適用される。ここでは，全体の数と特定の事象がおこる確率（周辺確率）から算出される「期待値」と呼ばれる値をもとに，実際に収集されたデータである「観測値」とのずれを統計的に検証することで，2変数間に関連性があるかどうかについて推論を行なう。「2変数は独立である」という帰無仮説を立て，それを有意に棄却することで関連性を確認する。

　コンセプトのいずれも間隔尺度や比尺度で測定されている場合には，相関分析と呼ばれる手法が適用され，「相関係数」という数値が算出される。相関係数とは，2つのコンセプト間の関連の強さを表す指標であり，−1から＋1までの数値をとる。統計的な検定の結果有意な相関が確認された場合，値が正の場合は正相関と呼ばれ，一方が増えるともう一方も増えるような関係を指す。逆に，値が負の場合は負相関と呼ばれ，一方が増えるともう一方が減るような関係を指す。相関係数が0の時は無相関といい，両者に関連が無いことを意味する。

相関分析では，疑似相関関係（見かけ上の相関関係）に注意する必要がある。例えば，営業成績と飲み会の頻度の間に負の相関が確認されたとする。飲み会に行くほど営業成績が悪くなるわけであるから，当然飲み会の頻度を少なくするような施策が考えられる。しかしながら，両者には直接的な関連性があるわけではなく，その背後に影響を与える共通の変数（潜在変数と呼ばれる）によって，見かけ上関連があるように見えているかも知れないのである。すなわち，例えばストレスという潜在変数が存在しており，ストレスが高まるほど飲み会の頻度も高まり，同時にストレスが高まるほど営業成績も下がってしまうという関係が背後に潜んでいる可能性がある。また，相関関係と因果関係は別物であることにも注意すべきである。相関関係は2変数が共に変動していることを示しているに過ぎない。したがって，明確な時間的先行性がある場合（例えば運動量と消費カロリーとの相関関係など）を除いて，相関関係から因果関係を推論することは慎重に行なうべきである。

③　グループ間の差を把握する

　名目尺度と間隔尺度，比尺度との関連を把握するには，t検定や分散分析といった方法が適用される。前者は，男性と女性といった，2つのグループ間における特定変数の平均値に差があるかどうかを検証する方法である。後者は，学生と主婦とサラリーマンなどといった，グループが3つ以上ある場合に適用される。

　ここで重要なのが，仮に複数グループにおける平均値に差があるように見えたとしても，統計的に有意な結果が得られなければ，厳密には差があるとは言えないということである。t検定や分散分析といった手法においては，グループごとの平均値だけではなく，グループにおけるデータのバラツキ（分散）を考慮した上で，グループ間に違いがあるかどうかをチェックしている。例えば，ブランド選好において，男性の平均値が2.5で，女性が3.5だとしても，データがかなりばらついている場合は，両者に差があるとは限らないのである。

　ここでとりあげたクロス表分析や相関分析，t検定や分散分析以外にも，多くの変数を同時に扱う統計手法も数多く存在する。例えば，ある現象を複数の

第4章　マーケティング・リサーチ　95

コラム　**購入経験と性別に関連性はあるか？**
―クロス表分析によるχ^2検定―

　商品の購入経験と性別との間に関連性があるかどうかを，クロス表分析のχ^2検定によって検証してみよう。50人の被験者について性別と商品の購入経験を測定したところ，男性は25人，女性は25人であり，購入経験のある人は30人，ない人が20人であった。

　今，被験者が男性である確率は，50人中25人が該当するので50%であり（25人÷50人），購入経験がある確率は同様に60%である（30人÷50人）。この確率のことを「周辺確率」とよぶ。したがって，被験者が男性でかつ購入経験がある確率は，50%×60%＝30%となる。よって表の①は，50人×30%＝15人となるはずである（これを「期待値」とよぶ）。同様に期待値を算出すると，表の残りの空欄は以下のようになるはずである。

　①＝50人×50%×60%＝15人
　②＝50人×50%×60%＝15人
　③＝50人×50%×40%＝10人
　④＝50人×50%×40%＝10人

　χ^2検定は，この期待値と，実際の値（「観測値」と呼ばれる）とのずれを検証する方法である。ここで，実際に観測されたデータを見てみると，①が21人，②が9人，③が4人，④が16人であり，χ^2検定から統計的に有意な結果が得られたとしよう。この結果から，性別と購入経験の間には何らかの関連性があることがわかる。すなわち，具体的な数値から，男性は購入経験のある人が21人と多いのに対して，女性は9人と少ないことが読み取れるため，性別によって購入経験が異なると言えるのである。

| | | 性　別 | | | 周辺確率 |
		男　性	女　性	合　計	
商品の購入経験	あ　り	①	②	30人	60%
	な　し	③	④	20人	40%
	合　計	25人	25人	50人	
周辺確率		50%	50%		100%

要因によって予測，説明する回帰分析と呼ばれる手法では，複数の相関関係が同時に検討され，目的となる変数への影響力という視点から変数間の相対的な関係を把握することが目指される。また，多くの類似した測定項目から，より少数の，より独立した，根底に潜むコンセプトを抽出する時は，因子分析と呼ばれる手法が使用される。これ以外にも，被験者の回答傾向から類似した回答グループを抽出するクラスター分析や，複数変数の背後に潜む潜在変数間の関係を明らかにする共分散構造分析など，様々な手法が適用可能である。

§6　調査報告書の作成

　調査仮説が検証されたら，結果を解釈してリサーチ問題，意思決定問題へと解答を提示してゆく。例えば，男女間で新商品に対する反応が異なることが確認された場合は，性別ごとに違ったマーケティング代替案を提案するなど，検証結果を具体的な施策へと変換してやることが重要である。すべての結果をまとめて，最終的なマーケティング代替案の提案を行なうのが，調査報告書である。

　調査報告書の作成にあたっては，読者の理解レベルに気をつける必要がある。その上で，明瞭性，一貫性，網羅性，妥当性に注意すべきである。明瞭性とは，報告書が読みやすく，理解されやすい平易な文章構成になっていることを意味する。一貫性とは，報告書のはじめから終りまで首尾一貫した主張がなされているかということであり，論理矛盾や論理飛躍が無いことが重要である。網羅性とは，できる限り広い視点から，より多くの項目を熟考しているかどうかという点に関わる。幅広い観点からの提案は，それだけ力強いものとなる。最後に，妥当性とは，主張に説得力があるかどうかということであり，明瞭で一貫しており，網羅的で十分な検討が加えられているほど，高い妥当性が保持されるといえる。

　以上，本章で見てきたように，問題に応じてマーケティング・リサーチを柔

軟に設計，実施することで，効果的で説得力のあるマーケティング代替案を提示することが重要である。

【参考文献】

Churchill, G. A.（1999）*Marketing Research: Methodological Foundations,* 7th ed., Dryden Press Series in Marketing.

古谷野亘（2005）『多変量解析ガイド』川島書店.

二木宏二・浅野熙彦（1991）『マーケティング・リサーチの計画と実際』日刊工業新聞社.

土田昭司（1994）『社会調査のためのデータ分析入門―実証科学への招待』有斐閣.

和田充夫・恩藏直人・三浦俊彦（2006）『マーケティング戦略（第 3 版)』有斐閣.

第 5 章　消費者行動分析

　競争の激しい今日のビジネス環境で企業が生き残るためには，規模や業界を問わず，消費者または顧客の理解が不可欠である。マーケティングの代表的理論である 4P を提唱したジェローム・マッカーシーも，その概念図において 4P の中心に顧客を置いている。それは，顧客の理解すなわち消費者行動分析がマーケティングの基本であることを表しているといえよう。

　しかし，消費者の行動は単純ではない。「素粒子の分類およびその相互作用に関する発見」でノーベル物理学賞を受賞した米国のマレー・ゲルマン博士はかつて，「素粒子が考えることができたなら，物理学がどれほど難しくなるか想像してみるとよい」と語っていたが，消費者行動分析の対象は常に様々な思考を巡らしながら行動する人間である。いったい消費者は，どのような心理的特性や行動的傾向を有しているのだろうか。

写真提供：サントリービール株式会社

§1　マーケティングにおける消費者行動分析
§2　ブランド・カテゴライゼーション
§3　消費者の購買意思決定プロセス
§4　情報処理アプローチ

　2018年6月，サントリービールはノンアルコールビールテイスト飲料「オールフリー　オールタイム」（前頁の写真）を全国のコンビニエンス・ストア限定で新発売した。「オールフリー」ブランドは"いつでも，どこでも，自由に楽しめる"をコンセプトに，同年1月〜4月には前年比106％となる185万ケースを売り上げるなど，好調を維持していた。

　ノンアルコールビールでは，いかにビールに近づけるかが重要となる。しかしながら，新発売された「オールフリー　オールタイム」は，職場でも気兼ねなく飲用できるよう，容器をペットボトルにし，中身の色を透明にした。そうすることにより，新たな飲用シーンを創出し，市場を活性化しようと考えたのである。

　消費者は「ビールは黄金色であり，市販される場合は缶や瓶に入れられている」といった知識（これをスキーマと言う）を有している。こうしたスキーマと"少し"違った製品が登場すると，消費者は注意を引きつけられやすい。さらに，透明な飲料は黄金色の飲料に比べ，消費者が「カロリーゼロ・糖質ゼロ・プリン体ゼロ」というオールフリー・ブランドの特徴を「そうである」と感じやすいというメリットもある。その一方で，「ビールらしさ」を感じるには，透明やペットボトル入りという特徴がデメリットになるであろう。

　様々な製品を認知する際，消費者は各製品をカテゴリーに分けて捉える。カテゴリー化と呼ばれるこうした行為に対し，製品の色やパッケージ，そして売場も大きな影響を及ぼす。現在のところ「オールフリー　オールタイム」はアルコール飲料と同じ棚に陳列されているが，この売場は同製品の本来的なポジショニングという観点でみると相応しくない。そこには，（法的には問題がないが）未成年への影響に配慮するというメーカーや小売業者の「社会的責任」という別の要素が反映されている。マーケターは自社製品のターゲットのことだけを考えれば良いのではなく，それ以外の消費者についても理解し，考慮する必要がある。

§1 マーケティングにおける消費者行動分析

（1） 消費者行動の分析水準

　ドラッカー（Drucker, P. F.）は「マーケティングの最終目標は，セリングを不要にすることである」と述べている。これは顧客志向の重要性を指摘した言葉であり，顧客のニーズに合った商品を開発し，顧客が妥当だと感じる価格をつけ，その商品の特徴や存在を顧客に伝え，その商品に相応しい流通経路を選択すれば，売り込みなどしなくても顧客は自ら当該商品を手に入れようと行動するであろうという考えを表している。ここには，マッカーシーが4Pの中心に顧客を置いたのと同様の意図が感じ取れる。

　現代マーケティングにおいては，顧客志向だけでなく社会志向も重視されている。顧客志向を追求する上で消費者行動の理解が重要であるという指摘はわかりやすいが，社会志向の実現にあたっても消費者行動分析は不可欠である。例えば，環境配慮型商品の購買を促す，循環型社会を実現する，CSR（企業の社会的責任）重視型企業の評価を高めるためには，消費者の選択，使用，保管，廃棄，リサイクル，評価，クチコミなどを理解しなければならないからである。

　以上の議論からもわかるように，消費者行動分析は非常に幅広い領域を対象とする。その分析水準を大きく分けると消費行動，購買行動，購買後行動の3つに分類できる。消費行動には，貯蓄と消費の配分や消費支出の配分などが含まれる。購買行動は，製品カテゴリーの選択，店舗選択，ブランド選択，購買量／購買時期の決定などを含む。最後に，購買後行動とは，使用行動，保管，廃棄，リサイクル，満足，評価，クチコミなどを対象とする。

　上記の分類における消費行動に関しては，ライフスタイル研究などマーケテ

ィングにおいても一部研究が進められてきたが，主に経済学において豊富な研究蓄積がなされている。これに対し，マーケティングにおける消費者行動研究では古くから，購買行動に焦点が当てられてきた。さらに近年の消費者行動研究では，「使用」という側面に光を当てた消費研究や，今や絶大な影響力をもつに至ったクチコミなど，購買後行動に関する研究にも多くの注目が集められている。

（2）　消費者知覚の特性

電気こたつが市場導入された当初，消費者の反応はそれほど好ましいものではなかった。そこで製品にある工夫を施したところ，飛躍的に売上が伸びたという。いったいどのような工夫をしたと思われるだろうか。正解は「熱源部分の色をオレンジ色にした」である。

初期の電気こたつでは熱源部分に色はなく，こたつの中は真っ暗であった。もちろん，それでも中は温かいのであるが，こたつの中がオレンジ色に照らされることで初めて，消費者は温かさを実感できるようになったのである。

このエピソードは，消費者の知覚（perception）が有する特性と，マーケティングにおける重要性を実に良く表している。知覚とは，人間が外部の情報を意味づけするプロセスであり，情報へ接触し，注意を向け，解釈するという3つの段階で構成される。外部から情報が入ってきた時，人間はその情報が何であるかを機械のように正確に処理できない。学生時代，講義を聴いている1時間と恋人と過ごす1時間の長さがまったく違って感じられたように，刺激に対する人間の知覚は他の要因によって変化するのである。このような解釈の歪みを知覚バイアスとよぶ。

そもそも，人間は外部の刺激をすべて受け入れているわけではない。本章のコラムにもあるように，消費者は一日に1,600もの広告露出を受けているが，注意を向けるのはそのうちのわずか5％程度である。このように，消費者の知覚には接触した情報のすべてではなく，一部にのみ注意を向けるという特性がある。これを知覚の選択性（選択的知覚）という。

知覚の選択性に影響を及ぼす要因には，さまざまなものがある。物理的な大きさ，色，動きなどはわかりやすいであろう。当然，モノクロの広告よりもカラーの広告の方が注意を得やすい。また，カラーの中でも赤は人間が生まれて初めて認識する色であり，成人に対しても最も短い時間で注意を獲得できる色であると言われている。

しかし，物理的要因だけで注意獲得の優劣が決まるわけではない。認知的要因も影響する。例えば，カラーの動画が続くテレビ広告の中に，ふとモノクロや静止画の広告が流れると，消費者はその広告に注意を向けやすくなる。この

コラム　　消費者を取り巻く環境

アメリカ広告業協会（AAAA）が行なった調査によると，平均的な消費者は，1日におよそ1,600もの広告に接触している。しかし，意識的に気づいているものはそのうちの80，何らかの反応を引き起こすとなるとその数はわずか12しかない（Fox 1984）。また，13歳から69歳のアメリカ人36,000人を対象に行われた大規模な調査によると，消費者は1週間に150億回もブランドに関する会話（クチコミ）にさらされている（Keller and Fay 2012）。さらに驚くことに，私たちが現代社会に対してもつイメージに反して，150億というクチコミの約90％がオフラインで行なわれたものであり，オンラインのクチコミは8％程度にすぎないという。それでも，数にすれば12億ものクチコミということになるから，オンラインだけでも膨大な量であることに変わりはない。

一方，飲料業界では1年間に1,000種類もの新商品が市場導入されている。チョコレートのように，年間2,000種類近く新商品が発売される製品カテゴリーもある。消費者の頭の中では情報が飽和状態に達しており，それでも次々と露出される情報に対して消化不良を起こしていることがよく分かる。現代の消費者が1日に接触する広告の数はさらに増え，3,000〜5,000であると言われるが，人間の脳がこの40年ほどの間に劇的に進化していることがない限り，気づいている広告の実数，反応を引き出している広告の実数に変化はないであろう。ますます激しくなる競争に生き残るのは，容易なことではない。

ように，一連のコンテクストに対して対照的な刺激ほど注意されやすくなる。また，対照的であるわけではないが，その場にそぐわないもの，違和感や意外性のある刺激も注意を獲得しやすい。戦術的には，風変わりな形状の容器をデザインしたり，通常と異なるカテゴリーの棚に商品を陳列したりするといった方法がある。

　本項の冒頭で述べたこたつの例は，物理的要因が知覚の解釈段階にも影響を及ぼすことを表している。一方，認知的要因が解釈段階に影響を及ぼす例としては，妥協効果や魅力効果を挙げることができる。詳細は割愛するが，妥協効果とは，いわゆる「松／竹／梅」や「特上／上／並」のような序列をつけることで，中間に置かれた商品が（選択肢が２つしかない時よりも）選択されやすくなるような現象を指す。魅力効果とは，例えば商品Ａに似ているが明らかに劣る商品Ｂを追加することで，商品Ａがそれ以前に比べて魅力的に感じるようになる現象を指す。

　先に示した時間感覚に関する知覚バイアスは，情緒的要因が解釈段階に影響を及ぼす好例である。１人で食べる食事よりも，友人や家族と食べる食事の方がおいしく感じるのも同様である。この種の知覚バイアスは，購買時や使用時の経験価値を高めることが，商品評価や顧客満足度の向上にとっていかに重要であるかを物語っている。現在，ノスタルジーをマーケティングに活用しようという試みが多く見られるが，ノスタルジーも情緒的要因の１つとして知覚に大きな影響を及ぼすであろう。

（3）　知覚マップ

　知覚バイアスの存在は，当該商品が本来有している品質と，消費者が知覚する品質は必ずしも一致しないことを表している。後者のように，消費者によって主観的に意味づけされた品質のことを知覚品質（perceived quality）とよぶ。言うまでもなく，マーケティングを行なうにあたっては，本源的な品質を高めると同時に，知覚品質を高めることが重要な課題となる。

　知覚品質に影響を及ぼす要因に，ブランドがある。例えば，私たちの多くに

とって，数ある納豆の違いをブランドの手がかりなしに判断することは難しい。しかし，ブランドが付与されていることで消費者は，「これは身体に良い納豆である」とか「これは昔からあって馴染みがある」などと意味づけすることができる。

　その際，ポジショニング戦略で意図したとおりに消費者が知覚しているとは限らないため，知覚マップを用いるなどして，消費者が様々なブランドをどのように知覚しているのか確認しておく必要がある。知覚マップとは，多様なブランドに対する消費者の知覚を（多くの場合は2次元で）図示したものである（図表5-1）。知覚マップは一般に，各ブランドのイメージに関する質問項目への回答を統計解析（コレスポンデンス分析，因子分析，MDSなど）にかけることで作成される。

　知覚マップは自社ブランドに関する消費者の知覚を他ブランドとの比較の中で「視覚的に」捉えることができるため，ポジショニング戦略の方針を決めたりする際に活用しやすい。また，競合ブランドの識別や，競争状況も把握できる。その過程で，手つかずとなっているポジションを発見することもあるというメリットも有している。

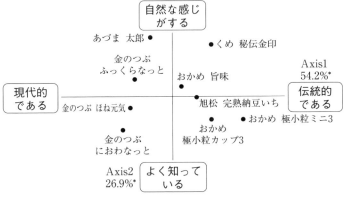

図表5-1　納豆の知覚マップ

*数字は各軸の説明力を表している。

出所：ミツカン調べ（2003年）。

ただし，知覚マップには限界もある。例えば，得られた軸が消費者にとって好ましいものか否か，好ましいとすればどの程度好ましいのかといった消費者の態度面は知覚マップ上に表現されないため，態度に関する洞察を得ることはできない。このことは，知覚マップ上に空白領域（手つかずのポジション）が発見できたからといって，そこに消費者のニーズや市場の潜在性があるとは限らないことを意味している。この点に関しては，別の質問項目を用意したり，他の分析と組み合わせたりするなどして検討する必要がある。

§2　ブランド・カテゴライゼーション

（1）　ブランド・カテゴライゼーションとは

コラムに示したように，1つの製品カテゴリーであっても，膨大な量の商品が存在する。消費者は情報探索によって得られたすべての選択肢を評価するわけではない。ましてや，世の中に存在する利用可能な選択肢のすべてを評価することなど，多くの場合不可能である。そこで，ある製品カテゴリーに含まれるブランドの全体を消費者の認知，情報処理，態度などによっていくつかの下位集合へと分類することで整理しようという枠組みが提示された。それが，ブランド・カテゴライゼーションである。

ブランド・カテゴライゼーションの枠組みはいくつかのバリエーションが提示されているが，ここでは最も代表的な枠組みの1つである Brisoux and Laroche（1980）のモデルを用いて説明する（図表5-2）。まず，世の中に存在するブランド（入手可能集合）は消費者に知られているか否かで知名集合または非知名集合に分類される。知名集合はさらに，当該ブランドについて消費者が何らかの情報処理を行なっているか否かで処理集合または非処理集合に分類される。自社ブランドが何の情報処理もされていなければ，知っているがどう

図表5-2　ブランド・カテゴライゼーション

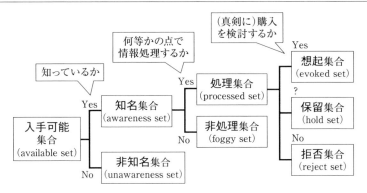

出所：Brisoux and Laroche（1980）に加筆。

でもよい，無関心なブランドであるということになる。最後に，処理集合は購買を真剣に検討されるか否かで想起集合（考慮集合：consideration set とも言う）または拒否集合に分類される。ここで，拒否されているわけではないが「あと少しだけ安くなれば検討するのだが」といったように，何らかの足かせがあるために今は検討の対象外というブランド群は保留集合とよばれる。

　研究者の中には，考慮集合と想起集合を区別して考える立場もある。例えば，Peter and Olson（2005）の枠組みでは，記憶から直接活性化されるブランド群を想起集合とし，これ以外に，店頭で偶然遭遇したり，追加的に情報探索している中で知ったりしたブランドを含め，最終的に購買を検討するブランド群を考慮集合としている。しかしながら，多くの場合，考慮集合は想起集合とほぼ同義語として用いられている。

　想起集合研究における大きな流れの1つに，想起集合サイズ（想起集合に含まれるブランド数）に関する研究がある。複数の製品カテゴリーを対象に行なわれた調査によると，想起集合のサイズは平均すると3前後であることが示されている。想起集合サイズはブランド間の知覚差異や選択肢の複雑さといった外的要因，年齢や家族数，教育水準，知名集合サイズ，情報処理水準，情報探索意向，ブランド・ロイヤルティ，バラエティ・シーキング（§4⑵参照）傾向といった消費者要因によって異なることが明らかにされている。このうち，

家族数，教育水準，知名集合サイズ，情報処理水準，情報探索意向，バラエティ・シーキング傾向は想起集合サイズと正の関係にあり，年齢，ブランド・ロイヤルティ，ブランド間知覚差異，選択肢の複雑さは想起集合サイズと負の関係にあるとされる。

（2）　ブランド・カテゴライゼーションから導かれる戦略課題

　ブランド・カテゴライゼーションから得られる戦略的示唆について考えよう。まず，自社ブランドが非知名集合に入っていれば知名集合へ，非処理集合であれば処理集合へ，保留集合や拒否集合であれば想起集合へ導くことが当面の戦略課題となる。反対に，非処理集合であるにも関わらず，ブランド認知を高めるようなコミュニケーションを行なっているとしたら，コミュニケーション目標を見直す必要があることに気づくであろう。

　いずれにしても，あらゆるブランドにとって，最終的には想起集合に入ることが戦略目標となる。ただし，想起集合サイズは多くの製品カテゴリーにおいて３前後でしかない。この３つの枠に入ることが，自社製品を購買してもらうための必要条件である。そこで，自社ブランドをどの製品カテゴリーとして消費者に認識させるか，という問題が極めて重要となる。

　例えば，「紅茶味のフレーバー水」と「透明な紅茶」では，実態は同じでも想起集合への入りやすさが異なる場合もある。前者はフレーバー水の全体，後者は紅茶の全体が競争の土俵（入手可能集合）となるからである。どちらの方が限られた枠（想起集合）に残りやすいかは，自社ブランドのイメージや訴求点によって異なるであろう。

　消費者は各商品の差異をそのまま感じ取るのではなく，ある一定の範囲を境として，その範囲内であればほとんど同じ（同化効果），その範囲を逸脱していれば実際よりも大きな差（対比効果）として知覚する傾向を有している。これを同化対比理論という。そして，いったん同化効果が働くとそれらの類似点に着目し，反対に対比効果が働くとそれらの相違点に着目しやすくなる。これが，同化／対比をさらに加速させる。

第5章　消費者行動分析　109

　同化対比理論に基づくと，例えばガムをガム売場に陳列すればガムとしての機能（おいしい，リフレッシュなど），オーラルケアの売場に陳列すればオーラルケアとしての機能（虫歯予防，口臭除去など）にそれぞれ着目してもらいやすくなる。同様に，ブランド名についても，例えばソニーの携帯電話にCyber-shot，VAIO，BRAVIA，WALKMAN のいずれかのブランドを冠することで，消費者の視点は特定の属性へ自然と導かれるであろう。一方，実際にソニーがスマートフォンを市場導入する際に用いたような新ブランドの活用は，対比効果が期待できるため当該製品を既存のブランド・イメージから切り離したり，新しい価値を提案したりしたい時に有効となる。

　想起集合に入る上で，当該製品カテゴリーの中でほどよい異質性をもたせることも有効である。これは，「適度なスキーマ不一致」を創造することにより，消費者の注意を得やすく，かつ情報処理も活発化させることができるからである。スキーマとは，日常的な行動や特定の事象に関する一連の知識を指し，刺激に対する予期としての機能も果たしている。

　スキーマとほぼ一致した刺激は，既存のスキーマをそのまま適用すればよいので注意を向けられることもなく，情報処理もほとんどされない。反対に，スキーマと極端に異なる刺激の場合，注意はされやすいが，そもそも当てはめようとしたスキーマが間違っていたと判断され，情報処理がされなくなってしまう。その点，適度な不一致は消費者の注意もひき（知名集合へ入りやすくなる），既存のスキーマとの関連づけを行なおうと積極的な情報処理がなされやすくなる（処理集合へ入りやすくなる）。

§3 消費者の購買意思決定プロセス

（1） 現代における消費者の満足度

　激しい競争環境の中で，多くの企業が生き残りをかけて切磋琢磨することにより，消費者が手にする商品の品質は確実に高まっている。しかし，現代の企業は商品の品質や性能，および商品に対する消費者の満足／不満足だけでなく，消費者の購買意思決定プロセス全体にもっと目を向ける必要がある。

　ある商品の購買を想起した消費者が，購買に至る前にプロセスを中止してしまうことは少なくない。例えば，レジ待ちの行列が長すぎて嫌になった，販売員の対応が悪かった，なかなか1つの商品に決められない，などといった場合である。1つの商品に決められないという状況の中にも，選択肢の数が多すぎる，必要な情報が得られない，情報収集の仕方がわからない，情報が多すぎて混乱してしまう，など様々な理由が考えられる。

　早稲田大学マーケティング・コミュニケーション研究所と㈱博報堂買物研究所が共同で行なった調査（2005年2月～3月実施）によると，デジタルカメラの最終購買段階において，「とても満足している」および「まあ満足している」と回答した人の割合は93.0％と非常に高くなっていた。しかし，購買プロセスを遡って店頭での情報収集段階，店頭以外での情報収集段階について尋ねたところ，その割合はそれぞれ84.8％，85.2％と若干低くなっていた。これは，調査対象の製品カテゴリーすべて（デジタルカメラ，口紅・リップグロス，自動車，薄型テレビ）に共通してみられる傾向であった。

　本調査は購買者のみを対象としており，購買意思決定プロセスの途中で購買を中止してしまった消費者が含まれていない。それを考慮すると，商品に対する満足度に比べ，購買意思決定プロセスに対する満足度は得られている数値以

上に低いことが予想される。購買意思決定プロセスの途中で起こる問題は，自社の顧客や見込み客が他社の顧客になる可能性を多分に秘めている。したがって，消費者の購買意思決定プロセスについて理解することは非常に重要な課題であるといえる。

（2） 購買意思決定プロセス

消費者意思決定プロセス研究では，消費者がどのように購買意思決定を行なっているのか解明し，マーケティングに役立てようとしている。そこでは，CDP（Consumer Decision Process）モデルとよばれるモデルが提示されている（図表5-3）。CDPモデルを理解することによって，マーケターは(1)消費者が商品を購買（非購買）した理由について考察できる，(2)追加的な購買の促進方法を発見できる，(3)製品開発において重視すべき属性が把握できる，(4)消費者が欲している情報を効果的なフォーマットで提供することが可能となる，などといったメリットを享受できる。

CDPモデルが示すように，あらゆる購買意思決定の出発点は，問題認識にある。問題認識は，消費者が理想的な状態と現状の間に差異を感じた時に生じる。「喉が渇いたので飲み物が欲しい」というように，通常，問題認識にはニーズが

図表5-3 CDPモデル

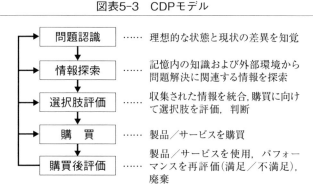

出典：Blackwell, et al.（2001），Peter and Olson（2005）などを基に作成。

伴うが,「炭酸飲料が飲みたい」というようにカテゴリーそのものへのニーズ(カテゴリー・ニーズ)が表出する場合もあれば,「コカ・コーラが飲みたい」というような特定ブランドへのニーズ(選択的ニーズ)が表出する場合もある。

　問題認識が生じると,消費者は満たされていないニーズを満たそうと問題解決に向けて情報探索を始める。消費者が行なう情報探索には,記憶の中から関連する知識を引き出す内部探索と,友人や家族,インターネットなどから情報を収集しようとする外部探索がある。情報探索の次なる段階は,探索中に識別された選択肢の評価である。これは,消費者が「自分の選択肢は何か」「どの選択肢がベストか」といった問いに対する答えを求める段階といえる。消費者は自らが獲得した様々な商品やブランドに関する知識に基づいて,受容可能な領域を狭めていき,最終的な購買候補が決まるまで選択肢を絞り込んでいく。

　選択肢評価の次は,購買段階である。この段階ではまず,「購買するか否か」が決定される。購買することに決定した後は,さらに2つのフェーズに分かれる。第一フェーズは購買時期および購買チャネルの選択であり,消費者はいつ,どこで商品を購買するか決定する。購買チャネルの選択では実店舗,カタログ,テレビショッピング,インターネット(PC,携帯電話)などの中から1つの小売形態を選択する。実店舗の場合はさらに,デパート,スーパー,コンビニエンス・ストア,ディスカウント・ストア,量販店,専門店などから,利用する業態を選択する。第二フェーズは購買チャネル内における選択であり,購買商品,購買量,支払い方法の選択がなされる。購買商品は前段階である選択肢評価の段階である程度決定されていることも多いが,販売員,陳列,POP広告などの影響を受けて,この段階で最終決定される。

　一般に,問題解決のパターンは拡大的(包括的)問題解決,限定的問題解決,日常反応行動の3つに大別できる。拡大的問題解決とは,情報探索や選択肢評価に時間をかけて慎重に解決策を探るタイプである。高額商品や当該製品カテゴリーに関する知識が乏しい場合に行なわれる傾向にある。限定的問題解決では既有の評価基準や選好に基づき,一部の情報を基に問題解決がなされる。なじみのある製品カテゴリーの購買時に多くみられるタイプである。日常反応行動とは,情報探索や選択肢評価にほとんど時間をかけないやり方である。低価

格で購買頻度の高い製品カテゴリーの購買において多くみられる。

　購買によって当該商品の所有権が消費者に移行すると，購買後評価段階へと入っていく。サービスのように購買と消費が同時になされることもあれば，特売時に商品を購買しておき，現在使用しているものがなくなったら使う（家庭内在庫）というように，購買後ある程度時間が経過してから消費がなされることもある。商品をどのように使用するかは，当該商品に対する満足度や将来，特定の商品を購買する可能性にも影響する。

　購買後評価の段階で消費者は，満足ないし不満足を経験する。図表5-3のフィードバック・パスが示しているように，消費者は購買後評価の結果を記憶の中に保持し，次回の意思決定時に利用するため，購買後評価の結果は非常に重要である。消費者の満足度が高ければ，次回の購買意思決定プロセスは大幅に短縮される。満足した消費者は次回も同一の店舗で同一の商品を再購買する可能性が高まるからであり，競合他社がそのような消費者の購買意思決定プロセスに入り込み，購買行動を変容させることは難しい。

　言うまでもなく，消費者の満足度を決定づける最も重要な要因は，製品パフォーマンスに対する消費者の知覚である。しかし，パフォーマンスの高さは，顧客満足を保証するものではない。期待不一致モデル（expectancy disconfirmation model）によれば，消費者の満足度は購買前の期待と実際に得られた製品パフォーマンスの差によって決定される。また，満足度は期待と製品パフォーマンスの差によって決定されるだけでなく，期待が直接満足度に影響を及ぼすことも指摘されている。こうした現象は，期待が自らの消費経験を解釈する際にバイアスを与えることで生じる。強いブランドが商品の知覚品質を高めるのも，期待が製品パフォーマンスへの知覚を高めていると捉えることができる。期待が満足度へ直接影響するのは，消費経験の曖昧さが高い場合であると言われる。したがって，探索財よりも経験財，経験財よりも信頼財において，期待は直接的に満足度へ影響を及ぼしやすくなると考えられる。

（3）　決定方略

　選択肢評価の段階において，消費者が想起集合の中から購買する商品を選ぶ
際，決定方略（decision strategy）という心理的操作が行なわれることが多い。
決定方略には様々なタイプがあり，各選択肢に対する評価が同一であったとし
ても，最終的にどの商品が選択されるかは，用いられる決定方略のタイプによっ
て違ってくる。

　加算型とよばれる方略では各選択肢が全属性にわたって検討され，総合的に
最も好ましいと判断された商品が選択される。同じ加算型の中でも加重加算型
とよばれる方略では（線形代償型あるいは多属性態度型とよばれる方略もこれ
に該当する），複数の属性について，当該属性の重要度（好ましさ）と当該商
品が有している属性水準を掛け合わせたものを足し上げ，その結果最も得点の
高い商品が選択される。

　また，連結型とよばれる方略では，検討される属性についてそれぞれ必要条
件となる水準が設定され，すべての必要条件を満たした最初の商品が選択され
る。一方，検討する属性についてそれぞれ十分条件となる水準を設定し，どれ
か1つの条件でもクリアする商品があれば，その商品を選択する分離型とよば
れる方略もある。辞書編纂型とよばれる方略では，最も重視する属性において
最も評価の高い商品が選択される。その際，最も重視する属性の評価で同等の
水準を有する商品が複数存在する場合は，次に重視する属性の評価で決定し，
それでも決まらない場合はその次に重視する属性で…というように，最終的に
1つの商品に絞られるまで繰り返される。また，過去の使用経験や購買経験から，
最も気に入っているブランドが選択される感情依拠型とよばれる方略もある。

　このように，消費者の決定方略は様々であり，ここに挙げたもの以外の方略
を用いる消費者や，上記の方略を組み合わせて意思決定を行なう消費者もいる。
また，同一の消費者でも，状況によって異なる方略を用いるだろう。選択肢が
複雑であったり，あまり重要でない購買であったりする場合は，感情依拠型や
辞書編纂型など認知的負荷（意思決定するにあたって消費者にかかる負担）の

低い決定方略が採用されやすい。反対に，こだわりのある製品であったり，重要な購買であったりする場合は，加算型や連結型のような認知的負荷は高くても失敗の可能性が低い決定方略が採用されやすくなる。

§4　情報処理アプローチ

（1）　消費者意思決定研究の流れ

　消費者意思決定研究を振り返ると，いくつかの大きな流れがあることに気づく。1つは，1960年代に精力的に取り組まれたS-Rモデルである。ここで，Sは刺激（stimulus），Rは反応（response）を表している。つまり，どのような刺激に対してどのような反応が生じるかを解明する研究であり，そこでは「O」つまり生活者（organism）はブラック・ボックスとして扱われていた。

　その後，消費者の内的な反応過程を解明しようとするS-O-Rモデルが登場する。代表的なモデルに，ハワード＝シェス・モデルがある。これは，刺激（商品の品質，価格，広告，クチコミなど）と反応（注意，ブランド理解，態度，意図，購買）の間に存在するプロセスを消費者の「知覚（情報を取得し，意味づけする機能）」と「学習（意味づけられた情報から概念形成し，判断を下す機能）」のメカニズムによって説明する概念モデルである。

　1970年代に登場し，現在に至るまで消費者行動研究のメインストリームとなっているのが，情報処理モデルである。それまでの消費者行動研究が，与えられた刺激に対して何らかの反応を示す受動的な消費者像を想定していたのに対し，情報処理モデルでは自ら積極的に情報を探索し処理する能動的な消費者像を仮定するところに特徴がある。情報処理モデルにおいて，消費者は目や耳といった感覚レジスターを通して様々な外部情報を取得し，その情報を脳内の短期記憶（作業記憶とも言う）で長期記憶に保存されていた内部情報と統合し，

116

行動を決定する。そして，これら一連の経験は長期記憶に保存され，次回の意思決定時に内部情報として活用される。

（2） 消費者関与概念

　情報処理モデルにおいて感覚レジスター，短期記憶，長期記憶の働きやそれらの間のやり取りは，目標や動機づけの影響を受けるとされる。また，本章で述べてきた，知覚の選択性，問題解決のパターン，決定方略のタイプなども同様に，対象への関心やこだわりによる影響を大きく受けるであろう。

　例えば，野球少年は，プロ野球選手がテレビ広告に登場すると食事中であっても手を止めて食い入るように広告を見るし（選択的知覚），グローブやバットを購買する際にはカタログや店頭で念入りに情報収集し（拡大的問題解決），絶対に失敗しないよう真剣に比較検討をするものである（加算型の決定方略）。このように動機づけられた状態を関与（involvement）とよぶ。言い換えると，関与とはある対象物や事象と消費者の関わり合いの程度を表している。関与が高まると一般に，消費者の注意，短期記憶，情報探索の量が増加し，情報処理の深さ（精緻化レベル）が深まり，豊富で複雑な知識が形成されやすくなる。

　関与と消費者購買行動の関係をまとめた有名な枠組みに，アサエルの購買行動類型がある。これは，消費者関与の高／低とブランド間知覚差異の大／小によって，消費者の購買行動を4つに分類したものである（図表5-4）。消費者関与も高く，ブランド間知覚差異も大きい場合,消費者は複雑な情報処理を行なって購買する。ここに分類される製品カテゴリーでは，あらゆる顧客接点で適切な情報提供をするよう心掛ける必要がある。反対に，消費者関与も低く，ブランド間知覚差異も小さい場合，消費者は「いつも買っている商品」や「特売している商品」を購買するといったように,慣性的な購買行動をとる。この場合,店頭プロモーションの重要性が相対的に高まるであろう。

　商品を購買後，消費者は「本当にこの商品で良かったのだろうか」「他のブランドの方が良かったのではないだろうか」と悩んでしまうことがある。このように，自己の内部で矛盾が生じ，心理的な緊張が高まることを認知的不協和

第5章 消費者行動分析　117

図表5-4　アサエルの購買行動類型

消費者の関与水準

		高	低
ブランド間知覚差異	大	複雑な情報処理型	バラエティ・シーキング型
	小	認知的不協和低減型	慣性型

出所：Assael（1987）p.87 を基に作成.

とよぶ。消費者の関与は高いのに，ブランド間知覚差異が小さいとこの種の不協和が生じやすくなる。認知的不協和が生じると，人間はそれを低減させるような行動や思考をとる。例えば，選ばなかった製品の悪い点を思い浮かべたり，選んだ製品の良い点を再確認したりするといった行為である。この時，広告は認知的不協和を低減させてくれる有力なツールとなる。

　消費者はしばしば，現在使用しているブランドに満足しているにもかかわらず，ブランド・スイッチをすることがある。こうした行動はバラエティ・シーキングとよばれ，特定の製品カテゴリーの購買において，消費者が刺激や多様性を求める傾向と定義される。消費者の関与は低いが，ブランド間知覚差異が大きいと，失敗しても良いので新しいものを試してみようという気になりバラエティ・シーキングが生じやすくなる。ここに当てはまる製品カテゴリーでは，製品のバリエーションを増やすライン拡張が戦略的に重要度を増すことになる。

【参考文献】

Assael, H.（1987）*Consumer Behavior and Marketing Action*, 3rd ed., Kent Publishing.

Blackwell, R. D., P. W. Miniard and J. F. Engel（2001）*Consumer Behavior,* 9th ed., South-Western.

Brisoux, J. E. and M. Laroche（1980）"A Proposed Consumer Strategy of Simplification for Categorizing Brands," in J. H. Summey and R. D. Taylor（eds.）, *Evolving Marketing Thought for 1980,* Southern Marketing Association, pp.112-114.

Fox, S. (1984) *The Mirror Makers:A History of American Advertising and Its Creators,* William Morrow & Company, Inc.

Keller, E. and B. Fay (2012) *The Face-to-Face Book: Why Real Relationships Rule in a Digital Marketplace,* Free Press., 澁谷覚・久保田進彦・須永努訳『フェイス・トゥ・フェイス・ブック―クチコミ・マーケティングの効果を最大限に高める秘訣―』有斐閣．2016 年.

Peter, J. P. and J. C. Olson (2005) *Consumer Behavior and Marketing Strategy,* 7th ed., McGraw-Hill.

杉本徹雄編 (1997)『消費者理解のための心理学』福村出版.

田中　洋 (2008)『消費者行動論体系』中央経済社.

第6章 製品戦略

　組織を成長させるためには優れた製品を提供し，そこから利益を得ていく必要がある。実際，製品を軸に様々なマーケティングが遂行されている点からも製品の重要さが伺えるだろう。本章ではそもそも製品とは何かという説明に始まり，製品ミックス，参入順位，開発プロセスなどの問題を扱っていく。章の最後ではヒトの一生になぞらえた製品ライフ・サイクルの概念についても理解していきたい。

写真提供：日清食品株式会社

§1　製品とは何か
§2　製品開発
§3　製品ライフ・サイクル

　日清食品株式会社の安藤百福氏が世界初のカップ麺「カップヌードル」を開発してから47年が過ぎ，年数だけを見ればカップ麺のカテゴリーは製品ライフ・サイクルの成熟期にあるかのように映る。ところが，日清食品は「カップヌードル」を「100年続くブランドにしたい」と意気込んでいる。2016年に発売された「カップヌードル リッチ」は，消費意欲がとても盛んで健康はもちろん美味しさや質の良さをより追求するアクティブ・シニア層が新しいターゲットとなった。上質さをまず基本に据えつつも健康を狙った「贅沢とろみフカヒレスープ味」と「贅沢だしスッポンスープ味」の2品が開発され，200円を超える希望小売価格にもかかわらず「カップヌードル リッチ」は発売後7カ月で累計販売1,400万食を上回るヒット製品となった。

　「カップヌードル ナイス」は，30〜40代の男性をターゲットとして2017年に発売された。カップ麺ではこってり濃厚なものを食べたいが後ろめたい気もするというターゲットの本音に応えるため，従来よりもあえて濃厚でありながら健康的な製品が目指された。相反する価値を両立させながら脂質オフと糖質オフに成功した「カップヌードル ナイス」は，発売からわずか39日で累計販売1,000万食を突破した。さらに，2018年には阪急うめだ本店と組んで「モモフクヌードル」が開発された。同製品は「カップヌードル」に親しみのない20〜30代女性がターゲットとされ，野菜たっぷりをコンセプトとしながら具材とスープを自分好みにオーダーメイドできるのが特長となっている。ノンフライ麺，スムージースープ，そしてコロコロとした野菜具材「ヤサイコロ」のあいだで組み合わせられる食べ方は2,145通りにも上る。「モモフクヌードル」はSNSへの投稿をにらんだ見た目のおしゃれさも兼ね備え，女子会やギフトなどの新たな需要を狙っている。折しも人生100年時代構想が叫ばれるいま，「カップヌードル」もまた100年を目指して挑戦が続いている。

§1 製品とは何か

(1) 製品の捉え方

　コトラー（Kotler, P.）によれば，製品には3つのレベルがあるという（図表6-1）。例えば映画はストーリーを提供するだけでなく感動に浸るための時間を演出したり，化粧品は機能だけでなく「美しくなれる」という希望をもたらしている。これらは製品のベネフィット（便益）として考えられ，第一のレベルである中核部分を担っている。第二のレベルは実体部分であり，具体的には製品のデザイン，ブランド名，パッケージ，特徴，品質水準があてはまる。例えば，ミラーレスカメラでは撮りたいものを撮りたいときに撮るというベネフィットを提供するために名称，部品，スタイルなどが慎重に組み合わされている。

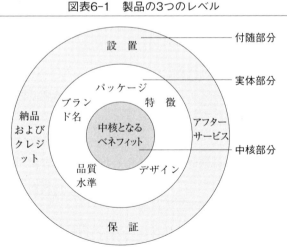

図表6-1　製品の3つのレベル

出所：コトラー=アームストロング=恩藏（2014）p.171, 一部を改変した。

たいていの製品はベネフィットや実体とともに付加的なサービスも伴っており，これが第三のレベルの付随部分となる。ミラーレスカメラにおいて長期保証，使い方の無料講習，カスタマーサポートによる問題解決などはすべて付随部分にあたるだろう。

（2）　製品の分類

有形か無形かという違いにそって，財は製品とサービスに分けられる。財に関してはさらに，耐久性があるか否かという違いによって耐久財と非耐久財に分けられる。耐久財とは長期の使用に耐えうる財のことであり，冷蔵庫，自動車，工作機械などが当てはまる。購入頻度が低い耐久財にはたいてい高価格が設けられており，丁寧な人的販売，ならびに保証や配送などの手厚いサービスが求められる。一方，非耐久財とは短期のあいだに消耗してしまう財のことであり，パン，ビール，シャンプーをはじめとする食料品や日用雑貨品などが当てはまる。非耐久財はたいてい購入頻度が高いために手頃な価格がつけられており，幅広いチャネル，ならびに度重なる購買を促すためのプロモーションが求められる。

消費者向けか産業向けかという違いにそって，財はまた消費財と生産財（産業財）にも分けられる。消費者の購買習慣にしたがえば消費財には最寄品，買回品，専門品，非探索品の４つが考えられるだろう。最寄品とは頻繁に，即座に，最小限の努力によって購入される財であり，タバコ，新聞，コーヒーなどが該当する。消費者がデザイン，性能，価格などを比較し検討するような買回品には，一般的な家具，衣料，電化製品などが含まれる。特別な努力をしてでも買いたいと思われる専門品はたいていユニークな機能や価値をもっており，ステレオコンポ，写真機材，高級ブランドの衣料などが当てはまる。そして非探索品とは消費者に知られていなかったり購入をほとんど検討されない財であり，煙探知機や墓石などが含まれる。

他方，生産財については製造工程への組み入れ方の違いにそって材料・部品，資本財，備品の３つが挙げられる。最終製品の一部となるような材料・部品

コラム　FCBグリッドによる製品の分類

　本文では財とサービス，耐久財と非耐久財，消費財と生産財などといった製品分類を挙げたが，あわせてFCBグリッドによる製品分類も紹介しておこう（図表6-2）。

　FCBグリッドとは広告会社のFCB（Foot, Cone, and Belding）社によって示された考え方であり，関与の度合いと製品特性の違いにそって4つに製品が分けられている（関与について詳しくは第5章を参照されたい）。高い関与をもっており思考に働きかけやすい特性を有しているのは「情報提供型」の製品であり，例えば自動車・住宅・家具調度品などが該当する。同じように高い関与をもっているが特性として感情に働きかけやすいのは「情緒型」の製品であり，具体的には宝飾品・化粧品・ファッション衣料などが含まれる。関与は低いが特性として思考に働きかけやすいのは「習慣形成型」の製品であり，食品や家庭用品などが当てはまる。さらに関与は低いが特性として感情に働きかけやすいのが「個人的満足提供型」の製品であり，アルコール飲料，たばこ，キャンディーなどが挙げられる。これら4つの製品分類に基づき，FCB社は各製品にふさわしい広告プランニングのあり方を提案している。

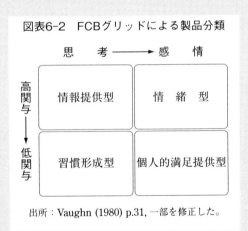

図表6-2　FCBグリッドによる製品分類

出所：Vaughn (1980) p.31，一部を修正した。

には，小麦や綿などの農畜産物，魚や原油などの天然産物，鉄や糸などの構成材料，もしくは小型モーターやタイヤなどの構成部品がある。対して資本財とは最終製品を開発したり管理したりするのに欠かせない寿命が長い財であり，工場や事務所をはじめとする建物，大型コンピュータや発電機などの固定設備，ならびにリフト付きトラックや机をはじめとする付帯設備が該当する。備品は最終製品を開発したり管理したりするのに用いられる点では資本財と同じであるが，寿命が短い点で異なっている。具体的にはペンキや釘などの修理用品，および潤滑油や石炭などの産業用備品が当てはまる。

（3）　製品ミックス

　アルコール飲料のメーカーであればビール，焼酎，ウィスキーなど，日用雑貨品のメーカーであればシャンプー，練り歯磨き粉，衣料用洗剤などといったように1つの企業が様々な製品カテゴリーを扱っている例がある。さらに特定の製品カテゴリーを見てみると複数のブランドが展開されているばかりか，同一ブランドのなかで幾つもの価格，サイズ，スタイルなどが用意されている例もある。製品戦略では企業がとり扱っている製品カテゴリーを製品ライン，各ラインに含まれるブランド，価格，サイズ，スタイルなどのバリエーションを製品アイテムとよび，それら製品ラインと製品アイテムの組み合わせを製品ミックスとして考えている。

　通常，製品ミックスは「幅」「深さ」「長さ」「整合性」という4つの次元で捉えられる。「幅」は製品ラインの数を指しており，トップ・マネジメントが新しい製品ラインの追加や古い製品ラインの削除などを行なうと製品ミックスの「幅」が変わってくる。「深さ」は1つひとつのラインに含まれる製品アイテムの数であり，ブランド・マネジャーないし類似する管理者がブランド，価格，サイズなどの点でいかなるバリエーションを用意するかによって製品ミックスの「深さ」が変わってくる。「長さ」は製品ミックスに含まれるアイテムの総数を指しており，企業がとり扱っている製品の総量である。そして「整合性」は用途やチャネルなどの面から見て，各々の製品ラインがどれだけ密接に

関わっているかという程度を表している。

　収益を高めていくには製品ラインの数，すなわち製品ミックスの「幅」をいかに広げていくのかといった問題がとりわけ重要になってくる。

　製品ミックスの「幅」を広げるためには，まず既存の製品ラインと同じ市場のなかで新たな製品ラインを設けていく水平的拡大が考えられる。飲料メーカーが炭酸飲料や果汁飲料にくわえてコーヒー飲料や乳酸飲料を新たに提供していくのは，水平的拡大の例にあたるだろう。対して家電メーカーがICチップのような部品を新たに手がけたり，繊維メーカーが一般的な衣料を作り始めたりするのは垂直的拡大の例である。製造工程からみて既存の製品ラインよりも前方ないし後方の市場へと進出していくのが垂直的拡大の特徴となるだろう。さらに，今までの製品ラインとは大きく異なった市場へと進出していく異質的拡大もある。例えば日用雑貨品のメーカーがパソコン周辺機器を新たに手がけたり，一般向け衣料のスーパーが野菜の販売を始めたりする場合はすべて異質的拡大に当てはまる。

§2　製　品　開　発

（1）　参　入　順　位

　他者に先んじて製品開発にとり組むほうが良いのか，または他者の動向を見ながら遅れて製品開発にとり組むほうが良いのだろうか。製品戦略ではこのような問題を参入順位という考え方のもとに整理しており，いち早く製品開発へ携わったときは先発者，他者よりも遅れて製品開発へ携わったときは後発者とよんでいる。例えば野球やサッカーの世界では誰よりも早く国内から出ていって海外で活躍したプロ選手もいれば，海外で活躍している他の選手を見ながら後から追いかけていってその選手以上の成果を挙げた選手もいる。製品開発で

もちょうど同じように，先発者と後発者はそれぞれ異なった論理のもとで成功する可能性があるだろう。

　先発者のメリットとしては第一に，消費者の心のなかに参入障壁を形成できる点が挙げられる。ドライビールやコンパクト洗剤のカテゴリーで特定の先発ブランドがよく知られているように，先発者がカテゴリーの代名詞として扱われているために後発者がそのカテゴリーへうまく参入できずにいる例が少なくない。第二のメリットは経験効果を得られる点であり，特定の製品カテゴリーにいち早く関わった先発者はより多くの経験やノウハウを蓄えられるぶん生産コストをより低く抑えられる。そして第三のメリットは，うま味のある市場を獲得できる点である。他者よりも先に新製品を作った場合，新しいものを受け入れるのに抵抗がないだけでなく価格にもさほど敏感でない消費者層をとり込めるかも知れない。彼らは企業からすれば上質な顧客となるだろう。先発者のメリットとしては他にも，製品規格を決めやすい点，生産に要する希少資源を先取りできる点，利用者の生の声をいち早く得られる点などが知られている。

　対して後発者のメリットとしては第一に，需要の不確実性を見極められる点がある。先発者によって開拓された市場がきちんと成長するかどうかを判断しながら設備投資を進められるため，後発者は先発者に起こり得るような大きな失敗を避けられるはずである。第二のメリットは，研究開発やプロモーションに要するコストが少なくなる点である。新製品がもたらす技術，ベネフィット，使用場面などが先発者によって知らされていれば，後発者はそれらを開発したり訴求したりするための費用を必要としないか低く抑えられるだろう。さらに第三のメリットは，消費者の変化に対応しやすい点である。新製品が出たばかりの頃に購入するような消費者とそこから遅れて購入するような消費者では往々にしてタイプが異なっており，市場の主流になるタイプは遅れて購入するような消費者といった例も少なくない。このような場合，先発者よりもむしろ後発者のほうが柔軟に市場のトレンドに対応できることがある。先発者においては当初の消費者のタイプに固執してしまい，従来のやり方をうまく変えられない事態が生じうるためである。

（2）　単独開発と共同開発

　製品を開発するときには先発か後発かという参入順位にくわえて，自らの組織だけで作るのか他の組織とともに作るのかという検討も必要になってくる。

　自らの組織だけで製品をつくる場合，ニーズ志向で行くかシーズ志向で行くかといった判断が重要になる。マーケティングでは従来より消費者調査を重んじてきており，調査によって明らかになった要望や不満などを製品開発へ活かしていくニーズ志向のあり方が注目されてきた。「顧客の声に耳を傾けよ」「お客さま第一主義」などといった呼びかけはまさにニーズ志向の表れである。しかし世の中に製品があふれて市場が成熟してくると，欲しいものをはっきり自覚できるような消費者がしだいに減ってきてしまう。製品開発に活かせるアイデアを消費者から汲み上げていくのも困難になるため，自らの組織がもっている技術やノウハウを大事にしようとするシーズ志向の動きが強まってくる。実際，世の中をあっと驚かせるような新製品がシーズ志向の結果として生まれてきた例も少なくない。

　一方，他の組織とともに製品を作る場合にはパートナーとなる組織の違いによって幾つかの開発形態が考えられる。チャネル段階が異なる組織どうしで進められるのは垂直的共同開発でありチャネル段階が等しい組織どうしで行なわれるのは水平的共同開発，後者はさらに業種の違いによって同業種共同開発と異業種共同開発に分けられる。具体的にコンビニエンス・ストアと食品メーカーが協力して製品を作るのは垂直的共同開発，複数の自動車メーカーが手をとり合って1つの新車を作るのは水平的（同業種）共同開発，そしてパソコン・メーカーと音響機器メーカーが大型スピーカー搭載のデスクトップ型パソコンを作るのは水平的（異業種）共同開発の例にあたるだろう。

　共同開発では先述したニーズ志向とシーズ志向の判断ももちろん重要になるが，あわせて組織間における技術やチャネルなどの補完性，文化・理念・目標などの適合性，たがいの関係を維持しようとするコミットメントなどのあり方も検討すべきである。

（3） 新製品開発のプロセス

① 一般的なプロセス

通常，新製品は①アイデアの探索と創出，②スクリーニング，③事業性の分析，④開発，⑤テスト，⑥市場導入といった6つの手順から生み出される。

①アイデアの探索と創出では，新製品のためのアイデアが収集され整えられる。アイデアの源泉は多岐にわたるが，組織内ではトップ・マネジメント，販売部員や製造部員，店頭から上がってくるPOSデータなどによってアイデアが得られる。対して組織外では消費者，取引先，業界紙，競合他社の製品，企画提供者などからアイデアを集められるだろう。収集されたアイデアはさらに②スクリーニングのなかで取捨選択されることとなる。組織の目標や標的顧客などを念頭に置きつつ，良いアイデアは採用して悪いアイデアは除去しなくてはいけない。

スクリーニングを通過したアイデアは③事業性の分析へと進められる。この段階は依然として机上の作業であり，定性的な分析とともに定量的な分析もなされる。まず定性的な分析において消費者の選好が調べられ新製品の特徴が定まってくると，諸々のアイデアは製品コンセプトとしての性格をもつようになる。コンセプトでは新製品の仕様が明らかにされて標的顧客のニーズと照らしたベネフィットも示されるため，市場における新製品のポジショニングを検討できるようになる。すると投資収益率をはじめとする定量的な分析が可能になってくるだろう。

④開発とは新製品のプロトタイプを作成する段階であり，ここでもっとも難しいのは整えられたコンセプトを具体的な製品属性へと落とし込んでいく作業である。技術担当者やマーケティング担当者などが部門の壁をこえて交渉する機会も増えてくるため，意見を調整するだけの時間や労力が求められるようになる。新製品のプロトタイプが完成すると，実際の市場や実験室を用いた⑤テストが行なわれる。全国レベルで販売するまえに特定の地域や場所を使ってプ

ロトタイプの成果を確かめておけば，新製品が好ましい反応を得られない場合であっても全国レベルの失敗は避けられるはずである。もちろんリスク回避といった狙いばかりでなく，価格戦略やプロモーション戦略の手がかりを得ようとする前向きな目的でテストが行なわれる例もある。

　テスト結果をふまえて調整がなされた後，見込みのある新製品がいよいよ⑥市場導入される。市場において機運が高まっており，競合製品との兼ね合いから見ても好ましいタイミングのなかで製品は導入されるべきである。実際，市場がうまく確立していないタイミングで導入されて失敗してしまった製品も見受けられている。

②　アプローチの違い

　上述してきた新製品開発のプロセスはあくまで標準的なケースであり，業種，組織，製品カテゴリーの特質によってはプロセスの内容が変わったり各段階の順番が異なったりする。さらに開発スピードの視点を交えると，等しいプロセスの手順を踏んでいても結果として開発期間が長くなったり短くなったりもする。新製品の開発スピードを左右する要因として，ここではいくつかの開発アプローチの違いを見ておきたい。

　新製品開発において従来より知られているのは，開発プロセスの段階ごとに組織内の役割分担がはっきり示されるアプローチである。特定の段階を任された部門やグループはその段階のなかで生じた問題をすべて解決した後，次の段階を担当する部門やグループへと作業を引き継いでいく。それぞれの部門やグループの役割は明らかに区分され，開発プロセスは直列的に進んでいくこととなる。スポーツに置き換えるなら，第一走者から第二走者へ，第二走者から第三走者へ，第三走者から第四走者などへ一定区間ごとにバトンが引き渡されていくのに例えてリレー型アプローチともよべるだろう。逆にプロセスの各段階をたがいに独立させるのではなく重複させながら，いくつかの部門やグループを開発期間のはじめから終わりまでほとんど同時期に活動させるやり方もある。再びスポーツの例を用いるなら，ボールを横に回しつつチームが一丸となってゴールへ向かっていく様子からラグビー型アプローチとも説明できるだろ

う。このアプローチでは各段階が並行して進んでいくため，新製品を生み出すための開発期間はずっと短くなる。

同じように開発期間を短くするやり方としては，単純重複型アプローチや短縮連鎖型アプローチなども知られている。

単純重複型アプローチはリレー型アプローチと類似しているが，各段階を少しずつオーバーラップさせる点で異なっている。開発作業を次の段階へと預けていくのにデッドタイムが生じないぶん開発期間は短くなり，異なる部門やグループの間で食い違いが生じたとしてもラグビー型アプローチよりは少ない時

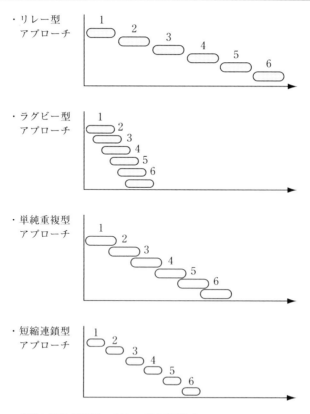

図表6-3　新製品開発のアプローチ

出所：恩藏（1995）p.144, 一部を修正した。

第6章 製品戦略 131

間と労力のもとで調整が進められる。短縮される時間こそ相対的に小さいが，様々な開発のなかで採用しやすいアプローチとなるだろう。一方，短縮連鎖型アプローチでは1つひとつの段階に要する時間が少なくなり，各段階が鎖のように繋げられていく。開発作業は段階ごとにオーバーラップしないため，複数の部門やグループはそれぞれ与えられた役割に専念することができる。ただし段階ごとの作業時間がしっかり管理されるぶん，開発途上で起こり得る新しいアイデアや修正のリクエストには対応しにくくなる。

　これまで見てきた開発アプローチの違いは，前頁の図表6-3のように整理できるだろう。

§3　製品ライフ・サイクル

6

（1）　製品ライフ・サイクルの概念

　一連のプロセスによって送り出された新製品は，市場においてどのような経緯を辿っていくのだろうか。製品戦略ではヒトの一生になぞらえた製品ライフ・サイクル（Product Life Cycle; PLC）という概念が用いられる。すなわち，生まれてから死ぬまでに乳児期，幼児期，少年期，青年期，壮年期，老年期といった段階をヒトが経ていくように，市場へ送り出された製品もまたいくつかの段階を踏みながら市場から消えていくと考えるのである。

　製品ライフ・サイクルの段階数については見解の分かれるところであるが，一般的には導入期，成長期，成熟期，衰退期といった4段階でよく説明されている（図表6-4）。導入期とは新製品が初めて送り出された段階であり，市場のなかで製品のベネフィットがしっかり理解されていないので売上高は低いレベルに留まってしまう。利益高もまた新製品開発に要する設備投資や多大なプロモーション費用のためにマイナスとなる。成長期に入ると市場が大きく膨ら

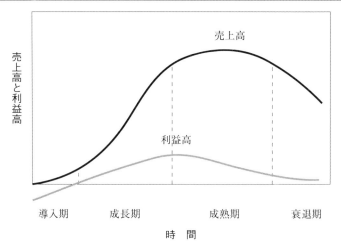

図表6-4　製品ライフ・サイクル

出所：Kotler and Keller (2016) p.371.

み，生産コストの低下にともなう値下げなどによって売上高は急速に伸びていく。利益高も同じように上昇していくが，本段階の後半ではブランド間の競争が激しくなり各種コストが高まる影響もあって利益高は早くもピークを迎えることとなる。

　続く成熟期では，売上高の伸びがいよいよ鈍り始めて利益高もまた下降の一途をたどる。新規購入よりも買い替えや買い増しが主流となり，自社ブランドのシェアを高めるために他社ブランドのシェアを奪取しなくてはいけない。競争はますます激しくなるので，良い成果をあげられずに市場から撤退していく組織もあらわれる。

　最後の衰退期は，売上高と利益高がともに減少していく段階である。フロッピーディスクがUSBメモリーなどの記録媒体に取って代わられたように，品質や価格などの面で消費者ニーズにより合った代替製品が生まれることで旧製品の魅力はたいてい失われていく。衰退をまねく要因としては技術発展のほかに，トレンドの変化，政府の規制，海外からの競争圧力なども考えられるだろう。ここで注意しておきたいのは，売上高の減少が必ずしも衰退期だけを意味しない点である。売上高は不適切なマーケティングのもとで減少する場合もあ

第6章 製品戦略 133

るため，売上の低下に向きあう担当者はその原因をこまかに探り，成熟期をさらに伸ばすような延命策やライフ・サイクルを成長期へと若返らせる工夫なども求められる。

（2） 製品ライフ・サイクルとマーケティング・ミックス

製品ライフ・サイクルの段階に則したマーケティング・ミックスを考えていくと，導入期ではまず新製品を浸透させるためのプロモーション戦略に主眼がおかれる。マス広告によってブランドの知名度を高めたり，消費者向けセールス・プロモーションによって試用を促したり，もしくは流通業者向けセールス・プロモーションによって販路におけるブランドの取り扱いを増やしてもらうといった試みなどが必要になる。製品戦略としては市場の反応にしたがって若干の品質調整がなされる。続く成長期のなかで同じようにマーケット・シェアの拡大を目指すなら，導入期と等しいかそれを上回る規模のプロモーションが求められる。ただしプロモーション目的として導入期ではブランド認知が中心となっていたのに対し，成長期では競合ブランドに負けないだけのブランド・ロイヤルティを育成することが要点となる。新しい機能が備わった新製品もたびたび導入されてくるので，製品の基本品質をより良くするような見直しも欠かせない。最寄品については価格が引き下げられ，ストアカバレッジを最大にするための流通戦略が用いられる。

成熟期に入ると，引き続きブランド・ロイヤルティを高めるための戦略が進められる。例えば各種の広告では，製品特徴を訴える理性的な表現よりも製品イメージを伝える感性的な表現がしばしば使われるようになる。製品では基本機能に代わってパッケージをはじめとする副次的な要素のなかで差別化が図られ，競合ブランドにはないユニークなポジションの確立が狙いとなる。さらに衰退期では，ブランドの全面的なモデルチェンジないし市場からの撤退を検討しなくてはいけない。前者を選ぶなら単なる改良にとどまらずに何らかのイノベーションを伴った修正が求められ，市場におけるポジショニング変更の可能性も考えるべきである。対して後者を選ぶなら，いわゆる収穫戦略のもとで追

134

加投資をせずに最大限の利益をしぼり取っていく方法が優先される。

(3) 特殊なケース

　市場を広く見渡してみると，かつて流行した製品がいくらかの期間をおいて再び流行したり，短期のうちに流行して廃れるのも早かったという例があるのに気付くだろう。製品戦略ではこれらをスタイルやファッドとよんでおり，一般的なライフ・サイクルとは区別して捉えている（図表6-5）。スタイルとは食べ物，アパレル，娯楽などにおいて特定の製品が流行ったり廃れたりしながら何世代にもわたって続いていく様子を指している。例えばアパレルでは特定の素材やカラーが数年ごとに流行しながら生き残っている例を挙げられるうえ，娯楽でも一定期間をおいてヒットを繰りかえす玩具やゲームが存在している。対してファッドとは市場へ投入されてから熱狂的に受容されるものの，流行のピークへ達してしまったあとは急速に廃れていくような様子である。週ごとに変動する邦楽チャートを思い浮かべてほしい。熱心な支持者の間で早いうちに広まるが，品質は旧製品とほとんど変わらないためにすぐに飽きられてしまう例があるだろう。ファッドの恐れに気付いた担当者は，製品の持久力を高める

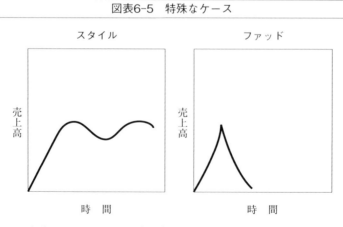

図表6-5　特殊なケース

出所：Kotler and Keller（2016）p.372.

ようなアイデアに注力しなくてはいけない。

　同じように担当者の視点からすれば，ライフ・サイクルを計画的に短縮させるのが功を奏する場合もある。例えばミラーレスカメラや携帯電話のデザインが一定期間ごとに入れ替わると，旧デザインの魅力がさほど落ちていなくても新デザインを入手したいと思う消費者が現れてくる。するとミラーレスカメラや携帯電話について新たな販売機会が生まれ，メーカーとしては更なる利益を得ていくことが出来るだろう。デザインではなく機能を一定期間ごとにリニューアルし，旧製品の魅力をあえて減ずることで新製品の売上を伸ばすやり方もある。いずれにせよ旧製品のライフサイクルを意図的に短縮させつつ新たな需要を得ていく手法があり，これを計画的陳腐化とよんでいる。

　継続して成長していくには計画的陳腐化によって定期的に売上をあげるのが得策であるが，行き過ぎた実行によって資源を浪費してしまったり旧製品の処理やリサイクルを怠ったりするような事態は避けるべきである。

【参考文献】

橋田洋一郎・須永努（2013）『マーケティング』放送大学教育振興会.

Kotler, P. and K. L. Keller（2016）*Marketing Management*, 15th Global ed., Pearson.

コトラー，フィリップ＝アームストロング，ゲイリー＝恩藏直人（2014）『コトラー，アームストロング，恩藏のマーケティング原理』丸善出版.

恩藏直人（1995）『競争優位のブランド戦略』日本経済新聞社.

Vaughn, R.（1980）"How Advertising Works: A Planning Model," *Journal of Advertising Research*, Vol.20, No.5, pp.27–33.

和田充夫・恩藏直人・三浦俊彦（2016）『マーケティング戦略（第5版）』有斐閣.

本章は、専修大学長期在外研究員（平成30年度）の研究成果の一つです。貴重な研究機会を下さったことに心より感謝いたします。

第7章　ブランド戦略

　多くの製品・ブランドが，パリティ（同等・平準）化し，コモディティ（一次産品）化している今日の成熟社会においては，企業は，いかにこの2つの壁を打ち破り，消費者に価値あるブランドを創造・提供していけるかが勝負の分かれ目となっている。

　本章では，①BI（ブランド・アイデンティティ）を創り，②BIを伝える，というブランド戦略の2つのステップについて，ターゲットの消費者に望まれ，競合ブランドからも差別的優位性のある，成功するブランド戦略の方向性を分析する。

写真提供：明治ホールディングス株式会社

§1 ブランドとは何か
§2 ブランド戦略の体系
§3 BI を創る（ブランド・ビルディングの戦略）
§4 BI を伝える（ブランド・コミュニケーションの戦略）

　2018 年，明治「チョコレート効果」は発売 20 周年を迎え，いまや安定した市場地位を確立している。ただ，その道のりは平坦なものではなかった。

　話は 1992 年の赤ワインブームに遡る。赤ワインに含まれるポリフェノールが健康によいと評価され，嗜好品のワインが健康飲料としても飲まれるようになり，「フレンチ・パラドックス」と呼ばれた。チョコレートの原料のカカオにもポリフェノールが含まれることから，すぐに明治は大学の研究室と共同でカカオポリフェノールの研究に着手した。そして，1998 年，「チョコレート効果」を発売し，初年度約 30 億円というヒットを飛ばした。ただ，その後，売上低下の時期が続いたが，2006 年に，いまに続く％表示を採用すると約 90 億円の売上を達成した。その後また売上低迷の時期があったが，2014 年には，明治をはじめ国内で大規模なチョコレートの臨床試験が行われてその健康価値が注目された結果，売上を拡大し，2018 年には，年間約 180 億円のブランドにまで成長した（高カカオチョコレート市場の約半分のシェア）。

　ブランド戦略の成功のためには，機能的価値と情緒的価値をしっかり作るべきことが重要と言われるが，チョコレートなどの嗜好品の場合，情緒的価値に比べると，機能的価値を作るのは大変難しい。ただ，それを作れると上記の「フレンチ・パラドックス」のように，大きな成功が期待される。そのためには機能的価値のエビデンス（科学的根拠）をしっかり作ることが重要であり，お客様に分かりやすい％表示やカカオポリフェノール表示（「チョコレート効果 72 ％だと 1 枚当たり 127 mg」など）は，明治の研究開発への真摯な姿勢やチョコレートの品質・機能をしっかり伝えたのだと考えられる。

　近年の明治では，情緒的価値の評価の高い「ザ・チョコレート」（2014 年 9 月発売）も好調であり，このような商品ブランドが積み上がっていくことにより，「チョコレートは明治」という企業ブランドも確立していくのだと考えられる。

§1 ブランドとは何か

　現在の市場のパリティ化，コモディティ化の状況を打破する可能性をもつブランド戦略であるが，今日のマーケティングの製品戦略においても，その中核をなしている。そこで，以下では，まずこのブランドの歴史的展開を振り返りつつ，ブランド戦略が対象とするブランドの種類と範囲を特定する。

（1）　ブランドの歴史

　古ノルド語の「焼き印をつけること」を意味する "brandr" から派生したと言われるブランドは，古来，ある生産者の製品を他の生産者の製品から区別するために用いられてきた名前・シンボルであり，このようなブランドや商標は，古代の陶工や石工のマーク，中世の職業別ギルドのマークなどに遡ることができる（Keller 1998）。

　今日のブランド戦略につながる製造業者のナショナル・ブランド（National Brand: NB）は，南北戦争（1861-1865）後のアメリカにおいて，1）全国流通網の整備，2）高品質製品の安価大量生産，3）パッケージングの進歩（製造業者商標の個装表示），4）米国商標法の改正による商標保護，などの諸要因によって特に1880年代以降にもたらされた。その後，1915年までに製造業者のNBは地域ベースでも全国ベースでもアメリカに定着し，1929年の大恐慌後には，市場支配力をもった小売業者が製造業者のNBに代えて独自ブランド（プライベート・ブランド；Private Brand: PB）を積極的に展開する一方，P&Gは1931年にブランド・マネジャー制を初めて導入した。第二次世界大戦をはさんで，1950年代から70年代にかけてブランドへの消費者の愛顧が着実に拡大し，80年代にはM&Aブームの中，a.財務的資産としてのブランドへの注目，b.ブランドの財務的価値向上のための長期的品質・広告投資の必

140

要性認識，などの中，ブランドへの関心が大いに高まった。そして，80年代後半以降のAaker（1991）のブランド・エクイティ（brand equity）論など研究・実務面での大いなる進展を受け，今日に続く発展を見せている（三浦2008）。

（2） ブランドの種類と範囲

　ブランドというのは，上でも見たように，「ある生産者の製品を他の生産者の製品から区別するため」に始まったものであり，あるものAを他のものBなどから区別するためにつけられた名前・シンボル，である。したがって，企業（メーカー）であれば，製品を区別するための製品ブランド，企業を区別するための企業ブランド，事業を区別するための事業ブランド（範囲ブランド），などがある。

　これらメーカーの製品ブランドは，NBとよばれる一方，流通業者のオリジナル・ブランドは，PBやPL（Private Label）とよばれる。

　また，ブランド戦略の主体は企業に限られるものでなく，主体が大学であれば，大学ブランド，主体が地域であれば，地域ブランド，などがある（もちろん，政党ブランドやタレント・ブランドなども考えられる）。

　企業（メーカー）が消費者に訴求すべきブランドは，企業ブランド（corporate brand）と製品ブランド（product brand）／個別ブランド（individual brand）が代表的である。この企業ブランドと製品ブランド（個別ブランド）には機能・役割の違いがある。

　ブランドの機能としては，他社製品と区別するという識別機能を基本と捉えると，a．エンドーサー（品質保証機能），b．ドライバー（購買駆動機能），というさらに2つの機能が重要である。ここで，エンドーサー（品質保証機能）の役割を果たすのは企業ブランドである一方，ドライバー（購買駆動機能）の役割を果たすのは，製品ブランド（個別ブランド）の場合と，企業ブランドの場合がある。

　企業ブランドのエンドーサー機能は，当該企業がビジネスで成功し信頼感を持たれ，企業名を聞くだけで品質が保証されていると消費者が感じる形で発揮

される。一方，製品ブランドのドライバー機能は，当該製品が，技術や性能といった機能的価値，またデザインやイメージといった情緒的価値で差別的優位性をもちえた場合に，発揮される。また，「BMW700シリーズ」のように，製品ブランド名の位置にあるものが単なる数字である場合には，BMWといった企業ブランドが，ドライバー機能を果たすと言われる（Aaker 1996）。

　企業のブランド戦略の中核をなす企業ブランドと製品ブランドであるが，両者には，以上のような役割の違いがあることを認識することは重要である。

§2　ブランド戦略の体系

　以下では，企業の扱う諸ブランドの中でも特に製品ブランド（個別ブランド）に焦点を当てて，議論を進める。

（1）　ブランド・エクイティとブランド・アイデンティティ

　例えば，トヨタの「プリウス」や花王の「アタック」といった製品ブランドは，消費者にとってブランドの価値が高くて評価されていると考えられるが，このようなブランド価値を体系化したのが，Aaker（1991）のブランド・エクイティ論である。

　ブランド・エクイティ（brand equity；以下，BE）とは，「ブランド，その名前やシンボルと結びついたブランドの資産と負債の集合」であり，a. ブランド認知（brand awareness），b. 知覚品質（perceived quality），c. ブランド連想（brand associations），d. ブランド・ロイヤルティ（brand loyalty），e. パテント・マークなどの法律的資産，の5つから構成される（Aaker 1991）。

　このようにBEという概念が提示されたことによって企業のもつブランド価値を包括的に分析する視点ができたわけであるが，コカコーラなどすでに消費者の頭の中に確固たるBEを確立している企業はいざしらず，2番手以下のい

まだ BE を確立しえていない企業にとっては，自社の現在の低い BE の水準を如何にあげていくかは大きな課題として残されたままであった。そのような実務的課題に対して，1つの解答を示したのが Aaker（1996）のブランド・アイデンティティ概念であった（青木 2000）。

　ブランド・アイデンティティ（brand identity; 以下，BI）とは，「ブランド戦略策定者が創造したり維持したいと思うブランド連想のユニークな集合」のことであり（Aaker 1996），結果論としての消費者の頭の中のイメージ（BE）ではなく，企業が創造したい当該ブランドの目標ないし理想像と考えられる（青木 2000）。Aaker は，BI が消費者に提案する便益（価値）として，機能的，情緒的，自己表現的の3つを挙げているが，この内，自己表現的便益（シャネルを身にまとうことによって自分のハイセンスさが表現できる，など）は，情緒的便益（価値）にまとめることができる。実際，優劣の客観的判断基準の有無で分類しても，機能的便益（価値）が優劣の客観的判断基準をもつことが多い一方，情緒的および自己表現的便益（価値）には優劣の客観的判断基準がないのである。こうして，BI が消費者に提案する価値（便益）は，a. 機能的価値と，b. 情緒的価値（自己表現的価値を含む）に大別されると言える。

（2）　ブランド・エクイティとブランド・アイデンティティの関係

　以上の議論を踏まえて，BI と BE の関係を示すと，図表7-1のようになる。
　図の右側に示した BE は消費者の頭の中にある。Keller（1998）が体系化したように，BE を生み出すブランド知識の構造は大きくはブランド認知とブランド・イメージに分けられる。そして，ブランド・イメージの中核が Aaker（1991）の用語でいう知覚品質とブランド連想なのである。一方，図の左側は，このような BE を消費者の頭の中に形成させるために企業の中で創造されるべき BI の構造である。ブランド認知の基礎としてネーミングなど ID（Identification）要素（ブランド要素）があり，ブランド・イメージの基礎としてブランド・コンセプトがあるのである。そして，ブランド・イメージおよびブランド・コンセプトを詳しく見ると，知覚品質の基礎として機能的価値が，ブランド連想の

図表7-1　ブランド・アイデンティティとブランド・エクイティ

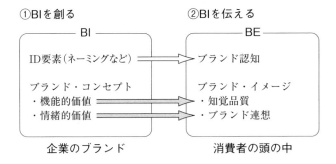

基礎として情緒的価値があるのである。このようなBIとBEの構造を前提にしてブランド戦略のステップを考えると，それは，①BIを創る，②BIを伝える，という2段階で行なうべきことが理解される。すなわち，まず第1ステップでBIを創り（ブランド・コンセプトと，それを支える機能的価値と情緒的価値，そしてそれらを表すID要素を創る），第2ステップで，そのBIを消費者に伝える（そして消費者の頭の中にブランド認知，ブランド・イメージ［知覚品質とブランド連想］からなるBEを形成させる）のである。

以下では，BIを創る局面（ブランド・ビルディング戦略）と，BIを伝える局面（ブランド・コミュニケーション戦略）に分けて，ブランド戦略の体系を示す。

§3　BIを創る（ブランド・ビルディングの戦略）

BIを創る上でまず重要なのが，ターゲットの確定である。ブランド戦略も含め，マーケティング戦略の基本的流れは，「STP（セグメンテーション・ターゲティング・ポジショニング）＋4P（製品・価格・プロモーション・流通チャネル戦略）」であるが，ここで最初のS（セグメンテーション；市場細分化）は，次のT（ターゲティング；市場ターゲットの確定）のために行なわれるもので

あるため，重要なのは，TとP（ポジショニング；競合製品に対し差別的優位性のあるコンセプトの確定）となる。すなわち，ブランド戦略においては，ターゲットの確定と，ブランド・コンセプトを中核とするBIの確定，がまず重要となる。

　市場細分化戦略に基づき，またペルソナ戦略（Pruitt and Adlin 2006）なども援用しながらターゲット（市場標的）が確定したなら，当該ターゲットのニーズを，そのライフスタイルや生活シーンを消費者調査や現場調査・行動観察調査その他で分析することによって同定し，彼らのニーズに最も適合するBIの策定を行なうことになる。ここで策定すべきBIの構成要素は，①ブランド・コンセプト，②機能的価値と情緒的価値，③ID要素（ブランド要素：ネーミングなど），の3つである。

（1）　ブランド・コンセプト

　BIの構成要素の中で最も重要なのが，BIの中核をなすブランド・コンセプト（brand concept）である。BIは顧客への約束（promise）だと言われることがあるように，ブランド・コンセプトは，ターゲット顧客に対して，当該ブランドが提供する価値を表したものであり，顧客への価値提供を約束するものである（このブランド・コンセプトを一言で表した場合，ブランド・スローガンやブランド・エッセンスとよばれたりすることもある）。

　例えば，ハーゲンダッツ・アイスクリームが顧客に提供する価値は，「Häagen-Dazs moment（一すくいしたハーゲンダッツ・アイスを口中にいれた際の，至福の瞬間のこと）」と言われるが，これはまさにハーゲンダッツの中核的ブランド・コンセプトであり，顧客に至福の瞬間を約束しているのである。

　ブランド・コンセプト構築に当たって考慮すべき点は，顧客と競争，の2つである。すなわち，そのブランド・コンセプトは，顧客のニーズや生活シーンに合ったものであるかどうか。また，競合ブランドに比べて差別的優位性をもっているかどうか，の検討である。前者に関しては，消費者調査や現場調査その他で，そして後者に関しては，ポジショニング・マップの作成や，アクション・

マトリクスや戦略キャンバス（Kim & Mauborgne 2005）などによって，その検討・分析を行なうのである。

（2）　機能的価値と情緒的価値

ブランド・コンセプトは顧客に約束するものであるが，いくら美辞麗句を並べて約束しても，実質が伴わなければ，誰も相手にしてくれない。したがって，このブランド・コンセプトを支える，機能的価値と情緒的価値を，顧客に対して説得力ある形で創り上げていかねばならない。

ブランドの提供価値を構成する，これら機能的価値と情緒的価値（非機能的価値）の違いは，優劣の客観的判断基準の有無，と考えることができる。

①　優劣の客観的判断基準の有無

製品ブランドは，a. 消費者が思考して評価することのできる思考型属性（機能・組成・サイズに関する属性と，価格）と，b. 消費者が感覚／感情で評価する感情型属性（五感に関わる属性と，イメージ）から構成されるが，ブランドの機能的価値は，前者の思考型属性の差別的優位性によって，一方，ブランドの情緒的価値は，後者の感情型属性の差別的優位性によって，表現される。そしてこれら両者を分ける決定的な違いが，優劣の客観的判断基準の有無なのである。すなわち，思考型属性には，優劣の客観的判断基準があることが多いのに対し，感情型属性には，優劣の客観的判断基準がないのである（例えば，車の燃費やパソコンの処理速度などの思考型属性が，10 モード燃費やクロック周波数という形で製品間の優劣を客観的に判断できるのに対し，車のデザインや口紅の色などの感情型属性の優劣を客観的に判断することはできない）。

上記の議論から導き出される 1 つの結論は，感情型属性の差別的優位性に基づく，ブランドの情緒的価値の開発・提供は，非常に難しいということである。優劣の客観的判断基準のある思考型属性なら，その基準の中で上位を目指せばよいわけであるが（より燃費の良い車，より処理速度の速いパソコンの開発など），感情型属性の場合は，基準がない（基準が多様な）ため，どのよう

な方向で開発すべきかの客観的基準がない（どのようなデザインの車，どのような色の口紅を開発すべきかの基準はない，もしくは，無限に多様）。

② パリティ化とコモディティ化

このように大変難しい情緒的価値の開発であるが，今日のブランド戦略においては避けては通れない大変重要な挑戦課題となっている。

近年の製品・ブランド戦略をめぐる議論で話題となっているのは，①パリティ化，②コモディティ化であるが，これらは共に，情緒的価値の開発の必要性を示すものと考えられる。ここで，パリティ（parity；同等・平準）化とは，競合ブランド間の機能的価値の差がなくなっていることを指している。競合各社の技術水準が高いところで平準化しているために，同じ価格なら，どこの会社のビデオカメラも食器用洗剤・緑茶飲料も，機能的・品質的な違いはほとんどない。したがって，これら機能的価値以外で差別化をする必要があり，こうして，情緒的価値（例えば，ビデオカメラのデザインや，食器用洗剤のキャラクター，緑茶飲料のストーリー，など）を創造していく新たな枠組みが必要になっている。

一方のコモディティ（commodity；一次産品）化とは，各社製品がそれぞれのブランド価値を主張しようとしながらも，上記パリティの状況もあって，結果的には，どこの会社のブランドも代わり映えのしない一次産品のような様相を呈していることを言う（市場の成熟化の中で，昔は三種の神器とまで言われたテレビなどが，いまや普通の製品になったことも合わせて言う）。一次産品の米や石炭がどこ産のものか区別するのが難しいように，いまやテレビをはじめ多くの二次産品もどこ製のものか区別するのが難しくなり，したがって，デザインやイメージやストーリーなど，情緒的価値で差別化していくことが必要となっているのである。

（3） 情緒的価値創造の４つの方法

上で見たように，製品・ブランドのパリティ化・コモディティ化の中，情緒的価値の開発がブランド戦略の喫緊の課題となっているわけであるが，一方，

優劣の客観的判断基準がないというその性質から、開発・創造は非常に難しいものである。そのような中、ブランドの情緒的価値の開発に向けてのいくつかの研究がある。以下では、その内の4つの方法について検討する。

① Schmitt（1999）の経験価値マーケティング

経験価値マーケティング（Experiential Marketing）とは、Schmittによって提案されたもので、消費者の消費経験を重視するマーケティングである（Schmitt 1999）。すなわち、従来のマーケティングを製品・サービスの機能など物理的で認知的な側面ばかり強調するF&B（features & benefits）マーケティングと断じ、それに代わって、現代の高度消費社会においては、消費者の製品・サービス消費時点における彼らの経験（体験）を重視する経験価値マーケティングが必要になったというのである。Schmittの経験価値マーケティングの体系は、図表7-2のように表せる。

図表の縦軸にあるように、消費者の経験領域（SEM；Strategic Experiential Modules）は、SENSE（五感で感じさせる）、FEEL（喜怒哀楽を起こさせる）、THINK（考えさせる）、ACT（行動させる）、RELATE（他者と関係をもたせ

図表7-2 Schmitt（1999）の経験価値マーケティング

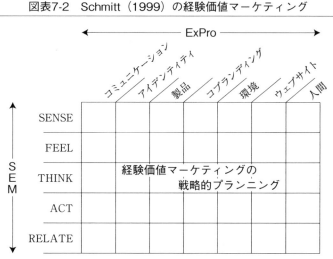

出所：Schmitt（1999）, 訳書 p.103.

る），の5つがある。この5つの経験領域に対し，製品・サービスや広告コミュニケーションなどの経験マーケティング手段（ExPro；Experience Provider）を用いて，消費者に経験・体験を提供していくのが経験価値マーケティングなのである。例えば，ティファニーのコーポレートカラーのターコイズ・ブルーは，それによって消費者に上品で洗練された SENSE の経験価値を与えるであろうし，ナイキの Just do it! のメッセージとロゴは，何か運動をしたい！という ACT の経験価値を予感させる。また，パテック・フィリップ社の高級腕時計では，その耐久性という機能的価値を訴求するのではなく，耐久性ゆえに親子何代にもわたって使い続けられるものとして母娘の愛情や祖母の懐かしい思い出などの FEEL の経験価値をもつものとして提供されている。

　この経験価値マーケティングをもっとも成功裏に行なっている企業の1つが，ディズニーランドである。日本において東京ディズニーランド（TDL）の成功をもたらしたのは，提供されるジェット・コースターの機能（Schmitt の言葉で言えば，F&B）でないことは明らかである。機能だけで比較するならもっとすごいジェット・コースターは他にもある。それらに負けずに TDL が成功するのは，TDL のジェット・コースターの機能を超えた意味づけ（消費者が感じる夢やファンタジーといった経験価値），さらに TDL 全体のコンセプトや経験価値が，他のテーマパークを越えているからである。TDL では，SENSE（視覚に鮮やかなエレクトリカル・パレードや，聴覚にやさしいディズニーの音楽など），FEEL（楽しいミッキーマウス・レビューや，怖いホーンテッド・マンション，など），RELATE（友達と共有のファンタジー体験ができる，ファンクラブに入会して新たな知り合いをつくる，など）などの複数の消費者経験領域に，多彩な手段（キャラクター，キャストとよばれる従業員，テーマ曲，グッズ，などなど）を用いて，ある意味，究極の消費者経験価値を提供していると考えられるのである。

②　Lindstrom（2005）の五感ブランディング

　Lindstrom は，感情（情緒的価値）を中心においたブランディングとして，五感（視覚・聴覚・味覚・嗅覚・触覚）による5次元のセンサグラム（五感

の各感覚の訴求度を描写した図）を基にした五感ブランディング（5-D Branding）を提唱している。Schmitt（1999）が示した5つの情緒的価値開発の方向性の内，第1のSENSEに焦点を絞り，それを包括的に深化させていった研究と位置づけることができる。

図表7-3は，Lindstromと博報堂が行なった「五感ブランディング調査」（2006年1月）の結果の中から，パソコン市場における，消費者の5次元センサグラムを表したものである。

図表に表れているように，消費者は，パソコンを購入する際に，見た目（視覚；7.97）に加え，音（聴覚；7.09）や触感（触覚；6.76）も重視していることがわかるわけであり，パソコンのブランド戦略を考える場合に，単にデザインや色といった視覚的要素だけでなく，音やタッチといった他の五感要素も重要な訴求点になっていることが理解される。

製品・ブランド戦略におけるデザインの重視は，機能的製品と思われていた家電業界における，2002年4月のパナソニック・デザイン社の設立や，この20年以上続いているデザイン家電の注目度・売上の拡大にみられるように，企業のブランド戦略における大変有効な差別化戦略であるという認識は一般化

図表7-3　五次元センサグラムの例：パソコン市場

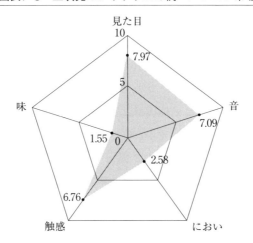

出所：博報堂・五感ブランディング調査（2006年1月）。

していると考えられる。その一方で，デザインや色などの視覚以外の，他の4つの五感に関しては，研究・実務とも現在進行形なのが現状と考えられる。Lindstrom（2005）が消費者調査の結果から示したように，消費者の購買行動における五感の重視度は，確かに視覚（58％）が一番高いのだが，嗅覚（45％），聴覚（41％），味覚（31％），触覚（25％）と，それぞれかなりの重要性があるのである。したがって，自社製品の市場において消費者が，五感のどの属性を重視して製品・ブランド購買をしているかを抑えた上で，ブランド戦略の五感価値の創造を行なっていくことが重要である。

③　福田（1990）の物語マーケティング

　3つ目は，福田（1990）の「物語マーケティング」である。物語マーケティングとは，「物語性をキー概念として発想・企画・実施されるマーケティング」であり，「物語内容や物語行為を軸として市場の動向，可能性を読むとともに，優れた話や語りを創造して，これを商品，販促，流通（店舗など）の開発」に生かすものである（福田1990）。そして，a. 物語の構造分析（物語内容・物語行為・物語状況）と，b. 物語のダイナミズムの分析（欠如と過剰，秩序と混沌，光と闇，日常と非日常，排除と導入，禁止と侵犯など）を行なうわけであるが，ストーリー展開（物語内容の一部）や各種ダイナミズムが，ブランドの情緒的価値（非機能的価値）を開発する際に大変参考になる。

　例えば，東ハトが2003年に発売した「暴君ハバネロ」は，物語マーケティングの1つの成功事例と考えることができる（山川2007）。製品としては，世界一辛い唐辛子ハバネロ種とポテトのスナックに過ぎないのだが，それをそのまま「大変辛い」という機能的価値の差別性で訴求するのではなく，辛さを求める国民の上に君臨する「暴君ハバネロ（ハバネロ＝オレンジ三世）」というキャラクターを創造し，彼を中心とした世界観・ストーリー（「暴君ベビネロ」とよばれた幼少時代や，解答不能な難問の「暴大入試」などなど）をブランドに付与することによって，ヒット商品となっていった。

　物語マーケティングの方法論については，いまだ確立されたものはない研究途上と考えられるが（これは映画や小説で大ヒットする作品を創る方法論が確

立されていないのと同根である），物語創造のブランディングは情緒的価値（非
機能的価値）をブランドに装備させていく重要な戦略と考えられる。

④　原田・三浦（2010）のコンテクスト創造のブランディング

　原田・三浦（2010）では，コンテクスト創造（もしくはコンテクスト転換）
のブランディングが主張される。ここで，コンテクスト（context）とは，言
語学などでよく用いられるように，当該メッセージが語られる場の状況・文脈
のことであり，したがって，コンテクスト創造（転換）のブランディングとは，
製品・ブランドの状況・文脈を創造（転換）するブランディングである（cf.
阿久津・石田 2002）。

　コンテクストの対概念にコンテンツ（contents）があるが，その違いを考え
ると，コンテクスト創造のブランディングがよく理解される。すなわち，従来
のブランド戦略は，言ってみれば，コンテンツ・ブランディングであったと断
じることができる。実際，ビデオカメラでも食器用洗剤・緑茶飲料でも，その
単品（コンテンツ）だけを機能・品質向上させようとしていたわけであり，他
の商品との組み合わせや消費者の生活の中での位置づけなどのコンテクストが
二の次にされていたと考えることができる。その結果が，パリティ化であり，
コモディティ化であったのである。いまや当該ブランドだけに視点を集中する
のではなく，一歩引いたより大きな視点からブランドを見つめ直すことが必要
である。単品のブランドを違う視点から眺めてみる，違うコンテクストに置い
てみる。そうすると，例えば，サントリー「伊右衛門」のように，ただのお茶
が，京都の老舗のお茶づくりの伝統という長い歴史のコンテクストの中に位置
づけられることによって，まったく異なる新しい衣をまとって私たちの前に出
現することになるのである。これがコンテクストの力であり，コンテクスト創
造（転換）のブランディングの要諦である。

　そのブランディング手法としては，BtoCでは，a.ライフスタイル提案と，b.新
たな世界観の提示，の2つがあり，BtoBでは，c.ソリューションがある。まず，
a.ライフスタイル提案とは，従来からよく言われている手法であり，ディド
ロ効果とも呼ばれるように，複数の製品全体で1つのライフスタイルを提案

していく戦力である（サントリーの角ハイボール戦略など）。b. 新たな世界観の
提示とは，消費者のライフスタイルとはちょっと離れて，当該製品・ブランド
を中心に新たな世界観を創造するものである（東ハト「ハバネロ」など）。c. ソ
リューションとは，IT 業界で単品のコピー機・プリンターを売っていた時代
から，それを包含するソリューションを売る時代へ転換したことが典型例とし
てあげられる（cf. 原田・古賀 2002）。原田保によると，例えば，百貨店などの
小売ビジネスは，本質的にコンテクスト志向であったと言われる。すなわち，
百貨店の婦人服売場を考えた場合，シャツやパンツやスカートや多くの多様で
多彩な品々があるわけであるが，それらを単品のまま売っていたのでは誰も見
向きもしない。それら多くの商品を組み合わせてコーディネートし，また全体
としてのライフスタイル提案ができて初めて売場として機能するわけである
し，消費者にブランドとして受け入れられていくのである。このように小売ビ
ジネスではコンテクスト重視のブランディングは必須であるが，消費財のメー
カーにおいても同様である。単品でなく，組み合わせで，ライフスタイルで，
新たな世界観をつけて，ソリューションで売っていく。それがパリティ化，コ
モディティ化の時代には，すべての企業に必須のブランド戦略と考えられるの
である。

（4） ID 要素（ブランド要素）

上で見たように，ブランド・コンセプトを支える機能的価値・情緒的価値の
開発では，特に情緒的価値の開発が重要かつ困難な課題なのであるが，ひとた
び開発されたなら，最後に ID 要素（ブランド要素）が検討される。

当該ブランドを競合ブランドから識別し差別化するのに有効で商標登録可能
な手段としてのブランド要素（ID 要素）には，ブランド名，ロゴ，シンボル，
キャラクター，スローガン，ジングル，パッケージ，などがある（Keller
1998）。先に見たブランド・コンセプトをもっとも的確かつ効果的にターゲッ
ト顧客に理解してもらうために開発すべきものである。これら要素の開発にあ
たっては，a. 記憶可能性（再認・再生のしやすさ），b. 意味性（説得的で豊

富なイメージを喚起することなど），c. 移転可能性（製品カテゴリー内外や国の内外への移転可能性），d. 適合可能性（柔軟で更新可能なこと），e. 防御可能性（法律上・競争上の防御力），の5つの基準が挙げられている。

2000年発売のサントリー「DAKARA」の製品開発では，ブランドのコンセプトが決まるまでは，3つの「ない」（①むやみにネーミングを考えない，②むやみにデザインをしない，③むやみに中味をつくらない）という掟をつくって開発が行なわれたと言われるように（野中・勝見 2004），ネーミングを初めとする ID 要素は，基本的に，ブランド・コンセプトが固まった後に検討すべ

コラム　　　**ブランド・エクステンション**（cf. 三浦 2008）

ブランド・エクステンション（brand extension；ブランド拡張）とは，「ある製品カテゴリーにおいて確立されたブランド名を全く別の製品カテゴリーに参入するために使用すること」であり，一方，ライン・エクステンション（line extension；ライン拡張）とは，「同じ製品カテゴリー内で既存ブランド名を活用すること」である。例えば，石鹸で成功したライオン「植物物語」をシャンプーでも用いるのがブランド・エクステンションであり，コカコーラがコーラ分野に「ダイエットコーク」を追加するのがライン・エクステンションである。

この内，ブランド・エクステンションは，企業資産の有効利用や経費・リスクの削減，また流通・消費者への受け入れやすさなど，成功すれば多大な利点があるものだが，ある調査では，市場導入された消費財の6%に過ぎないと言われるように（あとは89%がライン・エクステンション，5%が新ブランド），実務的には容易に行なえるものではなく，そこにはブランド・エクステンション成功の条件があると考えられる。

その条件としては，a. 知覚の適合性（新規アイテムと親ブランドとの間でのイメージの適合性），b. 便益の移転（親ブランドの提供便益が，新規カテゴリーでも望まれていること），などが挙げられており，基本的には，親ブランドと新規アイテムとの間の何らかの適合・一致が，成功の条件ということである。このようにしてブランド・エクステンションが成功すると，複数の製品カテゴリーにまたがる範囲ブランド（事業ブランド）へと成長し，さらなる躍進が期待される。

きである。ただ，これら ID 要素は，みなブランドの非機能的部分に分類されるものであり，機能的価値のパリティ化によってブランドがコモディティ化している現在，ネーミングやキャラクター，またジングルやパッケージによって，当該ブランドの世界観やストーリー，またコンテクストを強化していくことは大変重要な戦略と考えられる。

§4　BI を伝える（ブランド・コミュニケーションの戦略）

第 1 段階の BI を創る局面（ブランド・ビルディング戦略）において BI が構築されたなら，次には第 2 段階の BI を伝える局面（ブランド・コミュニケーション戦略）に入る。ただ，ブランドだけでなく製品・サービスや企業まで含めたコミュニケーション戦略の全体については，第 9 章で詳述されるので，本章では，特にブランドのコミュニケーション戦略について留意すべきポイントについて検討する。

（1）　コードの重要性

ブランド・コミュニケーション戦略を考える場合，まず重要なのは，当該ブランドのコミュニケーション・プロセスであり，そのモデルは図表 7-4 のように表される。

まず図表 7-4 (a) は，コミュニケーションの基本モデルであるが，図の中心上方に示されたコード（辞書的・文法的ルールの体系）が共有されて初めて，受け手は送り手のメッセージを解読できるのである。例えば，いまこの章を読まれている読者が，この章の文章を理解できるのは，送り手である筆者と受け手である読者の間で，日本語という言語記号のコードが共有されているからである。日本語などの言語記号の場合には，コードがかなり詳細なところまで共有されているので，送り手と受け手の間のコミュニケーションは非常にスムー

図表7-4 「コード」を組み込んだ，コミュニケーション・モデル

(a) 一般的モデル

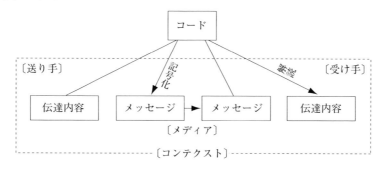

(b) 製品（ブランド）の場合のモデル

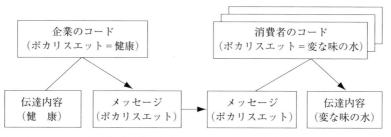

注：このモデルでは，図の簡略化のために，コンテクストは書き込んでいない。

出所：三浦（2004）p.62.

ズに行く。

　それに対して，製品（ブランド）記号の場合は（特に新製品の場合には），送り手（企業）と受け手（消費者）の間でコードが共有されていないことが多いので，そのコミュニケーションは非常に難しい（図表7-4(b)）。例えば，1980年に大塚製薬が初めて「ポカリスエット」を発売した時，大塚製薬としては，アルカリイオン飲料が体のpHを整え健康に貢献するという研究開発に基づいて「ポカリスエット＝健康」という企業独自のコードを作ったと考えられる。しかし，その製品やメッセージを受け取った消費者は，（大塚製薬の勝手なコーディングを知らない場合は）消費者なりにこれもまた勝手にデコーディングし，例えば，「ポカリスエット＝変な味の水」と解読してしまったか

もしれない（消費者によって，その解読の仕方は様々であったと考えられる）。

このように新ブランドのコミュニケーションにおいては，コードがまだ共有されていないのだから「伝わらない」のが当たり前と考えるべきである（言語記号の日本語としては伝わるが，製品記号の意味としての BI は伝わらない）。特に，ブランド・ビルディング戦略の節でみたように，近年のブランド戦略においては，機能的価値はよいのが当たり前で，いかに情緒的価値を経験，五感，物語，コンテクストなどの形で付加していけるかが課題となっているが，これら情緒的価値は，創るのが難しいだけでなく，伝えるのも難しいのである。例えば，資生堂の「TSUBAKI」（2006 年 3 月発売）の場合，「TSUBAKI ＝椿オイル配合」という機能的価値（成分）を伝えるのは，それほど難しいことではなかったと考えられる。それに対して，「TSUBAKI ＝日本人の黒髪を美しくする」という情緒的価値（イメージ）を伝えることは，簡単ではなかったであろう。「椿オイル配合」という機能的価値は書いてあれば，そうかなと納得すると考えられるが，「日本人の黒髪を（他社製品より）美しくする」という情緒的価値は，ほんとかな？と疑問に思うかもしれない。そのような困難さを知っているからこそ，資生堂は，「日本の女性は，美しい」というメッセージを考え，多くの有名女優を使い，SMAP に CM ソングを歌わせるなど，50 億円と言われる広告コミュニケーション費用をかけたと考えることができる。

このように情緒的価値の重要性が高まってきている近年のブランド戦略においては，新しい情緒的価値のコードを消費者に伝達・理解してもらうために，ブランド・ビルディング（BI を創る）と同じくらいに，ブランド・コミュニケーション（BI を伝える）の局面が重要となって来ているのである。

（2） 中立的なメディア：パブリシティと口コミ

新ブランドの新しい情緒的価値を消費者に伝えていくためには，もちろんコミュニケーション活動を徹底することも重要であるが，メディア選択もそれにも増して重要である。つまり，企業のメッセージが消費者に伝わらない理由には，コード（意味づけ）の問題のほかに，それらメッセージが流れるメディア

自体の問題があるのである。

　コミュニケーション戦略の重要構成要素の内，広告は，「企業がコントロールできるが信頼性は低い」一方，パブリシティは，「企業がコントロールできないが信頼性は高い」と言われる（cf. Ries and Ries 2002）。パブリシティが信頼性が高いのは，古くは『暮らしの手帳』の商品比較記事への高い信頼性に見られるように，パブリシティの発信元が企業とは何ら関係のない第三者の中立機関だからである。このように信頼性の高いパブリシティをなんとかブランド・コミュニケーション戦略においても活用すべきであり，特に，近年のように新しい情緒的価値（経験，五感，物語，コンテクストなど）を提案していくことがブランド戦略の課題となっている状況下では，その重要性はいや増すばかりである。パブリシティをいかに戦略的に仕掛けていくかはタフな課題であるが，その前提として，まず中立的機関としてのメディア（新聞社・雑誌社・テレビ局など）へのリレーションシップ・マーケティングを展開していくことが必要であろう。情報提供業としての彼らのニーズをしっかりと把握した上で，長期的で地道な製品・ブランド・ライフスタイルの情報提供などは不可欠と考えられる。

　パブリシティと並んで，「信頼性は高いがコントロールできない」ものが，口コミである。元々リアルの時代にも口コミは，企業のマス広告に比べ，信頼性が高く，影響力も大きいと考えられてきたが，特にネットが普及した現在，その口コミの網の目は無限に広がり，重要性は非常に高まっている。特に，リアルの時代の口コミが，基本的に，友人や家族など顔の見える他人からの口コミであったのに対し，近年のネットの時代には，友人や家族を超えて，日本中（世界中）に広がる同好の士や，何の関係もない赤の他人がたまたま同種製品を使っていたというだけで，口コミの受け手・送り手になりうるようになったのである。まさに口コミの網の目は無限に広がっている。その結果，コミュニケーション過程も，従来型の「A（attention；注意）－ I（interest；関心）－ D（desire；欲求）－ M（memory；記憶）－ A（action；行動）」から，ネット時代の「A（attention；注意）－ I（interest；関心）－ S（search；探索）－ A（action；行動）－ S（share；共有）」に変わってきたと言われるように，購買後の満足・

不満足をTwitterやInstagramに書き込む（share）ことによって，口コミは幾何級数的に広がっているのである。

　したがって，これらネットの口コミをどうマネジメントしていくかが，ブランド・コミュニケーション戦略では重要な課題となっている。当該ブランドが属する市場分野における有名インフルエンサーを組織化する戦略などが議論・展開されているが，このネットの口コミ戦略を確立していくことがeの時代のブランド・コミュニケーションには必須となってくるであろう。

（3）　体験の場：店頭とショールーム

　BIを伝える戦略においては，マス媒体や口コミ（リアルおよびネット）などによるコミュニケーションの他にも，多くのコンタクト・ポイント（タッチ・ポイント）が考えられるわけであり，それら全体としてBIを最適に伝える戦略を考えていかねばならない。それら多くのコンタクト・ポイントの中で重要度が高いと考えられるのが，消費者がブランドを実際に手に取り，体験・経験する場としての，店頭とショールームである。

　消費者がブランドと実際に接する場である店頭でのコミュニケーション戦略については，近年，ショッパー・マーケティング（shopper marketing；店頭における製販によるブランド活動）とも言われているように（流通経済研究所2008），その重要性が高まってきている。例えば，BIを体現するパッケージやネーミングを消費者に店頭で見せ，手にとってもらうことによって，BIは伝わっていく。また，大量陳列などの陳列技法や，POP広告やチラシなどの広告技法，さらに専用什器やデモ販（デモンストレーション販売）なども含めた総合的な店頭プロモーションを展開することによって，BIを店頭でも伝えていくことが重要である（その際に，TVCMなどとの連動が必要なのは言うまでもない）。

　また，企業運営のショールームもBIを伝えていく上で重要なコミュニケーション戦略である。トヨタの「MEGAWEB」や「日産ギャラリー」など，自動車メーカーのショールームは有名であるが，実際目で見て，手で触れ，運転

席で体感してこそ，当該乗用車ブランドの BI を消費者は感じとることができると考えられる。また，明治が 2018 年 11 月からホールディングス本社 1 階で始めた「Hello, Chocolate by meiji」では，VR を使ったカカオ産地ツアーや映像・音響とともにチョコレートの 3 つの香味の違いを体感できる新感覚テイスティング，また明治社員が講師となってチョコレートの魅力について，様々な体験を通して愉しみながら学べるプログラムなどを提供することによって，文化としてのチョコレートを発信する明治の企業ブランドを体感・経験できるコミュニケーションの場となっている。

ネットのコミュニケーションの利便性・重要性は高まっているが，リアルの場でのコミュニケーションも，特に情緒的価値（経験，五感，物語，コンテクストなど）を伝えていくべき今日のブランド戦略にとってはその有効性が大いに期待される戦略と考えられる。

以上，ブランド戦略の核心を，BI を創り（ブランド・ビルディング），BIを伝える（ブランド・コミュニケーション）ことと定義し，そのための戦略を考察した。PDCA の戦略サイクルで言うと，最初の P（plan）としての戦略構築について述べてきたわけであるが，その後の組織戦略としての D（do）や，フィードバックのための C（check）も勿論重要である。紙幅の関係でブランド戦略のための組織（ブランド・マネジャー制など）については触れられないが，C（check）に関しては，ブランド・エクイティ（BE）による戦略の出来不出来のモニターがまず基本である。すなわち，ブランド戦略の成否は，消費者の頭の中に好意的な BE が構築されたかどうかによって判断できるのである。したがって，ブランド戦略の遂行と共に，絶えず，消費者の当該ブランドに対する認知や知覚品質，またブランド連想の内容などをモニターし，チェックすることによって，ブランド戦略（ブランド・ビルディングとブランド・コミュニケーション）の改善を図っていくことが必要である。

【参考文献】

Aaker, D. A.（1991）*Managing Brand Equity*, The Free Press., 陶山計介・中田善啓・

尾崎久仁博・小林哲訳（1994）『ブランド・エクイティ戦略』ダイヤモンド社.

Aaker, D. A.（1996）*Building Strong Brands*, The Free Press., 陶山計介・小林哲・梅本春夫・石垣智徳訳（1997）『ブランド優位の戦略』ダイヤモンド社.

阿久津聡・石田茂（2002）『ブランド戦略シナリオ―コンテクスト・ブランディング―』ダイヤモンド社.

青木幸弘（2000）「ブランド研究の系譜：その過去，現在，未来」青木幸弘・岸志津江・田中洋編著『ブランド構築と広告戦略』日本経済新聞社．pp.19-52.

福田敏彦（1990）『物語マーケティング』竹内書店新社.

原田保・古賀広志（2002）『マーケティングイノベーション』千倉書房.

原田保・三浦俊彦（2010）『コンテクストデザイン戦略―コンテクスト転換のモデルと事例－』芙蓉書房出版.

Keller, K. L.（1998）*Strategic Brand Management*, Prentice-Hall., 恩藏直人・亀井昭宏訳（2000）『戦略的ブランド・マネジメント』東急エージェンシー.

Kim W. C. and R. Mauborgne（2005）*Blue Ocean Strategy: How to Create Uncontested Market Space and Make the Competition Irrelevant,* Harvard Business School Press., 有賀裕子訳（2005）『ブルー・オーシャン戦略』ランダムハウス講談社.

Lindstrom, M.（2005）*Brand Sense*, The Free Press., ルディー和子訳（2005）『五感刺激のブランド戦略』ダイヤモンド社.

三浦俊彦（2004）「尺度化戦略―新時代のブランド戦略―」和田充夫・新倉貴士編『マーケティング・リボリューション』有斐閣．pp.47-64.

三浦俊彦（2008）「ブランド戦略」原田保・三浦俊彦編著『マーケティング戦略論―レビュー・体系・ケース―』芙蓉書房．pp.121-146.

野中郁次郎・勝見明（2004）『イノベーションの本質』日経 BP 社.

Pruitt, J. and T. Adlin（2006）*Persona Lifecycle*, Elsevier Inc., 秋本芳伸・岡田泰子・ラリス資子訳（2007）『ペルソナ戦略』ダイヤモンド社.

Ries, A. and L. Ries（2002）*The Fall of Advertising and The Rise of PR*, Harper Collings Publishers., 共同 PR 株式会社訳（2003）『ブランドは広告でつくれない』翔泳社.

流通経済研究所（2008）『インストア・マーチャンダイジング』日本経済新聞出版社.

Schmitt, B. H.（1999）*Experiential Marketing*, The Free Press., 嶋村和恵・広瀬盛一訳（2000）『経験価値マーケティング』ダイヤモンド社.

山川　悟（2007）『事例でわかる 物語マーケティング』日本能率協会マネジメントセンター.

第８章　価格戦略

　価格の決定は，マーケティング・ミックスに関する様々な決定のなかでも，もっとも気を使う意思決定の１つであろう。たとえ優れた製品を開発したとしても，ひとたび価格決定を誤ると，新製品の売れ行きが伸び悩むことも予想されるためである。「この価格では買ってくれないのでは」という，恐怖にも似た感覚を覚えるマーケターも少なくないのではないだろうか。しかし，その心配にさいなまれて，むやみに価格を下げていけば，利益を削り自社の体力を奪い取ることにもなりかねない。それでは，マーケティング担当者は，いかなる枠組みに基づいて，価格戦略に対処していけば良いのだろうか。

写真提供：キュービーネットホールディングス株式会社

§1 価格設定戦略の意義
§2 価格設定に影響を与える要因
§3 価格設定アプローチ
§4 価格適合

QBハウスは，カットのみに特化したヘアカット専門店である（キュービーネットホールディングス株式会社による運営）。1996年に1号店をオープンさせて以来，2018年6月期には国内の店舗数が552店，来客数が1,790万人を超えるまでに成長している。

QBハウスのカット特化型サービスは，シャンプーやブローなどのサービスを単に省くだけで可能になっているのではない。研修等による技術サポート，エアウォッシャー（頭に残った髪の毛を吸い上げる器具）の採用，システム・ユニット（必要な道具をまとめた収納ユニット）の導入などにより，カットサービスを効率的に提供することで実現されている。その結果として，カットサービスを約10分で終了し，それを1,000円（税込1,080円）という低価格で提供してきたのである。

そのようななか，キュービーネットホールディングスは，2019年2月よりQBハウスの通常料金を税込1,200円に引き上げることを発表した（日経新聞2018年8月13日）。この価格引き上げの決定の背景には，深刻な人手不足があるとされる。人材の採用と育成，待遇改善に向けた資金確保のために，カット料の値上げを決断したという。

加えて，キュービーネットホールディングスは，時間の節約を重視する多忙なビジネス・パーソンをターゲットとする，異なる価格設定の新型店舗の展開を，2019年度に始めることも発表した（日経新聞2018年9月26日）。同じくカットのみにサービスを限定するものの，スマートフォンのアプリを通じた予約システムを導入し，価格は1,500円程度とする見込みとされた。

以上のように，QBハウスは，取り巻く環境変化に，価格変更や価格バリエーションで対応している。言うまでもなく，理美容業界に限らず，現在の企業にとって，価格戦略の重要性は極めて高い。そこで本章では，適切な価格設定戦略を実施するために理解すべき基本コンセプトを概説していく。

§1 価格設定戦略の意義

まず初めに、マーケティング・ミックスのなかで、価格がいかなる特性をもっているのかを確認しておく。図表8-1は、マーケティング・ミックス諸要素が、いかなる関係をもちながら、売上、利益を生み出しているのかを表したものである。

通常、広告や製品開発などのマーケティング・ミックスの使用には費用がかかる。ただし、点線Aにおいて示されているように、これらのマーティング費用は、単なる費用ではなく、需要数量に影響を与えるべく使用されるものである。例えば、広告費の投入が需要数量を増加させるといった関係がそれである。その意味で、マーケティング費用は、製品の製造原価や種々の管理費用などのその他の費用とは区別されるものである。

価格は、それらのマーケティング・ミックスとは異なるいくつかの特徴をもっている。第1に、価格は他のマーケティング・ミックス諸要素とは異なり、それ自体が確定的に売上を生み出す、ということである。価格以外のマーケティ

図表8-1　マーケティング・ミックスにおける価格の位置づけ

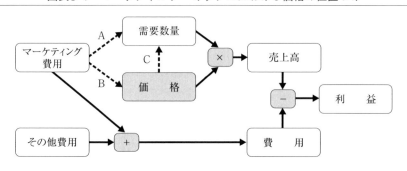

・実線は確定的な関係、点線は確率的な関係を表す。

出所：田村（1998）p.60.

ング・ミックスは，確率的に需要数量に影響を与えることで，売上高に結びつく。企業の売上は自社のマーケティング費用の水準だけでなく，他の企業のマーケティング費用の水準や，所得，景気動向などマクロ経済要因などにも影響を受けるためである。しかし，価格はそれとは違い，直接的に売上に影響を与えるのである。

第2に，点線Bによって示されているように，適切な価格水準が，他のマーケティング・ミックスのあり方にも影響を受ける，ということである。例えば，広告表現のあり方，あるいは営業から提供される情報によって，消費者がこのブランドは高そうだと考えることがあるだろう。あるいは，製品差別化の努力によって，消費者がこの製品であれば他社の製品よりも高い価格を支払っても良いと思うことがあるかもしれない。つまり，設定しうる価格水準は，その他のマーケティング・ミックスのあり方によって変わるのである。

第3に，設定された価格レベルによって需要数量が変わり（点線C），かつ費用の水準にまで影響を与える，ということである。後に詳しく説明するように，低価格だからといって，それがそのまま需要数量に跳ね返るようなケースばかりではない。むしろ，価格が高いときの方が，数量が伸びる場合までも見ることができる。また，需要数量の増加は，生産コストが低下するメカニズムを働かせ，単位当たりコストの水準を低下させることになる。つまり，価格設定は，売上の増減やコスト低下をもたらしながら利益水準にまで影響を与えるのである。

価格は他のマーケティング・ミックスと比べて，容易に変更させやすいという特性も併せもつ。しかし，価格は，変更の容易さとは裏腹に，その変更が需要数量や費用との関係を通じて，売上高や利益といった企業成果に直接的な影響を与えてしまう。そのため，他のマーケティング・ミックスとの相互関係にも留意し，戦略的な発想から価格設定を行なうことが求められるのである。

§2 価格設定に影響を与える要因

価格を設定する際には，いくつもの要素を考慮に入れる必要がある（図表8-2）。その考慮事項には，マーケティング目標やコストといった企業内部の要因がある。また，需要の特性，競争要因という外部要因も含まれている。このうち，主要な要因が特定化され，価格設定アプローチが選択される。そして，その他のマーケティング・ミックスなどが考慮されながら，最終価格が選択される。また，状況に応じて価格が適合されていくことになる。

（1） マーケティング目標

価格決定のあり方は，設定されたマーケティング目標によって影響を受ける。このことを，まず，良く知られた新製品の導入時の2つの価格設定戦略を見ることで，確認していこう。

第1は，市場浸透価格設定である。これは，市場シェアの最大化という目

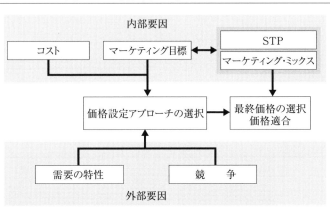

図表8-2　価格決定に影響を与える要因

標を掲げる企業による価格設定である。新製品の導入時に低価格を設定することで，短期間に大きなシェアを獲得しコスト面での優位性を発揮し，その後に利益を獲得することを目指すのである。そのため，標的市場が低価格に反応すること，大量生産によってコスト優位にたてることが，この価格設定が採用される条件となる。

　第2は，上澄み吸収価格設定である。こちらは，短期間に大きな利益をあげ，開発コストを迅速に回収することを目標として，新製品に高価格を設定する戦略である。ターゲットの消費者が低価格にあまり反応しない場合や，自社製品の品質が優れていたり，ブランド・イメージに優れているときなど，競合他社が模倣品を導入しにくい場合に，この価格設定が採用される。

　マーケティング目標と価格設定の連動は，企業の競争地位という観点からも例示できる。業界における最大のシェアをもつリーダー企業は，量的にも質的にも豊富な経営資源を保有しているため，最大シェアの維持，最大利益の獲得，イメージの確保をマーケティング目標として設定することが少なくない。そのなかで価格設定としては，非価格競争の方針がとられることになる。リーダー企業が自ら低価格政策を採用すれば，他の企業も追随せざるをえなくなり，業界全体の利益水準が低下してしまう。このとき，リーダー企業は最大企業であるがゆえに，もっとも大きな痛手を受けてしまうためである。また，イメージの確保という観点からも，高めの価格設定は一貫性をもつものである。シェアの点ではリーダーには及ばないチャレンジャーは，リーダーの地位を脅かすべく，差別化によるシェア拡大の目標を掲げることになる。そのため，価格においては，リーダーよりはやや低めの価格設定となることが多い。また，ニッチャーは，シェアは低いものの，特定の強みを活かして独立した標的市場に対応し，利益やイメージの確保を狙うことになる。この場合は，価格はやや高めになることが多くなるであろう。経営資源の点で，リーダーやチャレンジャーに劣るフォロワーは，模倣を基本戦略とする。そのため，開発コストを抑えたうえで，価格に敏感に反応する標的を狙って低価格設定をしていくことになる。

（2）コ ス ト

　価格設定にあたっては，いかなる要因によってコストが変動するのか，とり
わけコスト低下の源泉を知っておく必要がある。この点をみるために，まずは，
企業のコストの内訳を見ていくことにする。企業のコストは，固定費と変動費
に分けることができる。固定費は，生産，売上の水準によって変化しない費用
である。販売員の給与や広告費などのマーケティング費用，賃貸料などである。
その一方で，原材料費，輸送費などの費用は，生産，売上の水準によって変化
する。これが変動費である。総費用は，固定費と変動費の総計となる。また，
平均費用とは，1単位当たりの費用を指し，総費用を生産高で割った値となる。

　この費用の大きさは，生産の水準や設備規模によって，変化することが知ら
れている。ある設備のもとで生産数量を増やすほど，製品1単位当たりのコ
ストは低下していく。固定費が多くの製品に分散していくからである。このこ
とは，大量生産によって，コスト面での優位性が発揮されることを意味する。
ただし，生産量がある一定の水準を超えると，そのコストは上昇していくこと
になる。労働者の機械の順番待ちや単価の高い残業が生じることなどにより，
変動費が上昇してしまうためである。そのため，縦軸に単位当りの費用，横軸
に生産数量ととると，製品の生産にともなって生じる費用のグラフの形状は，
U字型になるといわれている。

　ただし，そのコストの上昇は，大規模な生産設備を導入することによる生産
効率の上昇により抑えることができる。規模の経済性とよばれる，事業の大き
さを背景とするコストの削減が享受できるためである。この効果により大きな
費用の低下が見込めるときには，大規模な操業を行なうことがコスト面で優位
性を発揮することになるため，大規模な設備の導入が目指されることになる。

　また，大規模な操業は，別の側面からも費用面での優位性を発揮させる。い
ち早く生産の経験を積み重ねていくことも，費用の低下につながることが知ら
れているのである。これは，経験効果とよばれる。経験効果とは，累積生産量
が増加し事業活動の経験が蓄積されることで，労働の能率の向上，仕事の専門

化，生産設備の能率向上などが起こり，単位当たりの費用が低下していく効果を指す。一般的には，製品の単位当りコストは，累積生産量が倍になるごとに，20％〜30％低下するといわれている。この効果を前提とすれば，事業を進めて行くうえで，競合企業よりもいち早く累積生産量を拡大し最大シェアを確保していくことの重要性が示唆されることになる。また，コスト面の優位性を価格に反映させ，市場シェアを獲得し，更にコスト低下を目指していく，競争的な価格設定の方法を採用する論理ともなる。

（3） 需要の特性

次に外部要因を見ていく。現代のマーケティングにおいて，需要の特性は価格決定においてもっとも重視すべき考慮事項と言ってよいだろう。ここでは，この点を分析するための基礎概念として，まず価格弾力性を紹介する。

図表8-3にあるように，例えば，P_1の価格で販売されていた製品AがP_2に値下げされたとしよう。そして，このとき需要数量が，Q_1からQ_2に伸びたとしよう。また，同じ価格P_1の製品Bを同様にP_2に値下げしたとき，需要数量がQ'_1からQ'_2に増加したとする。つまり，値下げ幅が変わらないのに，販売数量の変化は2つの製品間で異なるという状況である。価格と需要の関係を描いた曲線は需要曲線とよばれるが（図では便宜的に直線で表記している），図表において需要曲線の傾きが2つの製品で異なっていることが確認できる

図表8-3 価格変更と需要量の変化

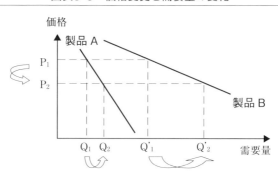

であろう。この違いを捉えるのが価格弾力性とよばれる概念であり，価格の変動に対する販売量（需要量）の変化の度合いを表すものである。これは，〔需要量の変化率（%）÷価格の変化率（%）〕によって求めることができ，価格を1％変化させたときに，どれだけ需要が変化するのかを表す値である。一般的には価格を下げれば需要は増えることが多いので，この値はマイナスの値をとる。なお，この値の絶対値が1より大きいものを弾力的，1より小さいものを非弾力的とよぶ。この例の場合，製品Bは製品Aよりも，同じ価格の値下げ幅であっても需要の増加量は大きいので，弾力性はより大きくなる。

　価格弾力性を導入することで，同じ価格の変化であっても，どの程度需要量の違いが生じるかを捉えることが可能となる。しかし，その数値だけでは，なぜその違いが生じるのかについてまでの理解はもたらさない。この点を検討するために，消費者にとっての価格の役割を知ることが有用である。

　第1は，犠牲としての役割である。消費者にとって，価格が購買に際して支払う出費であるとき，価格は消費者にとって犠牲の役割となっているであろう。この役割のとき，消費者にとって価格は安ければ安いほど良いことになる。

　ただし，注意しなくてはならないのは，消費者が絶対的な低価格を求めるときと，製品からもたらされる価値との関係から低価格を求めるときがある，ということである。消費者が製品間の違いを見極めることができなかったり，その違いを見出す努力を費やさないようなときには，消費者はある製品カテゴリーのうちで，もっとも安いものを購入すると考えられる。つまり，絶対的な低価格を求めるわけである。しかし，消費者が製品間の違いを見極め，その価値を理解しているときには，その価値の増分に価格の増加分が見合っているかどうかを見定めるようになる。つまり，消費者が，価格と比べたときの製品の価値（バリュー・フォー・マネー）にポイントをおくのである。この2つの場合において，価格は消費者にとって同じ犠牲の役割として働くものの，企業側の価格設定という観点から見ると大きな違いをもたらす。前者においては，競合品よりも少しでも安い価格に設定することが求められる。一方で，後者では，消費者が製品に認める知覚価値という観点から価格を設定すべきということになる。

| コラム | **消費者は値上げに敏感？** |

　あなたが通常価格 1,000 円の新製品を導入するマーケターだとしたら，次の 2 つのシナリオのうち，どちらを選択するだろうか。

　　シナリオ1：通常価格 1,000 円のままで導入し，そのままの価格
　　　　　　　を維持する。
　　シナリオ2：発売時に価格を下げて 800 円とし，しばらくしてか
　　　　　　　ら通常価格の 1,000 円に戻す。

　これらのシナリオを同時に実施したとき，通常，条件を一定にするなら，シナリオ 1 の方が売上が大きくなることが指摘されている。シナリオ 2 の場合，当初はシナリオ 1 よりも売上げは大きいが，通常価格に戻したときに，売上が急激に落ちてしまうためである。いったい，これはなぜだろうか。

　消費者は，内的参照価格とよばれる，価格の高い安いを判断するための基準を心の中でもっていると言われている。シナリオ 2 では，この内的参照価格が提示価格につられて低下し 800 円の周辺に位置してしまう。そして，通常価格に戻すと，200 円の増加として敏感に反応するというわけである。実は，消費者にとって，同じ 200 円の価格差であっても損をするときと，得をするときではインパクトが違うことが知られている。消費者は，損失を回避する傾向があるため，得をするときよりも，損をするとき（値上げ）の方が大きなインパクトをもつのである。これが 2 つのシナリオが違う結果を生む理由である。

　注意して欲しいのは，新製品の導入時に価格を引き下げることを一概に否定するわけではない，ということである。新製品のトライアルを促進することが重要である場合や，早期に売上を獲得しないと棚から撤去されてしまう場合など，状況は様々であるためである。ただ，マーケターは，消費者が心のうちにもつ内的参照価格の低下が，大きな負のインパクトを引き起こすことに留意する必要があるのである。

第8章 価格戦略 171

第2は，品質のバロメータとしての役割である。「安かろう悪かろう」という言葉のとおり，消費者は価格の安いものは品質が悪いものだと解釈することがある。消費者は，価格の水準を，品質を推論するための情報として利用しているのである。これが，品質のバロメータとして価格の役割である。この役割は，消費者が品質を判断する能力を保持していないときに用いられることが知られている。

第3は，意味の役割である。価格の水準の高さ自体が消費者に価値をもたらすことがある。このとき，価格は意味の役割を果たしているという。例えば，時計を購入するときなど，消費者は，高価格であること自体に価値を見出すことがある。価格が高いと多くの人々がその時計をもつことができない。そのため価格の高さが希少性につながり，かつ他者に対して自らの地位を表すことも生じさせる。よって，消費者は高価格であること自体に価値を認めるのである。価格が意味としての役割をもつとき，高い価格設定が，高品質であることを強調したり，ブランド地位を高めることにもつながる。そのため，この種の価格は，名声価格などとよばれることもある。

この3つの役割から見ると，先の価格弾力性の議論は，次のように解釈できよう。消費者が犠牲の役割として価格を利用するとき，需要曲線は右下がりとなる。とりわけ，絶対的な低価格を消費者が求めるときには，同じ価格の低下であっても需要量の増加は大きくなるであろう。一方で，消費者が品質のバロメータや意味の役割として価格情報を使用するとき，価格が高いほど売上が増大する現象が生じることになる。需要曲線が右上がりの部分を含み，需要の価格弾力性はプラスの値となるのである。

（4） 競 争

競争要因も，価格決定に影響を与える。このとき見極めるべきポイントは，2つある。第1は，自社のライバルがいかなる相手なのかを，消費者の視点に立ちながら見定めることである。例えば，ハンバーガー・チェーンのマーケターであれば，同じハンバーガー業界内において競合相手を規定することが少なく

ないだろう。しかし，消費者は，企業と同じ見方で，製品の代替性を判断していない場合もある。朝食を買おうと思っているビジネスマンであれば，ハンバーガー・チェーンの朝食セットと，コンビニエンス・ストアのおにぎりを比較検討の対象とするかもしれないのである。その消費者は，時間を節約しながら，職場で手軽に食べられる朝食を購入したいと思っているためである。このように，物理的な類似性にとらわれることなく代替品（ライバル）を見極めるには，消費者がその対象から，いかなるベネフィットを得ているのかを考えることが必要である。

　第2は，競合品が決められた後に，自社の製品がそれよりも優れている（劣っている）ポイントを，消費者の価値という観点から見定めることである。自社製品が競合品に勝っている特徴をもっているなら，その分の価値を評価し価格に上乗せできることになる。一方で，その逆に，自社製品が提供できていない点があるとすれば，自社の価格からその分だけ安く設定する必要が生じるのである。後に紹介するコンジョイント分析という手法は，この点を明らかにする情報を提供するリサーチ手法である。

§3　価格設定アプローチ

　これまで整理してきたように，様々な要因が価格設定に影響を与える。このうち，コストは企業が価格設定することができる下限を決める。これ以下の価格帯では，自らの利益を削るだけとなってしまうためである。一方で，消費者の反応は，価格設定における上限を決める。これ以上の価格では，消費者はその対象を購入しなくなってしまうためである。そして，これらの要因に加え，マーケティング目標や競合品の価格なども，考慮する必要があるのである。

　マーケターは，これらの要因のうち，主たるものを1つないしは複数見定め，価格設定アプローチを選択していくことになる。

（1） コストに基づく価格設定

① コスト・プラス法

　この方法は，ある一定の利益率（マージン，マークアップ）を加えて価格を設定するというものである。薄型テレビの架空例を用いて説明していこう。薄型テレビを生産するための固定費が6億円，変動費が3万円であったとする。この条件において，10万台の販売が見込めるのであれば，1台あたりの原価は，変動費＋（固定費／見込販売数量）＝ 36,000円となる。そして，このとき，10％の利益を確保したいのであれば，1台あたりの原価÷（1－利益率）＝36,000÷（1－0.10）＝ 40,000円として，価格を設定することになる。

　ただし，この方法には注意すべき点がある。この場合，当然のことながら10万台の販売がなければ，1台あたりの原価は増加し，当初もくろんだ利益が確保できないことになってしまうのである。この方法は，需要よりも，企業にとって容易に把握することができるコストを主な考慮点とした価格設定方法である。よって，簡便に実施できることに利点がある方法として認識すべきであろう。

② 損益分岐点による方法

　次に，損益分岐点を用いた価格設定を紹介する。損益分岐点とは，総収入と総費用とが等しくなる点をさす。ここでも液晶テレビの例を用いながら，この見方を用いた価格設定を説明していこう。

　先の例と同じく，固定費は6億円，1台当たりの変動費は3万円であるとする（図表8-4）。固定費と変動費を加えたものが総費用であるため，固定費分を加えた6億円の点から，総費用は1台当り3万円分ずつ増加していくことになる。ここで，1台あたりの価格が4万円に設定されたとする。これに応じて，ある一定の右上がりの直線によって総収入が表される。この総収入の直線が総費用と交わる点が，損益分岐点となる。損益分岐点は，固定費÷（価格－

図表8-4 損益分岐点と価格設定

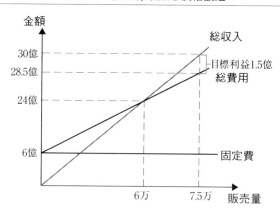

変動費) = 6万台となる。

　もし，このとき，総額10億円の投資をしており，15％の投資収益率（1.5億円）を得たいと考えたとしよう。図表で示されるように，それには，7.5万台の販売量が必要となる。また，仮に販売価格を上げたなら，総収入の直線はいまの直線よりも，より傾きが急な直線となり，損益分岐点はより販売量が少ない点に位置することになる。つまり，同じ目標利益を獲得するのに必要な販売量は少なくなるわけである。ただ，一般的に価格を上げると販売量は低下してしまう。それとは逆に，販売価格を下げると総収入の直線は，なだらかな直線となり損益分岐点は，今よりも右寄りの位置になる。目標利益の獲得にはより多くの販売量が必要とはなるが，低価格のため販売量を多く稼げる可能性がある。

　このように，損益分岐点を用いることで，価格，販売量，目標利益といった様々な条件を動かしながら，価格設定を検討することができるのである。

（2） 需要に基づく価格設定

　先に述べたように，消費者が自ら製品の価値を見極めることができるとき，消費者は製品に対する知覚された価値との価格とのバランスを考慮しながら購

買する対象を決めることになる。このようなときの価格設定アプローチとして有望なのが，需要に基づく価格設定である。具体的には，消費者の価格に対する反応についてのデータを収集する方法を4つ紹介していく。

① 専門家による判断

第1は，専門家の知識をもとに市場の反応を推定していく方法である。例えば，ある耐久消費財の新製品の場合を考えてみる。その導入地域を担当するマネジャーが価格反応を推定する専門家として選ばれ，次のような3つの点へ回答を求められたとする。①現実的な最低価格と販売量，②現実的な最高価格と販売量，③最高・最低の間の中間価格での期待販売量，の3つである。この質問への回答から，ある価格のもとでの需要量，生産量や利益などが求められ，結果として最適価格が導出されるのである。

この方法は，シンプルでコストのかからない方法であるものの，専門家として選ばれたマネジャー，マーケティング担当者，営業が有する能力に，価格反応の推定が依存してしまうことに欠点がある。当然のことながら，専門家の判断が常に顧客の反応と合致するとは限らないのである。そのため，この方法を利用するための条件があると見るべきであろう。例えば，顧客が少数であり専門家が顧客についての深い知識をもっている場合，また，画期的な技術革新のために消費者が価格に対する反応を正確に回答することができない場合などに使用されるべき方法だろう。

② 顧客サーベイ(1)：直接価格反応サーベイ

次に，顧客から直接データを収集することにより，価格に対する反応を見極める方法を紹介する。第1は，次のような質問を直接することで価格への反応を見る方法である。「いくらであれば必ずこの製品を買いますか」，「この製品にいくらまでなら支払ってもよいと思いますか」，「どの程度の価格差で製品Aから製品Bにスイッチしますか」などがその質問の例である。

具体的にみてみよう。もし仮に，調査対象者に対して，あるノートパソコンについて「このノートパソコンに，すすんで支払う限度額いくらですか」とい

う質問をしたとする。このとき，多くの人が10万円が限度額であると答え，10万円を超えると購買者が急激に少なくなることが明らかになったとしよう。このデータからは，購買者が落ち込む前の10万円という価格が，設定価格として望ましいものとして読み取れることになる。

　この方法は，シンプルで理解しやすく，安価で実施できるものである。しかし，次のような問題点もある。消費者は価格だけに注目して購入対象を決めるわけではないが，この方法は，価格に意識を集中させすぎてしまっている。また，現実の世界では，消費者は，製品特性と価格との間のトレードオフ関係（例えば，この車のデザインは良いのだが価格は高い）の中で購入対象を決めているはずだが，その状況はつかめていない。これらの欠点のため，この方法だけに依存しながら価格設定をするのではなく，他の調査と組み合わせて利用されることが望ましいと考えられている。

③　顧客サーベイ⑵：コンジョイント分析

　また，もう1つの顧客サーベイの方法として，コンジョイント分析が挙げられる。ここでは，ドイツの自動車メーカーが新モデル「ライオン」の導入時に行なった調査事例を紹介することで，コンジョイント分析の考え方，手順，有用性を示していこう。

　まず，コンジョイント分析の考え方から紹介する。消費者が製品・サービスを購入するとき，いくつかの対象からそれぞれの対象のもつ製品属性が自らの好みに合っているのかを考え，どれを購入するのかを決めている。自動車の例でいうと，価格を特に重視する人は，価格のみに注目し，自らの好ましいと思う価格に近い対象を選ぶであろうし，燃費を特に重視する人は，価格，ブランド，エンジン出力や環境性能によらず，自分の好みに合った燃費レベルを選ぶはずである。一般的に言えば，消費者は，価格や燃費といった各属性について，その消費者固有の重視度を用いて各対象を評価し，もっとも評価の高い対象を選んでいると考えることができるのである。コンジョイント分析は，このような見方に基づき，各回答者に各属性の異なった組み合わせからなる，いくつかの仮想的な製品（プロファイル）の購入意向の順序のデータを収集することで，

その回答者の選好構造を明らかにしていく手法である。以下，この分析のステップを3つに分けて説明していく。

第1に，自動車「ライオン」のケースでは，検討したい自動車の属性として，(a)ブランド，(b)エンジン出力，(c)燃費，(d)価格，(e)環境への対応度，という5つの属性が選ばれた。そして，それぞれの属性に対して3つの水準が図表8-5のように定められた。なお，この場合では各属性に対して同じ3水準が設定されたが，各属性に対して異なる水準数が選ばれても構わない。

第2に，データを収集するため，50,000～70,000マルクの価格帯の自動車に興味がある回答者を集め，コンピュータを用いたインタビュー形式によりデータが収集された。回答者に与えられたタスクは，図表8-6のような2つのプロファイルを比較し，どちらか好むほうのプロファイルを，ボタンを押す

図表8-5　コンジョイント分析のための属性・水準

属性	水準		
ブランド	ライオン	ドイツ	日本
エンジン出力	150	200	250
燃費（リットル/100km）	12	14	16
価格（マルク）	50,000	60,000	70,000
環境への対応度	最低限の環境基準を満たす	標準環境基準を満たす	新環境基準を十分満たす

注：ヨーロッパでは，燃費はリットル/100km で測定される。
出所：Dolan and Simon（1996），訳書 p.74 を修正。

図表8-6　一対比較の例

A	B
ライオン・ブランド	日本ブランド
最低限の環境基準を満たす	標準環境基準を満たす
燃費　　　　　：16リットル/100km	燃費　　　　　：12リットル/100km
エンジン出力：250	エンジン出力：150
価格　　　　　：60,000マルク	価格　　　　　：50,000マルク

出所：Dolan and Simon（1996），訳書 p.75 を修正。

ことによって示すことであった。このプロファイルからわかるように，コンジョイント分析において課されるタスクには，トレードオフ関係が含まれている。ライオン・ブランドは，環境性能については最低限しか満たしておらず，燃費も良くないし，価格も高い。しかし，エンジン出力は高くなっている。一方で，日本ブランドは，その逆で，環境対応や燃費は優れており，価格も安いが，エンジン出力が劣っている。回答者は，このようなトレードオフ関係が含まれる選択肢についての選択を10〜20回繰り返す。これにより，回答者の選好の構造を明らかにするためのデータが集められるのである。

　第3に，収集されたデータが分析にかけられると，次のような2つのアウトプットを手にすることができる。第1は，属性に対する相対的な重視度についてのものである。ライオンのケースでは，ブランド：30％，エンジン出力：28％，価格：20％，燃費：12％，環境への対応度：10％という結果が得られた（総和は100％）。ブランドが全体のうちで30％の重要度を占めており，相対的には最も高いウェイトを占めていた。環境性能は10％のみの重要性でしかなかった。別の調査で直接的な回答を求めたときには，環境性能は比較的重要な属性とされる分析結果が見られていたが，他の属性とのトレードオフ関係のなかでは，相対的な位置づけは下がったことになる。このように，直接質問することなしに，属性の相対的な重視度を把握できるため，回答者の本音が垣間見えることがある。これは，コンジョイント分析がもつ利点の1つである。

　第2のアウトプットからは，各属性水準がどの程度の価値をもっているのかを知ることができる。図表8-7では，この事例におけるブランド，環境への対応度，価格に関する出力が示されている。この縦軸の価値は，全ての属性にわたって統一されているので比較可能となっており，各属性においてもっとも低い値がゼロに設定されている。この結果によれば，ライオン・ブランドは，ドイツ・ブランドよりも低い価値しかもっていないが，日本ブランドよりも高い価値をもっている。環境への対応度については，コストをかけて新たな基準を達成したとしても，あまり価値は上がらないことがわかる。消費者は，環境の対応度を犠牲にしてまでも，他の属性の水準を得ようとは思っていないことが読み取れる。

第 8 章　価 格 戦 略　179

図表8-7　属性水準の価値

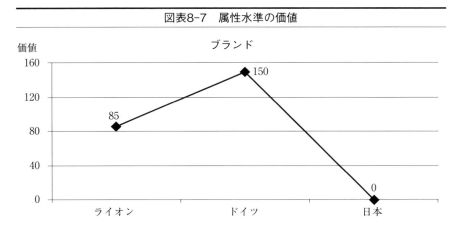

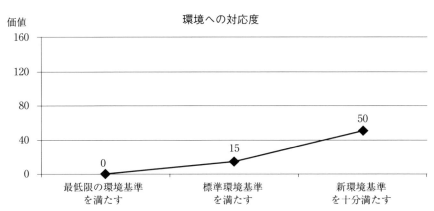

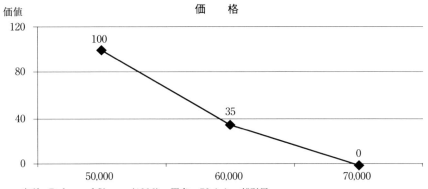

出所：Dolan and Simon（1996），訳書 p.78 から一部引用。

価格の出力からは，50,000マルクから60,000マルクの間の反応度が大きいことが見てとれ，この10,000マルクの価格差の価値は65ポイントであることがわかる。この価値スケールは他の属性との間での比較に利用することができる。ライオン・ブランドとドイツ・ブランドとのブランド価値の違いは同様に65ポイントであったため，このブランド間の価値の差は，価格にすると10,000マルクということになる。また，ライオン・ブランドと日本ブランドとの価値の差は85ポイント，およそ13,000マルクとなる。このように，各属性水準の価値は価格の形で表現することができる。この関係がわかれば，どの属性のどの水準を，どのくらいの価格で提供していけばよいかを決定できることになる。

また，図表8-7のような情報があれば，どのような属性の組み合わせが，消費者にとってどのくらいの価値をもつのかを算出することができる。このことをベースとして，いかなる製品改良をすべきなのか，どの程度の価格設定をすべきなのか，といったことを検討することもできる。

もちろん，他の手法と同様に，コンジョイント分析も万能な手法ではない。属性や水準が決定されると，ソフトウェアにより製品のプロファイルは自動的に作成することができる。しかし，このとき最高品質の属性水準に最低価格が付けられるといった，非現実的なものが生成されてしまい，回答者に混乱が生じてしまうことがある。

④ 価格実験

実際の市場，設定会場，ダイレクトメールによって送付するカタログなどにおいて，価格を変化させ，売上やシェアへの影響を検討する，価格実験とよばれる方法もある。例えば，ある食料品の新製品の価格設定を決める際の価格実験を想定してみよう。国内で類似した3地域を選び，高・中・低と異なる3つの水準の価格設定で，ある期間内での販売動向を比較するというものである。仮に中・低の価格の間であまり販売動向に差がないのであれば，低価格にしなくても売上にはさほど影響がないことが推測できることになる。このように，どのあたりの価格レベルが，もっとも消費者の価格感度に強く影響を与えるの

かを現実の市場の中で理解することができるため，価格設定についての有用な情報となるのである。

この方法は，製品が実在していないとならないことや，コストが割高になってしまうことにデメリットはある。しかし，実際の消費者の行動を観察することができるという意味で,収集されたデータの信頼性が高いことに利点がある。

（3）　競争に基づく価格設定

①　現行レート価格設定

競合の価格に基づいた価格設定としては,現行レート価格設定をあげておく。競合他社の価格に基づきながら，高価格，低価格，同程度として自社の価格を設定する方法である。例えば，チャレンジャー企業はリーダー企業の価格設定に追随しながら低価格へと変更することがある。市場の地位等も反映させながら，競争相手よりも低く設定するときや，高価格，同一に設定することもありうる。

②　入札価格設定

競合の価格に依拠した価格設定のもう１つは，入札価格による価格設定である。これは生産財の分野において，よく見られるものであり，請負業者を決めるために複数の業者が文書により提示する価格が入札価格とよばれる。競合他社の価格設定を予想することにより，自社の価格が決定されるため，競争にもとづく価格設定と見ることができる。

（4）　最終価格の選択

これまで見てきたように，価格設定に考慮すべき要因，価格設定アプローチが見極められた後，最終価格が選択される。このとき，消費者の心理的反応を考慮して若干の修正が加えられることもある。参考になる考え方を紹介してお

こう。

　第1は，端数価格である。消費者は，きりの良い数字ではなく，9や8といった端数で終わる端数価格に割安なイメージをもつことが知られている。この見方に基づき，例えば，価格を300円とするのではなく，298円と端数で終わらせることで，実際の差よりも割安に感じさせることが目指される。多くの食品や日用雑貨，耐久財などで見られる手法である。

　第2は，慣習価格である。コラムにおいて紹介したように，消費者は，価格の高い安いを判断するための基準となる内的参照価格を心の中でもっている。これが一消費者だけでなく多くの消費者で共通のものとなると，企業はこの価格に応じて価格設定をせざるを得なくなる。これを慣習価格という。自動販売機で販売されるソフトドリンクなどは，これに当てはまるであろう。

§4　価格適合

　企業は，最終価格を選択した後も，単一の価格設定によらず，販売状況に応じて価格を適合させていくことが多い。第1は，価格割引や販促型価格設定である。現金割引（現金で購入した場合の割引），数量割引（大量に購入した場合の割引），季節割引，特売価格などが含まれる。第2は，差別的価格設定である。顧客セグメント別価格設定（例えば，博物館などで学生や高齢者が低価格であること），製品形態別価格設定（例えば，同じ飲料であってもミニボトルであると単位当りの価格が高いこと），場所別価格設定（例えば，映画館や演劇の座席の価格が場所によって異なること）などが挙げられる。冒頭で紹介した日本マクドナルドの価格設定においても，地域別の価格適合が行なわれていた。

　また，価格設定は，当該製品の製品ミックスにおける位置づけによって修正されることもある。第1は，製品ラインにおける製品の位置づけである。多くの企業はある製品グループにおいて複数の製品を保持しており，その中で製

品ラインを構成している。ある製品の価格決定においては，製品ライン内にいくつかの価格帯を設け，その製品がいかなる価格ゾーンに入るのかを検討することも必要である。なぜなら，ある製品ラインの中で，高価格，中価格，低価格という3つの製品があったとき，消費者はこの価格の差を手がかりにしながら，高品質，中品質，低品質と知覚することがあるためである。先に指摘した消費者にとっての価格の役割に基づけば，品質を見極める能力がない消費者は，この手がかりを使う傾向が顕著であることが想定できる。

　第2は，キャプティブ価格戦略である。キャプティブとは「捕虜」を意味する。つまり，主たる本体となる製品（ある意味捕虜となる）を低価格で販売し，その後使用し続ける付属品を高価格にすることによって全体として利益を確保していくやりかたである。例えば，カミソリの本体を低価格にして，その本体にしか合わない替え刃を比較的高価格で販売していくことがこの例である。

【参考文献】

Dolan, R. J. and H. Simon（1996）*Power Pricing: How Managing Price Transforms the Bottom Line*, The Free Press., 吉川尚宏監訳／エコノミクス・コンサルティング研究会訳（2002）『価格戦略論』ダイヤモンド社.

池尾恭一（1999）『日本型マーケティングの革新』有斐閣.

片平秀貴（1984）「コンジョイント測定法とその応用」中西正雄（編著）『消費者行動分析のニュー・フロンティア―多属性分析を中心に』誠文堂新光社，pp.165-216.

Kotler, P. and K. L. Keller（2006）*Marketing Management*, 12th ed., Prentice-Hall., 恩藏直人監修，月谷真紀訳（2008）『コトラー＆ケラーのマーケティング・マネジメント（第12版）』ピアソン・エデュケーション.

田村正紀（1998）『マーケティングの知識』日経文庫.

上田隆穂（1999）『マーケティング価格戦略』有斐閣.

第9章　コミュニケーション戦略

　顧客のニーズに合う製品や他社より優れた製品を作ることはマーケティングの基本的な考え方であるが，優れた製品を作ることが，その製品の売上を保証するものではない。優れた製品ができたのであれば，まずはターゲットとなる消費者にその製品の存在を知ってもらい，次にその製品の優れた点を適切に理解してもらい，さらに好きになってもらい，最後に，買う気になってもらうなどのはたらきかけが必要となってくる。そのための重要なマーケティング活動が，コミュニケーション戦略である。コミュニケーション戦略を成功に導くためには，各コミュニケーション手段の特徴を理解した上で，ターゲットとなる消費者の特性に合わせて，それらを有機的に組み合わせることが重要である。

　本章では，このような視点に立ち，コミュニケーション戦略に関わる様々なメディアの特性とその組み合わせについて解説していく。

話題となった日清食品㈱カップヌードルのテレビCM（左）と短文投稿サイトにおける同社による投稿（右）（写真提供：日清食品株式会社）

§1 コミュニケーションの基礎理論
§2 コミュニケーション戦略の諸手段
§3 コミュニケーション・ミックス

　日清食品株式会社のカップ入り即席麺ブランド「カップヌードル」は，1971年の誕生以来，今や80以上の国と地域で販売されており，ブランド全体の累計販売食数は2016年に全世界400億食を突破した。カップヌードルの2017年の売り上げは過去最高を記録し，同社の収益を支える重要な柱となっている。栄枯盛衰の激しい即席麺市場において50年近く売れ続けてきた背景には，カップヌードルが消費者にとっていつまでも色褪せないブランドであり続けるためのコミュニケーション活動がある。

　カップヌードルのテレビ広告はもともと定評があり，1993年には広告業界で世界最高のコンクールといわれるカンヌ国際広告映画祭でグランプリを獲得するなど多くの話題を集めてきた。従来は，こうしたテレビ広告に加えて，コンビニエンスストアやスーパーの店頭でのPOPなどの店頭販促によって，消費者にテレビ広告で見聞きしたブランドを想起してもらい購買につなげることが定番の手法であった。しかし，近年は若年層を中心にテレビ離れが進み，テレビ広告を中心としたコミュニケーションだけではこれらの層にリーチしにくくなってきた。そこで同社が注目したのが，スマートフォンやソーシャルメディアである。近年，同社は自社サイトだけではなく，動画共有サイト・写真共有サイト・短文投稿サイトなどのソーシャルメディアの公式アカウントを持ち，積極的に情報発信を行なっている。そこでは従来のテレビCMでは伝えきれない詳細な商品情報，裏話，ウェブ限定広告などが発信される。同社による投稿の中には引用回数が16万件以上に上るものもある。また，テレビCMも1回視聴しただけではわからないようなネタをふんだんに盛り込むことによって，若者に動画共有サイトを通じて何度もCMを視聴してもらい，さらにそれを話題としてソーシャルメディアで拡散してもらう仕掛けが施されている。

　このように，近年はマス広告や店頭販促だけに頼ることなく，自社サイトやソーシャルメディアを含めた形でのメディア間の連動が重要である。

§1 コミュニケーションの基礎理論

（1） コミュニケーション戦略の視点

コミュニケーション戦略とは，「企業が自社の販売する製品やブランドについて消費者に（直接ないし間接的に）情報を発信し，説得し，想起させようとすること」である。コミュニケーション戦略は，一般的にマーケティング・ミックスの「プロモーション」に相当するマーケティング活動として整理されてきたが，コミュニケーションという活動がカバーする範囲には，プロモーション以外のマーケティング要素，すなわち製品戦略，価格戦略，チャネル戦略に関わるマーケティング活動も含まれる。例えば，製品のパッケージは，店頭で手に取った消費者に製品の内容を伝える大切なコミュニケーション手段であり，商品に意図的に高い価格を付けるプレミアム価格は，消費者にその商品のプレステージを伝える1つの手段である。また，同じ商品でもどのようなチャネル（店）で販売するのかによって，消費者が受け取る印象は異なってくるし，そもそも店頭での取り扱い自体が消費者に製品の存在を知らしめるコミュニケーション手段となる。したがって，本章では，「マーケティング・ミックスの全ての要素と関わるコミュニケーション」という視点を意識しつつ，基本的には「マーケティング・ミックスの一要素としてのプロモーション」という視点によって，コミュニケーション戦略を捉えていくものとする。

（2） コミュニケーション・モデル

そもそもコミュニケーションとは，いかなるものとして捉えることができるであろうか。図表9-1に示されるように，コミュニケーションは，まず情報

図表9-1　コミュニケーション・モデル

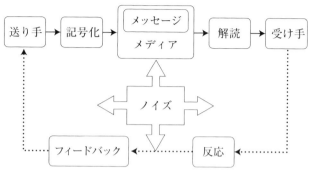

出所：Kotler and Keller（2008），訳書 p.668.

の「送り手」と「受け手」の2つの主体がいて成立する。一般的なマーケティング状況では，情報の送り手は主として企業であり，受け手は消費者である。情報の送り手から発信されたメッセージ（伝えたい内容）が受け手に伝わるまでにはいくつかの段階が存在し，情報の送り手は，意図した通りにメッセージが受け手に伝わるように，これらの段階を管理しなければならない。

　まず，情報の送り手は，受け手に伝えたい内容を，言語や図などに「記号化」する必要があるが，ここでは適切に変換されているかどうか留意する必要がある。コミュニケーション以前の問題として，製品コンセプト自体が曖昧であるなどの場合には，メッセージの記号化は困難となる。次に，ターゲットとなる送り手にメッセージが到達するためには，記号化されたメッセージを何らかの「メディア（コミュニケーション手段）」にのせる必要がある。ここでは，ターゲットとなる受け手が見聞きすると見込まれるメディアを選ぶことが重要である。受け手の数，地理的分散，心理状態などに合わせて，テレビ，雑誌，インターネットなどのメディアの中から最適なものを選択する。

　メディアに接触した受け手は，記号化されたメッセージを「解読」することになるが，どのように解読されるかは受け手の能力や関心の程度に大きく依存しているため，情報の送り手は，受け手間でメッセージの解読の仕方に違いが生じることに注意する必要がある。そして，受け手は，解読したメッセージの

第9章 コミュニケーション戦略　189

内容に基づいて，認知，感情，行動などの「反応」を示すことになる。最初に送り手が，受け手のどのような反応を引き出すことを目標とするのかによってコミュニケーションのあり方は変わってくる。

　最後に，受け手の「反応」が送り手に「フィードバック」されることによって，コミュニケーションの効果を知ることができ，改善すべき点があれば，次回のコミュニケーションに反映させなければならない。さらに，送り手は，プロセス全体において，コミュニケーションを阻害する要因としての「ノイズ」を取り除くように努める必要がある。

　以上のように，コミュニケーションにおいては，いかなる送り手が，いかなる受け手に対して，いかなる目標の下で，いかなるメッセージを，いかなるメディアを用いるのかが決定されなければならない。

(3)　コミュニケーションに対する消費者の反応

　前述したように，コミュニケーション全体のあり方を方向づけるのが，メッセージの送り手である企業が，メッセージの受け手である消費者のどのような反応を引き出したいのかというコミュニケーション目標である。企業によるコミュニケーションに対する消費者の反応は，後述するように，これまで様々なモデルによって識別されてきた。

　消費者の反応は大きく，認知的反応，感情的反応，そして行動的反応の3つに分けられる。認知的反応を引き出すことを目標とするのであれば，製品やブランドの認知率や理解率の向上を促すべくコミュニケーションのあり方を考えなければならないし，また，感情的反応を引き出すことを目標とするのであれば，好意的態度や好意的イメージを形成するためのコミュニケーションのあり方を考えなければならない。そして，行動的反応を引き出すことを目標とする場合には，製品カテゴリーレベルであれば，新規購入，買替え・買継ぎ，買増・購入量の増加を促すコミュニケーションのあり方を考える必要があり，ブランドレベルであれば，試し買い，ブランドスイッチ，リピートを促すためのコミュニケーションのあり方を考える必要がある。これらの消費者の反応は，以下で

紹介するいくつかのモデルによって、さらに細分化して捉えることができる。

　仁科・田中・丸岡（2007）によれば、消費者のどのような反応モデルを想定するのかは、企業がどのようなコミュニケーション手段を重視して用いるのかによって異なってくる（pp.52-55）。セールマンによる短期間の対人説得のコミュニケーションを重視する場合には、AIDA モデル、すなわち Attention（注目）—Interest（興味）—Desire（欲求）—Action（行為）という、比較的単純な消費者の反応プロセスを想定すれば良い。新聞広告や雑誌広告などの商品説明型の印刷広告によってブランドの特徴を伝える場合には、広告接触から購買までの時間的な間隔を考慮して、AIDA モデルの D と A の間に、記憶（Memory）効果というステップを追加した AIDMA モデル（Attention—Interest—Desire—Memory—Action）によって消費者の反応プロセスを捉えると良い。

　テレビ広告の場合には、テレビ広告に対する消費者の低関与状態によって、態度が購買後に形成されることを表した低関与学習モデル（広告認知—試買—使用経験—理解—満足—態度—愛顧）や、広告そのものに対する好意がブランドの好意に与える影響を考慮した広告態度モデル（広告認知—広告好意—ブランド好意度—購買）によって、消費者の反応プロセスを捉えることができる。最近では、インターネットを使った消費者の情報探索や情報共有を考慮に入れた、AISAS® モデル　Attention（注目）—Interest（興味）—Search（探索）—Action（行動）—Share（共有）も提案されている。

　その他に、第 5 章の消費者行動分析で取り上げた知覚、想起集合、購買意図、満足度、認知知的不協和の低減などの諸概念もコミュニケーション戦略の目標とするべき消費者の重要な反応となる。

（4）　コミュニケーション戦略における「送り手」と「受け手」

　以上のような消費者の反応プロセスのモデルは、コミュニケーションの送り手を企業、受け手を消費者として捉えているが、実際のマーケティングにおいては、企業と消費者の組み合わせだけではなく、その他の主体の組み合わせの間で生じるコミュニケーションの管理も重要である。

まず，送り手が製造業者である場合には，卸売業者や小売業者などの流通業者も重要な受け手となる。具体的には，自社商品の取り扱いを促すための営業活動や，流通業者による自社商品の優先的販売独力を促すためのインセンティブの供与などに関わるコミュニケーションが必要となる。

また，企業にとっては媒体企業を受け手とするコミュニケーション活動も重要である。具体的には，ニュース・リリースなどの PR 活動を報道機関に向けて行ない，テレビ番組や新聞・雑誌記事内での自社商品の露出を促すコミュニケーション活動である。

さらに，消費者と消費者の間，すなわち送り手も受け手も消費者であるようなコミュニケーションにも配慮する必要がある。消費者の購買意思決定過程においては，企業からのコミュニケーションだけではなく，口コミといった他の消費者からの情報提供や推奨も重要な役割を果たす。近年は，このような購買意思決定に関連する消費者間のコミュニケーションは，インターネット上でも行なわれるようになり，企業が消費者間のやり取りを閲覧でき，場合によっては介入することが可能である。具体的には，話題性のあるテレビ広告，ソーシャルメディア上での自社アカウントによる投稿，インフルエンサーと呼ばれる他人の購買意思決定に影響を与える度合いの高い消費者への特別なコミュニケーションによって，消費者間のコミュニケーションに影響を与えることが可能である。

§2　コミュニケーション戦略の諸手段

(1)　コミュニケーション手段の 4 類型

コミュニケーションの目標が決まったら，次にどのようなメディア，すなわちどのようなコミュニケーション手段を通じてターゲットとなる消費者にアプ

192

ローチするのかを決めなくてはならない。企業が利用可能なコミュニケーション手段は，主として広告，セールス・プロモーション，人的販売，パブリシティの４つに分類することができる。企業は，これらのコミュニケーション手段の特徴を理解した上で，それぞれの特徴を活かしたコミュニケーション・プログラムを組む必要がある。４つの主なコミュニケーション手段の意味と特徴は，次の通りである。

① 広　告

広告とは，「明示された広告主による，アイデア，財，サービスに関する有料の非人的な提示とプロモーション（Kotler and Keller 2006, 訳書 p.664）」である。具体的には，４マスと呼ばれるテレビ広告，ラジオ広告，新聞広告，雑誌広告の他，屋外・交通広告，インターネット広告などが含まれる。広告には様々な形態があるため，一般的な特徴を記述することは難しいが，多くの人に素早く伝えることができることや，文字，音，映像などを用いて表現豊かに演出することができるために，製品やブランドのイメージを長期的に作り上げる

図表9-2　広告媒体の長所と短所

媒　体	長　所	短　所
テレビ	視覚と聴覚による訴求，広いカバレッジ	高コスト，対象を絞りにくい，メッセージが短命
ラジオ	ながら聴取が可能，低コスト，対象を絞りやすい	聴覚のみの訴求，メッセージが短命
新　聞	高い柔軟性,広いカバレッジ(全国紙)	視覚のみの訴求，メッセージが短命
雑　誌	対象を絞りやすい，メッセージが長命	視覚のみの訴求，低い柔軟性
インターネット	双方向性，高い柔軟性	消費者によるデバイスを通じたアクセスが必要
屋　外	高い反復率，高い注目率	特定の地域に限定
ダイレクトメール	対象を絞りやすい，多くの情報を提供	低い閲覧率，顧客のアドレスが必要

出所：和田ほか（2016），p.243 を加筆修正。

のに効果的である。一方で，広告は非人的なコミュニケーションであるため，後述する人的販売ほどの説得力はない。また，とりわけテレビ広告の場合には，多額の予算が必要とされることや，広告の受け手が必ずしも関心を持って見ているわけではないということも知っておく必要がある。各媒体の長所と短所は，図表9-2にまとめられている。

② セールス・プロモーション

　セールス・プロモーション（Sales Promotion：SP）とは，「製品やサービスの購入を促進するための短期的な動機づけ」のことであり，販売促進とも呼ばれる。値引き，特別陳列，プレミアム（おまけ）などがこれに含まれる。セールス・プロモーションは，一般的に，消費者の注意を引きつけ，購買への強い動機づけを促すところに大きな特徴をもつ。ただし，セールス・プロモーションの種類にもよるが，短期的には非常に効果があるものの，長期的にブランドのイメージを形成するのにはあまり効果的ではない。

　セールス・プロモーションは，それを行なう主体とはたらきかける対象のタイプによって大きく3つに分けることができる。メーカーが流通業者に対して行なう「流通業者向けSP」，メーカーが消費者に対して行なう「消費者向けSP」，そして流通業者，とりわけ小売業者が消費者に対して行なう「小売業者によるSP」があり，それぞれに様々な手法がある（図表9-3参照）。

③ 人的販売

　人的販売とは，「販売を目的として見込み客との対話を通じて行なわれる口頭によるプレゼンテーション」のことであり，流通業者への営業活動や店頭での接客がこれにあたる。人的販売は，相手の反応を見ながら対応できるため，顧客の選好，理解，行動などを形成する際に効果的である。とりわけ，家，車，新しい家電製品などのような，消費者がセルフサービスの小売店では購買意思決定がしにくい製品の場合には，店頭での人的販売が果たす役割は大きい。一方で，顧客ひとりあたりに対してかかるコストが大きいため，一度に多数の顧客に影響を与えることは難しい。

図表9-3 セールス・プロモーションの手法

流通業者向け ＳＰ	アローワンス	流通業者の販売努力に対してメーカーから支払われる金銭的見返り
	コンテスト	何らかのテーマを設定し流通業者間で競わせ入賞者に賞品や景品を与えること
	特別出荷	流通業者の仕入れを促進するために出荷条件を一時的に向上させること
	販売助成	メーカーが自社製品に関する小売業の販売活動を援助するための活動（ＰＯＰ広告材料等の提供）
消費者向け ＳＰ	サンプリング	試供品（サンプル）の配布
	クーポニング	特定の商品に対する割引券の配布
	スイープステークス	懸賞・くじの総称
	プレミアム	おまけ
	増量パック	通常のパッケージよりも容量を増やすこと
	バンドル	商品を複数まとめて販売すること
	キャッシュバック	特定の商品を購買した消費者に現金を割戻すこと
小売業者による ＳＰ	値引き	通常の販売価格からいくらかの金額を差し引いて販売すること
	特別陳列 エンド陳列	店内のメイン通路に面した棚の端に商品を陳列すること
	特別陳列 島陳列	通路の中ほどに設置した平台などの什器の上に商品を陳列すること
	特別陳列 クロスマーチャンダイジング	カテゴリー横断的に関連性の高い製品を一緒に陳列すること
	チラシ	広告メッセージを掲出した一枚物の印刷物
	デモンストレーション販売	実演販売

出所：渡辺・守口（1998）pp.95-102 を加筆修正。

④ パブリシティ

　パブリシティとは，「自社の製品やサービスに関連する情報を，報道機関に報道してくれるように働きかける活動」のことであり，新製品発売のニュース・リリースなどがこれに当たる。リリース情報が，テレビの番組内や，新聞や雑誌の記事の中で扱われた場合には，消費者に信頼性の高い情報として受け取ら

第9章　コミュニケーション戦略　195

れ，大きな効果を上げることができる。メディア使用料は基本的に無料であるため，費用対効果の非常に高いコミュニケーション手段である。ただし，ニュースや記事として扱われるかどうかの判断は報道機関に委ねられるため，企業は，報道機関にとって有益な，厳密に言えば，報道機関のその先にいる視聴者としての消費者にとって関心のある情報を，報道機関に対していかに提供することができるかを考慮する必要がある（コラム参照）。

> **コラム　永谷園「冷え知らず」さんの生姜シリーズのパブリシティ活動**
>
> 　一般的に，どの企業もすべての商品にマス広告をかけるだけの十分な予算を配分できるとは限らない。十分なマス広告をかけることができない商品の場合には，パブリシティをうまく活用することで，時にはマス広告以上のコミュニケーション効果を達成することができる。
>
> 　永谷園が2007年6月に発売したカップスープ「冷え知らず」さんの生姜シリーズは，発売から1年間で約4億円，販売目標の250％を売り上げた。この商品は，冷えに悩む20代〜30歳代女性向けに体を温める効果があるとされる生姜を使ったカップ式みそ汁・スープで，現在ではラインナップも増え，コンビニエンスストアでは定番の商品となっている。
>
> 　永谷園はそれまでコンビニ向けのスープで成功した経験はなく，新商品，それも永谷園がこれまで手掛けたことのない働く若い女性向けとあって，テレビでCMを流せるだけの予算は手元になかったという。テレビCMを始めたのは発売から1年3カ月が経った2008年9月になってからのことであり，それまでは特に大々的なマス広告は行なってこなかった。テレビCMを始めるまでの間に永谷園が行なったコミュニケーション活動は非常に興味深い。その重要なコミュニケーション活動の1つがパブリシティの活用である。通常のパブリシティでは，新商品のリリース情報を報道機関に提供することが多いが，永谷園は，商品に関する情報は最小限にとどめ，主に生姜の効能をわかりやすく説明することに重点を置いた活動を行なった。社内では生姜に関するプロジェクトチームを発足させ，専門家からの意見を交えながら，働く女性

の冷え対策として生姜がいかに効果的であるかということを説明した資料を各媒体企業へ流した。その結果，大手新聞で生姜の特集が組まれたのを皮切りに，報道の連鎖が起こり，他の新聞，テレビ番組でも生姜の特集が組まれることになった。それとともに，冷えを解消するグッズの1つとして紹介された同シリーズの売上も増加していくこととなった。

　このような永谷園のパブリシティをうまく機能させた要因として2つのことが考えられる。1つは，メディアにとって有用な情報を提供したことである。永谷園が媒体企業向けに作成した資料は，そのまま媒体企業の担当者にとって紙面づくりや番組作りのための資料にもなりうるものだったということである。他の生姜関連グッズをも紹介することによって生姜がトレンドの兆しを見せていることや，専門家の意見を交えることによって信頼できる情報であるということを盛り込んだ資料は，常日頃から記事や番組特集の素材を探している新聞の編集担当者や番組のプロデューサーにとっては有用な情報となったはずである。

　もう1つは，視聴者が関心を寄せていることと，商品の特徴とを結び付けるような情報を提供できたことである。冷え対策は若い女性にとって関心事の1つであり，それに対して，冷えへの生姜の効果という情報を発信することによって，生姜という特徴をもつ同シリーズが冷え対策の「重要な」グッズであるとの信念を消費者の記憶の中に形成することに成功したのである。

（参考文献）　本田（2009）および降旗（2008）pp.68-72.

（2）　トリプルメディア

　こうしたコミュニケーション手段が持つ特性を，企業のコミュニケーション活動における役割という観点から整理すると，トリプルメディアという分類が参考になる。トリプルメディアとはその名の通り3種類のメディアのことであり，それぞれペイド・メディア（Paid Media），オウンド・メディア（Owned Media），アーンド・メディア（Earned）と呼ばれる（Leberecht 2009, 横山2010）。

①　ペイド・メディア

　多くの企業にとって，自社の努力だけで全ての見込み客とのコミュニケーションを行うことは困難である。そこでまず，企業は広告掲載料などの何らかの料金を支払って，見込み客への情報提供を行う場を確保することに努める。このように，何らかの料金を支払って見込み客との接点を確保するためのメディアをペイド・メディアと呼ぶ。具体的には，テレビ広告やポータルサイトのバナー広告などがこれに当たる。通常，企業は広告を出稿する際に広告掲載料を支払うが，この料金は，自社の努力だけではリーチできない見込み客との接点を確保するためのコストとして解釈することができる。したがって，広告掲載料等が支払われるメディアには，見込み客との接点を確保できるだけの魅力的なサービスやコンテンツを有していることが求められる。例えば，視聴率の高いテレビ番組に提供されるテレビ広告や，閲覧者数の多いポータルサイト上のバナー広告は高額な広告掲載料を支払う必要があるが，より多くの見込み客との接点を確保できるという点で魅力的なペイド・メディアである。また，ECサイトへの出店自体も，チャネル戦略としての側面を持つ一方で，出店手数料を支払うことで，サイトに自社の商品が掲載され，商品の存在をサイト閲覧者に知らしめるという点で，ペイド・メディアとしての役割を果たすと解釈することができる。

② **オウンド・メディア**

　オウンド・メディアとは，その名の通り，自社が「所有」し，顧客への情報提供を行なうメディアである。オウンド・メディアは，自社が所有するメディアであるために，接点を持つ顧客に対して，相対的に自由度の高い情報提供が可能である。上述のペイド・メディアでは料金に応じて視聴者や閲覧者に提供できる情報の範囲，頻度，時間，量に制限があるのに対して，オウンド・メディアでは，相対的に低い追加的コストで詳細な情報を提供したり，顧客との双方向のコミュニケーションを行なったりすることができる。

　具体的には，自社が管理するウェブサイト，ブログ，モバイルサイト，モバイルアプリ，ソーシャルメディアの自社アカウントなどのオンライン上のメディアはもとより，伝統的には商品パッケージ，カタログ，広報誌，店頭POP，直営店舗，系列店舗，アンテナショップ，自社社員，自社販売員，自社企画のイベント，工場見学，社員の名刺，会社名の入った封筒や紙袋などのオフラインのメディアも含むと考えることができる。

　オウンド・メディアは企業が直接顧客に対して自由度の高いコミュニケーションができるという利点をもつ一方で，顧客との接点確保に関わる努力と費用は自社で負わなければならない。顧客からの能動的なアクセスが期待できるだけの好意的な評価を受けている企業やブランドであったり，魅力的なコンテンツを提供できたりするのであれば，オウンド・メディアの利用可能性は高くなるが，自社の努力だけでは顧客との接点の確保が困難である場合には，まずはマス広告を通じて自社サイトへのアクセスを促すなど，ペイド・メディアを活用して自社のオウンド・メディアに誘導する必要がある。

③ **アーンド・メディア**

　アーンド・メディアとは，その名の通り，信頼や評判を「獲得する」メディアである。具体的には，口頭，ソーシャルメディア，ブログなどを通じた消費者間の口コミ，テレビ番組や雑誌記事としてのマスコミ報道，専門家や第三者機関による製品・サービス評価などが含まれる。このアーンド・メディアを通

じて自社にとって有利な世評が発生した場合には，非常に効果的なコミュニケーションが可能となる。情報の送り手が販売主体ではないことから，世評を見聞きした人は客観的で信頼できる情報として判断するであろうし，自社にとってはほぼコストをかけずに見込み客に対して自社（商品）に関する情報を提供することが可能になる。ただし，自社に関する情報がアーンド・メディアを通じて流れるかどうかは，情報の送り手たる消費者や報道機関の判断に委ねられるため，原則として，企業によるコントロールは困難である。しかし，ペイド・メディアやオウンド・メディアを巧みに活用することで，アーンド・メディアによる世評を生起させることは可能である。具体的には，ニュース・リリースなどのオウンド・メディアを活用して報道機関へのパブリシティによって番組や記事での露出を促したり，自社サイトや自社アカウントによるソーシャルメディアなどのオウンドメディアでつながっているインフルエンサーへ

図表9-4　トリプルメディア

種　類		例	特　徴
ペイド・メディア	オフライン	マス広告，屋外広告	広く認知を獲得し，オウンド・メディアやアーンド・メディアに見込み客を誘導する。
	オンライン	ポータルサイトのバナー広告，検索連動型広告	
オウンド・メディア	オフライン	商品パッケージ，カタログ，広報誌，直営店舗，アンテナショップ，自社企画のイベント，自社販売員，自社社員，工場見学	深いコミュニケーションにより見込み客を顧客に転換したりロイヤリティーを強化する。
	オンライン	自社サイト，ソーシャルメディアの自社アカウント，モバイルアプリ	
アーンド・メディア	オフライン	マスコミ報道，クチコミ，販売員の自主的な推奨	ペイド・メディアやオウンド・メディアが有効に機能したときに世評が発生する。
	オンライン	ニュースサイトの記事，掲示板への投稿，消費者のブログ，専門家（の評価）	

出所：横山（2010）pp.26-27 を加筆修正。

の情報提供や，話題性のある広告を通じて口コミを促したりすることができるであろう。一方で，自社にとってコントロールが困難であるということは，当然のことながら，自社にとって肯定的な評判だけでなく，否定的な情報が拡散するリスクも合わせもつことに留意すべきである。

以上のトリプルメディアの特徴は，図表9-4のようにまとめることができる。

（3） トリプルメディアのコミュニケーション・モデル

トリプルメディアに関わるコミュニケーションは，図表9-1の一般的なコミュニケーション・モデルを拡張する形で，図表9-5のように整理できる。

図表9-1の一般的なコミュニケーション・モデルでは，主として送り手が企業，受け手が消費者の二者間のコミュニケーションが想定されていたが，恩蔵らによってR3コミュニケーション・モデルと名付けられた図表9-5のモデルでは，「企業・ブランド」から「一般消費者」へのコミュニケーション，「企業・ブランド」と「（企業・ブランドの）支援者」間の双方向のコミュニケーション，そして「支援者」から「一般消費者」へのコミュニケーションの三者間の関係の中でコミュニケーションが捉えられる。

まず「企業・ブランド」と「一般消費者」との間では，「企業・ブランド」に対する「一般消費者」の関心を高めるべくコミュニケーションが必要となり，

図表9-5　トリプルメディアのコミュニケーション・モデル

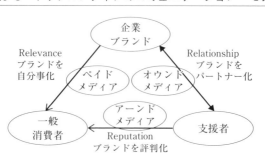

出所：恩蔵ほか（2011）p.52を加筆修正。

ペイド・メディア，すなわち既に「一般消費者」との接点を確保しているメディアに広告料等の費用を支払うことによって，「企業・ブランド」から「一般消費者」への一方向で情報が提供されるメディアが効果的である。このコミュニケーションで目標となるのが，「一般消費者」にとっての「企業・ブランド」の関連付けまたは自分事化（Relevance）である。次に，「企業・ブランド」に対して何らかの好意的イメージ等を形成している「支援者」と「企業・ブランド」との間では，両者の関係性（Relationship）を構築・維持・深化していくためのコミュニケーションが必要となる。ここで大きな役割を果たすのが，オウンド・メディアである。例えば，自社アカウントのソーシャルメディアや直営店舗といったオウンド・メディアを通じて自社社員と支援者が双方向でコミュニケーションを図りながら関係性を深めることができる。最後に，「支援者」と「一般消費者」との間では，「企業・ブランド」に関して「支援者」が知り得た情報や評価が，口コミなどのアーンド・メディアを通じて一般消費者に評判（Reputation）として伝えられる。

§3　コミュニケーション・ミックス

　前節では各コミュニケーション手段の役割について説明してきたが，マーケティングにおけるコミュニケーション活動を戦略として行なうためには，特定の基本方針の下で各コミュニケーション手段を有機的に組み合わせていく必要がある。コミュニケーション手段の特徴を生かした最適な組み合わせはコミュニケーション・ミックスと呼ばれ，本節ではコミュニケーション・ミックスのパターンとその条件について，すなわち，いかなる受け手に対して，いかなる内容の情報を，いかなる手段を用いてコミュニケーションを実践していくのかについて説明していく。

（1） コミュニケーション・ミックスのプッシュ的要素とプル的要素

コミュニケーション・ミックスの要素は，大きくプッシュ的なものとプル的なものに分けることができ，プッシュ的要素とプル的要素のどちらに重点を置くのかによってコミュニケーション諸手段への資源配分は変わってくる。プッシュ的要素に重点を置くプッシュ的コミュニケーションは，自社の営業や流通業者向けの販売促進に資源を投入することによって，流通業者に対して，消費者に向けて自社製品の説明や推奨を行なうように促すコミュニケーションである（図表9-6）。したがって，プッシュ的コミュニケーションでは，人的販売，アローワンス，販売助成などの，流通業者による自社製品に対する優先的販売努力を引き出すためのコミュニケーション手段が用いられる。

一方，プル的要素に重点を置くプル的コミュニケーションは，消費者に自社製品に対する強いブランド選好をもたせ，消費者に小売店での指名買いを促すことによって，流通業者からのその製品の注文を引き出すコミュニケーション

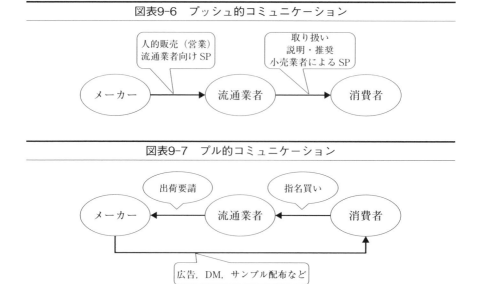

第9章　コミュニケーション戦略　203

図表9-8　プル的要素とプッシュ的要素の重点の置き方

高い ◄──── 売り場での指名買いが期待できる度合い ────► 低い

プル的要素

プッシュ的要素

である（図表9-7）。プル的コミュニケーションでは，主に最終消費者に対して直接コミュニケーションを行なうところに大きな特徴がある。したがって，広告，パブリシティ，試供品配布，ダイレクトメールなど，消費者に対して直接コミュニケーションが可能な手段が用いられる。

　プッシュ的要素とプル的要素のどちらに重点を置くのかは，売り場での消費者による指名買いが，どの程度期待できるのかによって変わってくる。消費者は，自らが購買すべきブランドを来店前に既に決めている場合（指名買い）もあれば，店頭に陳列されているものの中で好きなブランドを購買する場合（やや弱い指名買い）もあるだろうし，また，店頭に来て初めて見たブランドを購買する場合（指名買いなし）もあるだろう。これらのうち，指名買いが期待できる場合には，広告やサンプル配布などの事前の情報提供によるプル的要素が強くなる。一方，指名買いの程度が低い場合には店頭での情報提供や取り扱い自体が消費者の購買意思決定に強い影響を与えるために，流通業者による取り扱いや優先的販売努力を引き出すためのプッシュ的要素が強くなる（図表9-8）。

（2）　コミュニケーション・ミックスのパターンを規定する消費者行動類型

　どの企業にとっても経営資源は有限であるため，当然ながらコミュニケーション活動に配分される経営資源にも限りがある。したがって，保有する経営資源の量と質に関わらず，コミュニケーション活動に配分される経営資源を効率的かつ効果的に活用することは重要な課題である。そのためには，コミュニケーション諸手段の組み合わせであるコミュニケーション・ミックスをいかなる条件の下でいかに用いるかの指針が必要となる。そこで，まずコミュニケー

ション・ミックスのパターンを規定する条件である受け手としての消費者の行動のタイプに注目する。

コミュニケーション・ミックスのタイプを規定する条件としての消費者行動の類型化に当たっては，「購買関与度」と「知識」という2つ概念を用いる。「購買関与度」とは，消費者が購買決定や選択に対して感じる心配や不安の程度である（池尾, 1999, p.110）。購買関与度がコミュニケーション・ミックスのタイプを規定すると考えられるのは，購買関与度が消費者の情報探索意欲や情報探索量を規定し，その結果，企業が店頭で消費者に働きかける度合いや企業が消費者に提供すべき情報量を規定すると考えられるからである。

消費者行動を類型化するもう1つの概念である知識とは，購買の対象となる製品やブランドに関して消費者が記憶の中に蓄積している情報のことである。製品やブランドについてより多くの知識を有している消費者は，要約度の低い情報を自分自身で処理できたり，多くの情報を保有した状態で来店することで指名買いを行ったりすると考えられる。要約度の低い情報とは，スペック情報のような，人による解釈を介さないナマの情報のことを指す。知識がコミュニケーション・ミックスのタイプを規定すると考えられるのは，知識の程度が，企業が消費者に提供すべき情報のタイプを規定するからである。もしある製品に対する消費者の知識が少ない場合には，店頭での販売員などの人的販売による説明・推奨が有効であるのに対して，知識が多い場合には，人的販売による重要性は必ずしも高くなく，文字情報による情報提供も可能となるであろう。

購買関与度と知識の程度によって，消費者の行動は図表9-9のように4つのセルに分類することができる。各セルに該当する消費者の行動を概説すると，まず左上の高購買関与・低知識に分類されるセル1の消費者は，購買に際しての努力を払う気はあるものの自分だけでは要約度の低い情報を処理できないという特性を持ち，購入経験のない革新的新製品の購買に直面し不安を感じているような状況である。例えば，初めてパソコンを購入する消費者や，自社の新規客がこのセルの消費者に該当するであろう。

次に右上の高購買関与・高知識に分類されるセル2の消費者は，購買努力を払う気があり，かつ要約度の低い情報の処理が可能な消費者であり，趣味の

第9章 コミュニケーション戦略　205

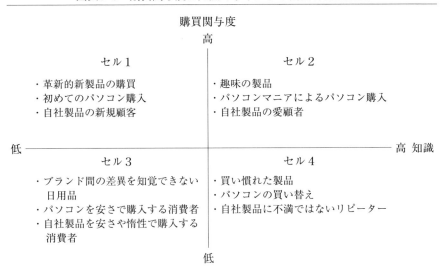

図表9-9　購買関与度と知識の水準による消費者行動類型

物を選ぶ時のように，自身にとって最適な製品の購買を志向する。例えば，パソコンマニアによるパソコンの購入や，自社製品の愛顧者がこのセルに該当するであろう。

　左下の低購買関与・低知識に分類されるセル3の消費者は，購買努力を払う気がなく，ブランド間の違いを見分けるだけの知識もないために，たまたま店頭で目に付いた日用品を安さにつられて選ぶような，極めて簡略的な購買を行う状況である。例えば，パソコンであれば，限定的な用途でのみ使用する消費者が価格で選ぶような状況である。また，自社製品の場合には，安さや惰性で購入しているような消費者もこのセルに該当するであろう。

　最後に，右下の低購買関与・高知識に分類されるセル4の消費者は，要約度の低い情報を処理できるだけの能力をもちつつも，購買に対する努力をあまり払う気のない消費者である。したがって，より少ない努力で，それなりに自身のニーズに適合する製品を選びたいと思うため，これまでの購買経験や使用経験を基に満足できる製品の購買を志向する。例えば，パソコンの買い替え時に，使い慣れているパソコンの後継機を大して比較検討をせずに購入する消費

者や，自社製品の場合には，特に不満がないという理由で買い続けているリピーターがこのセルに含まれるであろう。

（3）　消費者行動類型とコミュニケーション・ミックスのパターン

　購買関与度と知識の程度によって消費者を4つのタイプに類型化したところで，次に，各セルの消費者をターゲットとする場合のコミュニケーション・ミックスについて説明していく（図表9-10参照）。この枠組みの下では，たとえ同じ製品であっても，どのセルの消費者をターゲットとするのかによってコミュニケーション・ミックスのあり方，特にプッシュ的要素とプル的要素の重点の置き方が大きく異なることに留意する必要がある。

①　高購買関与・低知識消費者向けのコミュニケーション・ミックス

　革新的新製品の購買などが想定される高購買関与・低知識の消費者は，情報探索意欲が高い一方で知識が乏しいため，企業側には彼らの製品やブランドに関する学習や理解を支援するようなコミュニケーションが求められる。特に，要約度の低い情報を処理することが困難であるため，他者による要約情報の提供が重要である。具体的には，小売店頭での販売員による説明・推奨や，それを引き出すための流通業者へのプッシュ的コミュニケーションが有効である。また，自社サイト，ソーシャルメディア上の自社アカウントやメールなどの双方向型のオウンド・メディアも有効である。さらに，オンラインとオフラインを問わず口コミやパブリシティなどのアーンド・メディアを通じた要約情報の拡散を誘発できれば望ましい。

　このセルの消費者は，知識が乏しいことで購買前に抱くリスクも大きい。したがって，マス向けペイド・メディアの反復露出を通じた企業やブランドの知名度の向上を図ることによって，「有名ブランドだから大丈夫だろう」という安心感を提供することも重要である。

　さらに，このセルの消費者は，自身のニーズと製品の適合を十分に考慮できないまま購買することも少なくなく，購買後に認知的不協和に直面する可能性

がある。そのため，企業は消費者の認知的不協和を低減すべく，オウンド・メディアを通じてアフターフォローを行ない，次回の購買につなげることも重要である。

②　高購買関与・高知識消費者向けのコミュニケーション・ミックス

　趣味に関わる購買などが想定される高購買関与・高知識の消費者は，自らのニーズに合致した製品の購買を志向するため，企業には彼らの最適な購買を支援するようなコミュニケーションが求められる。また，このセルの消費者は，購買後も継続的に情報探索を行なったり，場合によっては他の消費者に向けて情報発信を行なったりすることが期待されるため，企業側には彼らとの関係性を構築するための継続的なコミュニケーションも重要である。いずれにしても積極的な情報探索が期待できるため，彼らからのアクセスに備えたあらゆるコミュニケーション手段を配置し，プル的コミュニケーションを行なっていく必要がある。具体的には，自社サイト，カタログ・パンフレット，現物，イベント，専門知識の豊富な自社販売員，ソーシャルメディアの自社アカウントなどのオウンド・メディアを通じた詳細な情報の提供と継続的コミュニケーションが有効である。また，これらのオウンド・メディアに消費者を引き込むために，専門誌の雑誌広告などのペイド・メディアの活用も重要である。

③　低購買関与・低知識消費者向けのコミュニケーション・ミックス

　低購買関与・低知識の消費者は，その情報探索意欲の低さと知識の乏しさから，ほぼ店頭での情報に基づき，店頭にあるブランドの中から選択する傾向にある。したがって，まずは彼らの目に触れるべく，店頭での露出を最大化するためのプッシュ的コミュニケーションが有効となる。具体的には，流通チャネル戦略との兼ね合いになるが，ECサイトなどを含めて，より多くの店舗での配荷，欠品防止，有利な陳列を実現することが重要であり，そのための流通業者向けの人的販売やSPが必要となる。流通業者による自社製品の取り扱いを拡充する際には，テレビ広告などのマス向けのペイド・メディアが対流通の営業交渉を支援する役割も果たす。

購買関与度が低いことは，相対的に価格の安さに関わる情報の処理に重点が置かれることを意味するため，低価格設定や値引きなど，店頭での低価格対応も重要である。店頭での低価格対応を実践する場合にも，金銭的インセンティブなどの流通業者向けのSPによるプッシュ的コミュニケーションが必要となる。

また，このセルの消費者は，自身のニーズと合致した製品を選ぶことよりも，簡略に選ぶことに重点を置くため，低価格対応も含めて，彼らにわかりやすい選択基準を提供することも重要である。具体的には，マス向けペイド・メディアを通じたブランドの知名度向上やイメージ向上といったプル的コミュニケーションによって，「よく見るブランドを選ぶ」「イメージの良いブランドを選ぶ」といった意思決定を促すことができる。

④　低購買関与・高知識消費者向けのコミュニケーション・ミックス

パソコンの買い替えなど，買い慣れた製品の購買が想定されるような低購買関与・高知識の消費者は，購買関与度が低いために，セル3の低購買関与・低知識の消費者と同様，店頭での露出を最大化したり，低価格対応を実現したりするためのプッシュ的コミュニケーションが重要である。

一方，セル3の消費者とは異なり，彼らは過去の購買・使用経験に基づく知識を記憶に保持しているため，店頭にあるものの中からでも，知識に基づきそれなりに自身のニーズと合致した製品を選ぼうとする。ただ，低関与であることから多くの労力を払って選択する気はないため，企業には彼らの探索を支援するようなコミュニケーションが求められる。具体的には，店頭では，ただ製品を陳列するのではなく，彼らにとって購買候補となりうるようなブランドのリストを，自社製品を含めた形で提案することと，そのための流通業者向けプッシュ的コミュニケーションが必要である。また，彼らが1つ1つのブランドを丹念に吟味しなくて済むように，広告，ブランド名，パッケージにおいて，ブランドの優れた点を端的に表すための，特徴づけによるプル的コミュニケーションも有効であろう。

そして，このセルの消費者は知識を保持してはいるものの，低関与であるこ

第 9 章　コミュニケーション戦略　209

図表9-10　消費者行動類型とコミュニケーション・ミックス

ターゲットとする消費者のタイプ	コミュニケーション目標	提供すべき情報の特性とコミュニケーション・ミックス	
高関与・低知識（セル1）	学習の支援	• 流通業者向け人的販売・SP による，店頭での販売員よる説明・推奨の促進	プッシュ
		• 双方向型のオウンド・メディアを通じた要約情報の提供 • 口コミ（他の消費者からの要約情報）やパブリシティの誘発	プル
	購買前リスクの低減	• マス向けペイド・メディアの反復露出を通じた企業やブランドの知名度向上	
	認知的不協和の低減	• オウンド・メディアを通じたアフターフォロー	
高関与・高知識（セル2）	最適購買の支援と企業との関係性の構築	• 自社サイト，カタログ・パンフレット，現物，イベント，自社販売員，ソーシャルメディアの自社アカウントなどのオウンド・メディアを通じた詳細な情報の提供と継続的コミュニケーション	プル
低関与・低知識（セル3）	店頭露出	• 流通業者向け人的販売・SP による，店頭での配荷や有利な陣列の実現 • マス向けペイド・メディアによる，対流通営業の支援	プッシュ
	低価格対応	• 流通業者向け SP による，店頭での低価格対応	
	簡略的意思決定の支援	• マス向けペイド・メディアによるブランドの知名度・イメージ向上	プル
低関与・高知識（セル4）	店頭露出	• 流通業者向け人的販売・SP による，店頭での配荷や有利な陣列の実現 • マス向けペイド・メディアによる，対流通営業の支援	プッシュ
	探索の支援	• 店頭での購買候補リストの提案	
		• ペイド・メディア，ブランド名，パッケージにおけるブランドの特徴づけ	プル
	自社に有利な知識の再生	• サンプルや現物による試用促進 • 店頭 POP 等によるブランドの再認	

9

とから，必ずしも積極的にその知識を活用するとは限らない。そこで企業には，彼らが保持する知識の中で，自社にとって有利な知識を記憶から再生してもらうことで，自社製品の購買を促進することが可能となる。具体的には，サンプルや現物による試用促進，店頭 POP 等によるブランドの再認など，オウンド・

メディアを通じたプル的コミュニケーションが有効である。

【参考文献】

青木幸弘・新倉貴士・佐々木壮太郎・松下光司（2012）『消費者行動論』有斐閣.

仁科貞文・田中洋・丸岡吉人（2007）『広告心理』電通.

降旗淳平（2008）「こだわりを貫き通した商品開発物語」『日経ビジネス Associe』8 月 5 日.

本田哲也（2009）『戦略 PR』アスキー新書.

池尾恭一（1999）『日本型マーケティングの革新』有斐閣.

Kotler, P. and K. L. Keller（2006）*Marketing Management*, 12 ed., Prentice-Hall., 恩藏
　直人監修 , 月谷真紀訳（2008）『コトラー＆ケラーのマーケティング・マネジメント（第
　12 版）』ピアソン・エデュケーション.

恩藏直人・ADK R3 プロジェクト（2011）『R3 コミュニケーション』宣伝会議.

和田充夫・恩藏直人・三浦俊彦（2016）『マーケティング戦略（第 5 版）』有斐閣.

渡辺隆之・守口剛（1998）『セールス・プロモーションの実際』日経文庫.

横山隆治（2010）『トリプルメディアマーケティング』インプレスジャパン.

〈参考 URL〉

Leberecht, Tim（2009）"Multimedia 2.0: From paid media to earned media to owned
　media and back",《https://www.cnet.com/news/multimedia-2-0-from-paid-
　media-to-earned-media-to-owned-media-and-back/》（2019 年 1 月 31 日アクセス）

第10章　チャネル戦略

　製造業者が製品を消費者に届けるルートは多様である。製造業者は，消費者に直接販売（直接流通）することも，小売業者や卸売業者を用いて消費者に間接販売（間接流通）することもできる。直接流通の場合，製造業者は製品流通を完全にコントロールできるが，間接流通の場合，流通業者という他社をコントロールしながらマーケティングを実現するという課題が浮上することになる。この章では，チャネル戦略の環境となる日本の流通構造を概観した上で，製造業者の視点からチャネル戦略の基本を紹介する。

写真提供：江崎グリコ株式会社

§1	はじめに		§4	チャネル管理
§2	日本の流通機構		§5	チャネルの変化
§3	チャネル設計			

　かつて，アイスクリームのマーケティングの世界には「100円の壁」があった。アイスクリームは小売店での廉売が激しいため，ハーゲンダッツをはじめとするごく一部のプレミアム・ブランドを除いては，100円以下の低価格帯で販売されていた。したがって，製造業者が新しく付加価値のあるアイスクリームを作りだしても，プレミアム・ブランドの傘を使わなければ，小売店で100円以上では販売できず，投資の回収が困難であった。

　2003年に江崎グリコ（以下，グリコ）が開発したカロリー・コントロール・アイスは，非常に付加価値の高い新製品であった。カロリーの高いアイスクリームはダイエットの大敵の1つであるが，ダイエット中に無性に食べたくなる恨めしい食品でもある。グリコはダイエット中でも食べられるように，カロリーを抑えつつ，アイスクリームの味を維持した新しい製品の開発に取り組んだ。普通のアイスクリームが250キロカロリー程度であるのに対して，この製品は80キロカロリーという劇的なカロリーオフに成功した。しかも，糖分を使わずに豆腐を用いるというアイデアにより，甘さとなめらかな口当たりも実現した。当時はメタボなる言葉が急速に普及してダイエットへの関心が高まっていたことから，低カロリーなのにアイスクリームの味わいを維持したこの製品への需要は十分と思われた。

　しかし，グリコにとっての問題は100円の壁であった。この新製品をこれまでのグリコの製品と同じチャネルに流してしまうと，バイイング・パワーに勝る小売業者は他の製品と同様に100円以下で売ってしまう可能性が高いものと考えられた。したがって，グリコがこの製品のマーケティングを展開するにあたっては，流通チャネル戦略が極めて重要であった。

　グリコがとったチャネル戦略は，まずはこの製品を真に欲している人々にターゲットを限定し，なおかつこの人達が容易に入手できる販路に限定することであった。そこで，病院の入院患者をターゲットに選び，食事制限がある入院患者であっても安心して食べることができるこの製品を，病院の売店で販売

した。まずは切実なニーズを持った消費者にこの製品の真の品質を理解してもらおうとしたわけである。この製品は，病院を退院すると買うことができなかったため，普通の小売店でも売って欲しいという要望が徐々に高まっていった。真の品質を知った消費者の支持は，グリコの流通業者に対する交渉力を高めることになった。グリコは徐々にチャネルを広げて病院以外の小売業態にも販売を開始し，現在はコンビニや総合スーパーにも配荷している。小売店での実勢価格は 158 円程度であり，見事に 100 円の壁を乗り越えたのである。2017 年にはブランドをリニューアルし，SUNAO というブランドとして，ターゲット・セグメントの拡張を図っている。当初はあえてチャネルを絞ることによって顧客基盤を作り，高価格で販売するための基礎を固めてから，チャネルを開いて販売量を開いていくというダイナミックなチャネル戦略であった。

§1 はじめに

（1） 流通とはなにか

　流通とは，生産と消費を結びつける社会的な仕組みである。我々消費者が日常的に用いている財のほとんど全ては，どこかの誰かによって生産されたものであろう。生産と消費の間には様々な懸隔が存在しており，流通は懸隔を除去するという社会的な役割を果たしている。

　懸隔とは満たされていないギャップという意味であり，主に①場所，②時間，③所有の3つが挙げられる。生産と消費は，離れた場所で，異なった時点で行なわれるため，両者を結びつける必要が生じる。さらに，生産と消費を担う主体は別人であるから，取引によって所有権を円滑に移行させる必要もある。所有権には在庫リスクが付随するため，所有懸隔の除去は，誰にどのような形で在庫リスクを担わせるかという問題となる。

（2） 流通機関

　流通を担う主体を流通機関と呼ぶ。特に，財の所有権を持ち，在庫のリスクを抱える流通機関として，製造業者，卸売業者，小売業者，そして消費者の4者がいる。製造業者は流通の始まりに位置しており，財（goods）を生産する。財とは，有形無形をとわず，消費者に何らかの効用（満足度）をもたらすものである。消費者は流通の末端に位置しており，財を最終的に消費する。消費とは，財を摩耗・破壊・消滅させることによって，効用を得る行為のことである。例えば，暑い日に冷えたジュースを飲めば美味しさを感じる一方で，そのジュースは消滅する。卸売業者と小売業者は，いずれも財を仕入れて形を変えずに再

第 10 章　チャネル戦略　215

販売する主体である。特に，再販売先が消費者であれば小売業者と定義され，消費者以外に販売する場合は卸売業者と定義される。

　財の所有権を持たない流通機関も多い。物流業者はその代表であろう。他にも，情報提供を行なう広告代理店や情報収集活動を行なう市場調査会社，あるいは決済を行う金融機関なども流通機関とみなされる。本章では，財の所有権をもつ4つの流通機関だけを考えていく。

（3）　流通機能

　製品が製造業者から消費者に届くまでに流通が果たす役割を流通機能と呼ぶ。そのうち，代表的なものが販売機能，金融機能，物流機能の3つである。

　まず第1の販売機能は，単なる営業マンによる商品説明や売りこみだけではない。①探索，②交渉，③執行という取引の3つのプロセス全般に関わる活動である。まず①探索とは，取引相手を探して，製品の品質を伝えることを指す。探索というと，モノを買う側の立場の人が行なう情報収集活動という意味に思われるが，モノを売る立場の人の目線に逆転させれば，情報提供活動そのものである。次に②交渉とは，価格や納期などの取引条件の合意を作ることである。消費者がコンビニでジュースを買う場合は，モノとお金が同時に交換される（これを現物取引という）が，企業間取引の場合は，お金のやり取りは後日行われることが多いし，いつどのような形で配送するかも重要な要素になる。こうした取引条件について合意するにはそれなりの交渉が必要となる。③執行とは，合意した約束を確実に守らせることである。口約束は簡単に破られる。過去には，放送する約束だったCMを流さないことで大問題になったTV局もある。チャネルの文脈の例だと，製造業者が依頼した店頭の販売促進を流通業者が行わないことなどがある。そうならないように，製造業者の営業マンがわざわざ店頭に出向いて管理することが執行にあたる。

　第2の金融機能は，銀行をはじめとする金融機関だけが担うものではない。企業間取引でも企業間信用という金融機能が提供されている。支払いを猶予する掛取引は，支払いまでの間，相手に資金を貸し出すのと同じことだからである。製造業者としては早く資金回収したいので，卸売業者がいるとその点で大

変に助かるのである。その結果，卸売業者は現金取引ではなく信用取引が多いので，資金繰りに行き詰って倒産しやすいが，現金商売の小売業者は倒産しにくい。また，支払いの口座管理には相当のノウハウが必要である。よく売れる消費財の場合だと，製造業者は30万店以上の小売店舗に製品を配荷することになる。実際にはチェーン店が多いので取引相手の単位である企業としてカウントすればもっと少ないけれど，それでも莫大な数であろう。これだけの相手に対して資金の出し入れを管理するのは相当に困難である。しかも，倒産するかもしれない危ない相手を見極めるにも人手が必要であり，手間がかかる。卸売業者を介在させることによって，こうした金融の口座管理・与信管理が集約され，製造業者にとっては大きなメリットが生じるのである。

　第3が物流機能である。物流機能には，配送だけではなく，製品の保管や仕分け，さらには発注のタイミングなどの仕組みづくりも含まれる。現在は商物分離と言って，人間がきめ細かく行なう必要のある販売機能と，機械化が比較的容易な物流機能を別々の流れにする動きがある。製造業者の営業マンがモノを届ける必要はなく，物流業者や卸売業者に任せればよいのである。

(4)　チャネル

　チャネルとは，製造業者が製品を消費者まで届けるルートのことであり，様々な構造をとる（図表10-1）。典型的なチャネルでは，製造業者が生産した財は，卸売業者と小売業者を経由して，消費者に届く。チャネルに属する企業であれば誰でもチャネル戦略を持つことになるけれども，本章では単純化のために，製造業者の立場から，生産した財を消費者まで届けるチャネルだけを考える。小売業者や卸売業者の立場になって考える場合には，立場を製造業者からそれらへと入れ替えて考えてみればよい。なお，チャネルに消費者を含めて考えると視野が開けてくる。企業と消費者は流通機能を分担しあっており，消費者に低価格で売る代わりに流通サービスの実行を担わせるというビジネス・モデルも数多いからである。

　流通の社会的役割には，生産と消費の懸隔の除去以外に，社会的品揃えも挙

図表10-1　チャネル構造のバリエーション

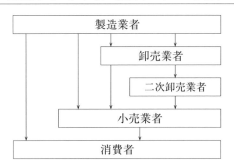

げられる。1つの製品カテゴリーには複数の製造業者が存在し，多くのブランドや製品を生産している。流通業者の役割は，多種多様な製品の中から，消費者のニーズに合致するような財だけを取り揃えることによって，社会的に望ましい，すなわち消費者に望まれる品揃えを完成させることにある。こうした社会的品揃えを実現するためには，流通業者が特定の製造業者の影響を受けずに，自律的に行動することが必要である。流通業者が特定の製造業者の製品だけを優遇していては，流通業者が消費者のニーズだけを考えて品揃えを作ることはできない。しかし，製造業者は自らの製品をライバル企業の製品よりも特別扱いして販売してほしいと考える。そこで，流通業者の自律的な行動に伴う社会的品揃えは，製造業者の意図とは対立することになる。ここに，製造業者がチャネル戦略に乗り出す必然性が出てくるのである。

　製造業者が消費者に直販するケースもあるが，その場合のチャネル戦略は比較的単純である。製造業者がチャネルに関わる全ての機能を自らが設計・実施すればよいからである。しかし，流通業者を用いる場合には，流通業者という他人をマネジメントするという難しい課題が浮上する。したがって，チャネル戦略は第1にチャネル設計，第2にチャネル管理という流れとなる。

§2 日本の流通機構

　製造業者のチャネル戦略は，製造業者から消費者までの間に存在する流通機構の性質によって大きく変化する。小売業者や卸売業者が小さければ製造業者は相対的に有利であるが，大きくなると不利になっていく。この節では日本の流通機構を概観しよう。

（1）小売構造

　『商業統計』によると，日本の小売事業所数は，1982 年に 172 万 1,465 事業所とピークであったが，それ以降は減少が続き，2014 年には 102 万 4,881事業所となった（図表 10-2）。32 年の間に，実に 4 割もの小売店が消えたことになる。なお，事業所とは事業活動が行われる場所を意味しており，企業とは別の概念である。例えば，イトーヨーカドーは日本に 168 店舗（事業所）あるが，企業としては 1 社によって運営されている。一方，売り場面積は，2007 年から 2012 年にかけて減少したが，全体的には増加傾向にある。ここから，小売店舗の大型化が進んでいることがうかがえる。

（2）卸売構造

　日本の卸売業者をマクロで見た時の特徴は，取引の多段階性と，業種ごとの縦割りの構造が挙げられる。取引の多段階性とは，製造業者から消費者に財が届くまでの間に，多くの流通業者を経由することを意味している。多段階性の指標として，W/R 比率がある。W/R 比率は，分母を小売業販売額，分子を卸売業販売額から産業用と輸出を除いたものとした比率であり，これが高いほど多段階的な流通であることを示している。日本の W/R 比率は徐々に低下し

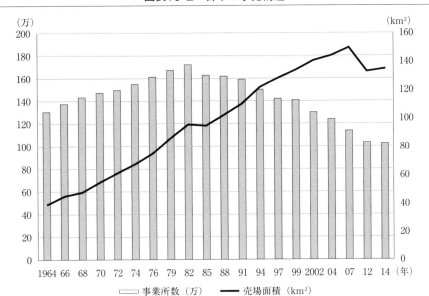

図表10-2 日本の小売構造

ているが、それでも2014年時点で1.85となっており、流通全体でみれば卸売業者が2段階近く介在していることを示している（図表10-3）。

$$W/R 比率 = \frac{卸売業販売額 - 産業用使用者・輸出向け販売額}{小売業販売額}$$

　一方、縦割りの卸売構造は小売構造とは対照的である。小売業は、百貨店やスーパーマーケットのように、複数の業種にまたがって品揃えを行なう総合型の小売業者が多い。一方、日本の卸売業者では、総合商社を例外とすれば、複数業種にまたがる卸売業者は存在しない。例えば加工食品と日用雑貨の卸売業者は全く別なのである。その理由として、昭和時代に製造業者が卸売業者を囲い込むために作り上げた特約店制度や、業種ごとの財の取扱技術や、業界ごとの商慣行の違いが挙げられる（矢作, 1996）。

図表10-3　W/R比率の推移

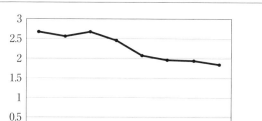

（3） 小売業態の進化

　小売業態とは，小売業者が提供する小売サービスの組み合わせによる小売業者の分類方法である。代表的な小売業態として，百貨店やスーパーマーケット，コンビニエンス・ストアやディスカウントストアなどが挙げられる。

　小売業者にとっての小売業態は，製造業者にとっての製品のようなものである。古い製品が新製品に取って代わられてきたように，小売業態にも盛衰がある。小売業態の盛衰を説明する代表的な理論として，小売の輪がある。この理論によると，新旧の小売業態は小売サービスと価格帯という2つの軸で評価される。そして，新しい小売業態は必ず，それまでにない安売りの業態として参入する。参入が成功すると，新業態は徐々に小売サービスと価格帯を上昇させる格上げを行なう。すると，空白となった低小売サービスと低価格のポジションへと，また別の小売業態が参入し，同じサイクルが繰り返されていく。小売サービスで劣っていても，低価格を誇る小売業態が既存小売業態を凌駕していく様が，米国でも日本でも観察されている。

　日本の小売業者の売上高ランキングの時系列的な変化を見てみよう（図表10-4）。60年には10位以内のすべてが百貨店であったが，80年から00年になると総合スーパーに覇権が移った。近年になると，家電量販店やSPA（製造小売アパレル），さらにはEC（電子商取引）企業などの興隆が目立つ。

第10章 チャネル戦略　221

図表10-4　日本の小売業者の年間売上高ランキング

年度	1位	2位	3位	4位	5位	6位	7位	8位	9位	10位
1960	三越	大丸	高島屋	松坂屋	東横	伊勢丹	阪急	西武	そごう	松屋
1970	三越	大丸	高島屋	ダイエー	西友	松坂屋	西武	ジャスコ	ユニー	伊勢丹
1980	ダイエー	イトーヨーカ堂	西友	ジャスコ	三越	ニチイ	大丸	高島屋	西武	ユニー
1990	ダイエー	イトーヨーカ堂	西友	ジャスコ	西武	三越	高島屋	ニチイ	大丸	丸井
2000	イトーヨーカ堂	ダイエー	ジャスコ	マイカル	高島屋	ユニー	西友	三越	大丸	伊勢丹
2010	セブン&アイHD	イオン	ヤマダ電機	三越伊勢丹HD	ユニー	J.フロントリテイリング	ダイエー	エディオン	高島屋	ファーストリテイリング
2018	イオン	セブン&アイHD	ファーストリテイリング	ヤマダ電機	アマゾンジャパン	ユニー・ファミマHD	三越伊勢丹HD	高島屋	エイチ・ツー・オーリテイリング	ドン・キホーテHD

(4)　EC とプラットフォーム

　仲介を担う業者のうち，異なった顧客グループを結びつけることによって手数料や広告料などの収入を得る企業をプラットフォームと呼ぶ（Hagiu, 2007）。近年，GAFAと呼ばれるグーグル，アマゾン，フェイスブック，アップルはいずれもプラットフォームの特徴を持っている。プラットフォームとはもともと，異なった要素や人を結びつける土台を意味している。プラットフォームでは，2タイプ以上の異なるグループの顧客があり，彼らがお互いを必要としあっている。彼らがプラットフォームを共有することで，価値が創出される（図表10-5）。

　プラットフォームの価値は，参加する顧客の数が増えるほど高まるという意味で，2タイプのネットワーク効果を持つ。直接ネットワーク効果とは，同じグループの顧客が増えるとネットワークの価値が高まることを意味する。例えば，一人でLINEを使っていても何の意味もない。周りの多くの人々がLINEを使うことでLINEに価値が生まれるのである。一方，間接ネットワーク効果とは，プラットフォームを介して接する別の顧客グループの人数が増えることでネットワークの価値が高まることを指す。例えば，ショッピングモールをプラットフォームと考えると，買い物客とテナントが顧客グループとなる。買い物客にとってはテナントが多いほど，テナントにとっては買い物客が多いほど，ショッピングモールの価値は高くなる。

図表10-5　プラットフォーム

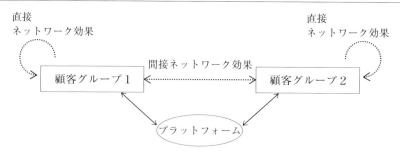

出所：Hagiu (2007)。筆者により一部修正。

　図表10-6は，電子商取引（EC）のうち，Amazon ジャパンと楽天，そしてZOZOの売上高の推移である。品揃えがアパレル中心のZOZOの売上は相対的に低いけれども，いずれの企業も高い成長を続けていることが分かる。プラットフォームは巨大化する傾向があるため，製造業者にとっては脅威である。

図表10-6　EC企業の売上高の推移

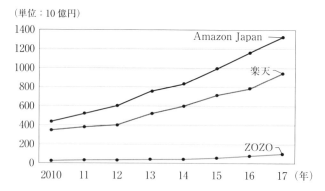

出所：Amazon Japan の売上は，Amazon.com のアニュアルレポートより作成。
　　　楽天とZOZOの売上高は，有価証券報告書より作成。

§3 チャネル設計

　チャネル設計とは，製造業者が消費者まで製品を届けるルートを決定することである。チャネル設計の第一歩は，ターゲット顧客の購買行動にフィットする小売業態を選択することから始まる。小売業態を選ぶとは，消費者にどのような販売サービスを付加して製品を販売するかを決定することにほかならない。その後，製造業者から小売業者までのルートが設計されることになる。

　しかし，これはあくまで便宜的な順序に過ぎない。チャネルは作り上げるのに時間がかかるため，頻繁にチャネルを変更することは難しい。その場合は，すでに持っている卸売業者のルートを用いて，小売業態だけを変化させればよい。

（1）　ターゲット顧客の行動分析：小売業態の選定

　小売業態の選定にあたっては，ターゲット顧客の買物パターンを考えて，それにマッチした小売業態を選べばよい。製品を販売する場合に選択肢となる小売業態は多種多様であろうが，単純に考えれば図表 10-7 のように小売サービスと価格水準を軸としたポジショニング・マップの中で，右上がりに散らばる。ここで小売サービスとは，小売業者が製品に付加するサービスであり，立地や営業時間の利便性，買いやすいサイズへの小口化，製品説明，楽しい買物空間など，様々な属性が考えられる。具体的にどの属性で考えるかは置かれた状況によって選択してほしい。

　このマップでは，接客サービスは丁寧だが価格も高額な百貨店は右上で，そこそこ安いが小売サービスもそこそこな総合スーパーは中心であろう。また，非常に安いが大ロットでしか買えずしかもクルマでしか行けないようなホールセールクラブや，家具の配送・組立などの手間のかかる機能を消費者に分担さ

図表10-7 小売業態のポジショニング・マップ

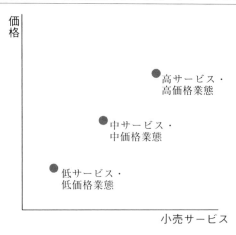

せることで低価格を実現しているIKEAなどが左下に該当する。なお，意外なことにコンビニエンス・ストアは実は右上のあたりに位置する。コンビニエンス・ストアは店舗密度を高めて消費者の店舗までの距離を短くし，欠品のない最寄品中心の品揃えで24時間営業することで即時性ニーズを満たしている。高い小売サービスを付与する結果として，同じ製品であればコンビニエンス・ストアの販売価格は総合スーパーなどよりも高くなっているのである。

(2) チャネル構造：広狭基準・開閉基準・長短基準

チャネル構造を把握する基準として，チャネルの広狭，開閉，長短という相互に関連する3つの基準がある。

第1に，チャネルの広狭基準とは，製品を配荷する小売店舗の数を示しており，配荷店数が多いことを広いという。チャネルの広さは，消費者の購買行動によって決まってくる。製品は，消費者の購買行動によって，①最寄品，②買回品，③専門品に分けられる。①最寄品とは，消費者が買物のために費用をかけたくないと考えるタイプの財であり，したがって，最寄品は消費者の最寄の店舗で販売されることになる。各地に分散している消費者に近い店舗に置く

ために，最寄品を置く小売店の数は増加する。したがって，チャネルは広くなる。②買回品とは，消費者が複数の店舗を探索して，望みの製品を選択しようとするタイプの財である。消費者は購買関与が高く，買回りの費用をかけても構わないと思っているから，小売店の数は少なくてもよく，チャネルは狭くなる。③専門品とは，消費者が店舗出向に先立って既に買いたいブランドを決めてしまっているタイプの財である。専門品のチャネルはさらに狭くなる。

　第2の基準である開閉基準は，チャネルに参加する流通業者が，特定の製造業者の製品をどの程度専売的に扱っているのかを示す基準である。流通業者が多種多様な製造業者の製品を扱っているほど開かれており，逆に特定の1社の製品しか扱っていないならば閉じられているという。最寄品の場合，消費者が製品をどこでも手に入れられるようにするために，できるだけ多くの流通業者に製品を流す。このことを「チャネルを開く」とか開放的流通と呼ぶ。開放的流通の場合，消費者の入手可能性を高めるというメリットがあるものの，製造業者にとっては流通業者がどのように自社ブランドを売っているかを把握したり，彼らをコントロールすることが難しくなる。製造業者が自社ブランドを流通の末端までマーケティングをコントロールして売っていくには，チャネルを開きすぎることには問題がある。一方，買回品や専門品の場合，製造業者は流通業者を絞り込む。このことを「チャネルを閉じる」と呼ぶ。買回品の場合は，消費者が製品を比較できるように，流通業者による競合ブランドの取り扱いを制限しないが，適切な流通サービスを提供できるように，流通業者を選択することになる。このことを選択的流通と呼ぶ。専門品の場合，流通業者に自社製品の知識をもたせて販売に専念させる必要があるため，流通業者が競合ブランドを取り扱うことを制限する必要がある。したがって，チャネルは最大限閉じられ，専売店が選ばれる。このことを排他的流通と呼ぶ。

　第3の基準である長短基準とは，小売店に達するまでに介在する卸売業者の段階数を指す。チャネルの広さや開放度が決まると，それに対応して長さも決まってくる。例外はあるものの，大雑把にいえばチャネルは広くなると長くなる。製造業者にとっては，取引相手が増えてくると，販売や金融のやり取りが激増するため，営業マンを増やさなければ対応できないし，さもなければ目

が行き届かなくなってしまう。それよりも，数多くの小売業者に配荷するのであれば，卸売業者を介在させた方が取引の数が減り，製造業者にとっては資金節約になるのである。同様の理屈は卸売業者が多くの小売業者と取引する場合にも当てはまる。例えば，国分のように大規模な食品卸にとっては，非常に零細な個人商店と取引するのは効率的ではないため，さらに別の卸売業者を中間に介在させることが多いのである。

　チャネルは広くなると長くなるのが基本であるが，実際には広くて短いチャネルも多い。この場合は，本来ならば広くて長いチャネルを，製造業者が何らかの垂直統合を行なうことで短くしているものと考えられる。例えば，花王は数十万店の小売店舗に配荷しているが，花王カスタマー・マーケティングというグループ会社の販社を経由して小売業者に配荷している。この場合，法人としては別会社であるが，グループ企業を経由しているから，後に述べる企業型VMSに該当し，広いが短いチャネルとみなされる。この販社の前身は花王販売という会社であり，その前身は日本各地の有力な独立系卸であった。花王はもともと別会社だった地域の卸売業者に資本を注入し，グループ会社とすることで，広くて短いチャネルを実現したのである。

　本来は長くなるはずのチャネルが短くなるのは，製造業者が流通を丁寧に管理したいと考えており，しかもそれを可能にするだけの資金的余裕があるためである。丁寧に売ろうと思えば直接販売が最善であるが，チャネルを広くしなければ大勢の消費者に到達できない場合，チャネルを短くして流通業者の行動をコントロールしようとするのである（この点については§5（2）の関係特定的投資の項も参照のこと）。

　商業統計表流通経路別統計表を用いると，製造業者による卸売統合が業種によって異なることを把握できる。製造業者は，地域の営業所やメーカー販社の地域支店という形で卸売段階の統合を図っている。そうした統合卸の販売額シェアを以下のように設定しよう。

$$統合卸販売額シェア = \frac{その他の卸^*の販売額}{卸売業全体の販売額}$$

＊その他の卸とは，「販売先が同一企業内である卸」，「仕入先が同一企業内である卸」，「自店内製造品を販売する卸」の全てを指す。

　2014年の主な業種ごとの統合卸の販売額シェアは，図表10-8の通りである。このシェアが高いほど，製造業者が卸売段階へと介入していると解釈できる。

図表10-8　統合卸のシェア

産業名	%	産業名	%
たばこ	92 %	繊維品	23 %
家庭用電気機械器具	61 %	男子服	22 %
石油	49 %	果実	22 %
家具・建具	48 %	紙	21 %
医薬品	43 %	酒類	21 %
菓子・パン類	41 %	寝具類	21 %
飲料	40 %	スポーツ用品	20 %
化粧品	38 %	農畜産物・水産物	19 %
米麦	38 %	牛乳・乳製品	19 %
家具・建具・じゅう器等	38 %	野菜	19 %
医薬品・化粧品等	37 %	下着類	19 %
砂糖・味そ・しょう油	37 %	医療用品	15 %
自動車	36 %	衣服	14 %
室内装飾繊維品	34 %	靴・履物	14 %
自動車	33 %	婦人・子供服	10 %
茶類	33 %	ジュエリー製品	10 %
乾物	30 %	娯楽用品・がん具	10 %
食肉	30 %	生鮮魚介	9 %
食料・飲料	25 %	書籍・雑誌	2 %
かばん・袋物	23 %	畳	2 %

（3）　流通機能の代替性

　昔から流通の世界では，「流通機関は排除されても流通機能は排除されない」という格言がある。このことを流通機能の代替可能性という。流通機能は，チャネルを構成するメンバーの誰が担ってもよいし，分担しあってもよいということである。

　この考え方をする時に非常に重要な役割をするのが，流通機関としての消費

者である。消費者は買ったものを自宅に持ち帰ることで物流機能を果たすし，半製品を組み立てることで生産機能まで持つ。さらには，ネットの普及によって，それまで店舗で得ていた情報を自宅の PC や携帯で自ら獲得し，情報授受機能を持っている。消費者に一部の流通機能を担わせることによって，思い切ったビジネス・モデルのイノベーションが可能になる。組立家具の IKEA，ホールセールクラブのコストコ，さらにはコンビニエンス・ストアのセルフ方式のコーヒーなどは，小売サービスを控えめにして消費者に流通機能を負担させることで低価格を実現し，価格弾力性の高い消費者に支持されている。どの流通機関にどの流通機能を担わせるかという分業構造の決定は，チャネル設計の肝の１つである。

§4　チャネル管理

　製造業者が流通業者を仲介させる間接流通を選択した場合には，流通業者をどのようにコントロールするか，言い換えると彼らをどのように動機づけるかという問題が浮上する。製造業者がチャネルを設計してどのように流すかを決定しても，流通業者がその製品を販売してくれなければ絵に描いた餅である。流通業者も企業であるから，自分にとってメリットのあるものでなければ売ってくれない。

（1）　対立とパワー

　取引関係を結ぶ製造業者と流通業者の間には，対立関係が生じうる。その第１の原因は，売買関係がもたらす対立である。製造業者は高く売りたいし，流通業者は安く買いたいから，取引がもたらす利益の分配をめぐって対立が生じる。第２の原因は，市場リスクの分配である。見込み生産されて在庫された製品には，ちょうどよく売り切れる保証などない。売れ残るかもしれないし，

逆に売れすぎて欠品して機会損失を産むかもしれない。製造業者と流通業者は
こうした市場リスクの分担をめぐって対立する。第3の原因は，品揃えの齟
齬である。流通業者は複数の製造業者と取引するのが普通であり，その場合，
特定の製造業者の製品だけを有利に扱うことはない。流通業者は買い手に対し
て魅力的な品揃えを作り上げることで競争するのであり，特定の製造業者を優
遇していては，品揃えの魅力度を低めるからである。

　ただし，本当に問題になるのは対立の有無ではない。どれだけ対立しても戦
略目標が達成されればそれでよい。しかし，過度な対立は最悪の場合取引の停
止をもたらすであろうし，停止にいたらなくても無駄な交渉費用をもたらす。
対立を抑制するために，製造業者はパワーを用いる。パワーとは「ある主体A
が，別の主体Bの行動を変化させる能力」のことである。Aさんの行動に対
してBさんが注意しても全く言うことを聞いてくれないのに，Cさんが注意
すればAさんが言うことを聞いてくれる場合，CさんはAさんに対してパワー
を持つという。全く同じことがチャネルでも生じている。

　株取引のように証券取引所が需要と供給に基づいて全ての価格を決めてくれ
ればこうした問題は生じないが，チャネルでは基本的に一対一の相対取引であ
るため，対立が発生する。対立を社会的なメカニズムで解決しようというのが
パワーの考え方である。

(2) パワーの源泉：市場支配力・パワー基盤・取引依存度

　製造業者のパワーの源泉には3つのタイプがある。第1の源泉は，市場支
配力（market power）である。ある製品カテゴリーで製造業者が高いシェアを
持っている場合，この製造業者は価格設定を競合他社に比べて高めに設定する
ことができる。しかし，このタイプのパワーは，カテゴリー全体で生じるもの
なので，一対一の取引の文脈にそのまま持ち込めない。もし持ち込めるとすれ
ば，市場支配力の高い製造業者はどの流通業者に対しても同様のパワーを持つ
ことになる。しかし実際には，シェアが高く市場支配力の高いはずの製造業者
であっても，強大な小売業者に対してはパワーで劣ることがある。

第2の源泉は，パワー基盤である。これは企業が持つ経営資源であり，主体の属性とみなされる。パワー基盤には5つのタイプがある。①報酬（価格決定権やリベート決定権を持つ），②制裁（取引の拒絶や縮小の権限を持つ）の2タイプが経済的パワー基盤と呼ばれる。そして，③専門性（すぐれた能力や情報を持つこと），④帰属意識（取引相手が一体感を感じること），⑤正統性（取引が公正に行われていること）の3タイプが非経済的パワー基盤と呼ばれている。製造業者（流通業者）がこうしたパワー基盤を持つ場合，流通業者（製造業者）に対してパワーを行使することができる。これらのパワー資源の有効性は，経済環境の変化の激しさに応じて変化する。

第3の源泉は，取引依存度である。パワー基盤が個々の企業がもつ属性であるのに対して，取引依存度は2社間の関係の属性である。売り手（買い手）が販売（仕入れ）に際して，全体の取引量のうちどの程度を特定の相手との取引からまかなっているかで示される。例えば，製造業者が販売量の80％を特定の小売業者に販売している場合，この製造業者は販売に際してこの小売業者に相当に依存していることになる。それに対してこの小売業者は仕入れを分散させてこの製造業者からは3％程度しか仕入れていないとすれば，この小売業者のこの製造業者への仕入れ依存度は低い。このように仕入れ依存度より販売依存度が高い場合，売り手である製造業者は買い手である小売業者に対して取引依存度が高い。したがって，小売業者は製造業者に対してパワーを行使できるようになる。販売・仕入れに際して一社に過度に集中することは，パワー関係で自社を弱くすることにつながるため，分散させることが必要である。

製造業者と流通業者の1対1のパワー関係に影響を与えるのは，パワー基盤と取引依存度である。製造業者は，それらを変化させずにパワーを行使することはできない（図表10-9）。

日本の消費財流通では，80年代頃から，製造業者から小売業者へのパワー・シフトが進んでいる。シェアの低い製造業者にとっては，PBの生産に乗り出すことも生き残りの道である。製造業者は必ずしも自社ブランドで製品を作る必要はない。OEM（相手先ブランドによる供給）を行なう製造業者は数多い。PBやOEMには売上が増えるだけでなく，工場の稼働率を高めたり，小売業

図表10-9　パワー基盤と取引依存度

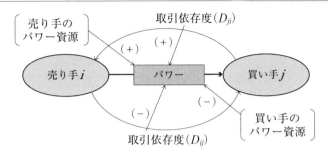

者が一括買い取りするために売れ残りのリスクやマーケティング費用がかからないというメリットがある。ただし、自社ブランドを持つ製造業者の場合は、自社ブランドであるNBとPBがカニバリゼーション（共食い）してしまうデメリットがある。

(3) VMS（垂直的マーケティング・システム）

　チャネルは、別々の企業から成り立つ1つのシステムとみなすことができる。個々の企業が個別の意図を持って行動すると、チャネルは1つのシステムとしてのまとまりをもてない。このようなチャネルを伝統的チャネル（市場型チャネル）と呼ぶ。製造業者は小売店頭まで自らのマーケティングの意図を貫徹させたいものであるが、伝統的チャネルを用いてしまうと、流通業者と対立してしまう。製造業者の意図と流通業者の意図は異なるからである。

　伝統的チャネルに対して、チャネルがあたかも1つのグループ企業のように相互調整されている場合、そのチャネルをVMS（垂直的マーケティング・システム）と呼ぶ。自社製品を意図通りに小売段階まで管理したい製造業者は、しばしばVMSを作る。このVMSには3つのタイプが含まれており、統合の度合いが強い順から、①企業型VMS、②契約型VMS、③管理型VMSと並べられる。なお、伝統的チャネルは、統合の度合いが最も低い。

　まず、①企業型VMSは、チャネルを統制するチャネル・リーダーになる企

業が，その他の企業を資本的に垂直統合する VMS である。②契約型 VMS は，チャネル・リーダーが，その他の企業の行動を契約によって統制する VMS である。コンビニエンス・ストアや外食チェーンで出店を加速化するために頻繁に用いられるフランチャイズ・システムや，全日食を代表とするボランタリー・チェーンが例である。③管理型 VMS は，チャネル・リーダーがパワーを用いてその他の企業の行動を統制する VMS である。製造業者が VMS を構築するにあたってどのタイプを採用するかは，製造業者の資金だけでなく，流通業者の行動をどれだけコントロールしたいのかによって決まってくる。完全なコントロールを望むのであれば，最も統合度の高い企業型 VMS が選択される。

§5　チャネルの変化

（1）　延期と投機

　流通の根本的問題は，売り逃しや売れ残りという市場リスクの解決にある。VMS を作り上げることは市場リスクの解決手段の１つであろう。もう１つの解決手段は，そもそもこの根本問題である市場リスクを低下させることである。消費と生産が完全に同期化すれば，売れ残りや売り逃がしはなくなり，市場リスクは消える。生産や配送にリードタイムがかかることを考えれば完全な同期は極めて困難であるものの，小売店頭の財の動きと生産・配送を可能な限りに同期化することで，市場リスクを引き下げることができる。

　市場リスクは，発注や生産の意思決定をどの段階で行なうかによって変化する。消費者が購買する時点に近い段階まで待って意思決定することを延期と呼ぶ。その逆に，消費者が購買する時点よりも相当に早い段階で見込みによって意思決定することを投機と呼ぶ。いいかえると，意思決定を遅く行なうことを延期，意思決定を早く行なうことを投機と呼ぶ。延期と投機の考え方は，4P

の枠組からは外れてしまう重要な要素である「数量」を組み込んだものである。

　延期と投機はコインの裏と表の関係であり，そのメリットとデメリットも裏表の関係である。延期のメリットは，意思決定をぎりぎりまで待つことによって市場リスクを下げることにある。極端なことをいえば，洋服のデザインを販売時点の1年前に決めるよりも，1週間前に決められるのであれば，その時々の流行に合わせたデザインを作ることができ，市場リスクを抑えることができる。延期のデメリットは，費用が高くつくことにある。生産や配送が高頻度かつ少量になるため，規模の経済がきかなくなる。また，リードタイム（作業を開始してから完了までにかかる時間）を短くするために，初期投資が必要になる。一方，投機は延期の逆と考えればよい。投機のメリットは，生産・配送を大規模に行うことで規模の経済を享受し，低費用を実現することにある。デメリットは，高い市場リスクである。投機の場合，早い段階で大量に生産・配送を行なうことから，実際に売れるかどうか分からないものを大量に抱えてしまうのである。

　全体的な傾向からすると，現代の流通・マーケティングは，投機型から延期型に移行している。発注の延期の代表例は，コンビニエンス・ストアの多頻度小口型物流である。コンビニエンス・ストアには2,000ものアイテムが陳列されているが，倉庫スペースがほとんどないため，店頭で売れたものをすぐに補充しなければ，売り逃しを作ってしまう。そのため，消費者の購買時点ぎりぎりまで引き付けてから発注を行なっている。精度を高めるために1回あたりの発注量を小口化し，多頻度で配送を行なう。コンビニエンス・ストアは発注の延期化の体制を整えることによって，それまでの流通業者が扱えなかった米飯や総菜などの生ものを主力商品にできるようになったのである。一方，生産の延期化については，ヒューレット・パッカードのプリンタの例がある。かつてのヒューレット・パッカードのヨーロッパのプリンタ事業では，ヨーロッパの各国は電圧が異なるため，同じモデルでも電源ユニットが各国毎に作られたプリンタを生産しており，在庫の重複が深刻であった。そこで，電源ユニットを外した半製品を集中在庫し，各国から注文が入ってからその国に合わせた電源ユニットを設置する延期型の生産方式を導入し，業績を伸ばしたのである

（Feitzinger and Lee, 1997）。

（2） 関係特定的投資

　製造業者が効率的な流通システムを作るためには，流通業者が，その製造業者の経営方式に特化した流通サービスを提供する必要がある。こうした誰かに特化した製品やサービスの背後にあるのが，関係特定的投資である。

　流通業者に丁寧に売ってもらうには，製造業者のブランドについての人的資産（知識）や販売のための物的資産を持たせる必要がある。しかしこれらの資産は，その他の製造業者のブランドの販売には役に立たない。こうした特定の相手にしか役に立たない資産への投資を関係特定的投資と呼ぶ。例えば，流通業者が店舗設備をある製造業者向けに投資して設計すると，この流通業者はもはやその製造業者との関係から逃げられない。取引関係を解消すると，店舗に対して行った関係特定的投資のほとんどが無駄になるからである。しかし，そのことを知っている製造業者は，流通業者の足元をみて取引条件を後から自分に有利に変更するかもしれない。相手が関係特定的投資を行なった後で取引から逃げられなくなったことを狙って，相手の足元を見て事前の約束を反故にすることをホールドアップとよぶ。普通の知性を持つ流通業者であれば，関係特定的投資を行なうと相手に囲い込まれてホールドアップされることは想像がつくから，流通業者は最初から関係特定的投資を行なわず，製造業者が効率的な流通システムを作ることはできなくなる。

　この議論をまとめておこう。製造業者が効率的な流通システムを作り上げるには，流通業者に対して関係特定的投資をさせる必要があるが，流通業者はホールドアップを恐れて関係特定的投資を行なわないのである。これは悩ましい問題である。製造業者が流通業者に高い関係特定的投資を求めても，何もしなければ彼は拒否するのである。実は，VMS はこうした過少投資問題の解決策でもある。製造業者と流通業者がばらばらに行動する伝統的チャネルでは，関係特定的投資は高まらない。VMS を作り上げることで，製造業者は流通業者の関係特定的投資を促すことができ，効率的な流通システムを作り上げることが

できるのである。

（3） チャネルの組み換え

　経済環境が変化すると，製造業者は一度作り上げたチャネルを変化させていく。時間の経過を伴った変化には固有の問題がある。最後にそれらを紹介しよう。

　第1に，顧客が製品の新奇性を正しく評価できないタイプの新製品のケースがある。製品の中には，製品ライフサイクルの最初から最後まで同じチャネルを使うものもあるが，ライフサイクルの段階毎にチャネルを変化させるタイプもある。冒頭のミニケースで紹介したグリコのように，新規な製品属性を評価してもらえず，正当な価格設定をされない場合は，あえて製品カテゴリーの定番のチャネルをはずして製品を育てるという道がある。

　第2に，かつては強力だったチャネルが陳腐化してしまい，新しいチャネルを構築する必要に迫られているケースがある。家電製品ではかつては中小小売業者を系列化したチャネルが競争力を持ったが，現在では家電量販店チャネルが主流になっている。あるいは，オフィス用品ではかつては訪問販売が主流であったが，現在ではインターネットを用いた通信販売が主流になっている。こうした新しいチャネルが登場すると，それまで競争力を持っていたチャネルが急速に陳腐化するため，新しいチャネルに乗り換える必要が出てくるが，時間をかけて育ててきた既存チャネルを切り捨てることも難しい。

　対処の方法は2つある。第1の方法は，既存のチャネルを完全に切り捨てて新チャネルに完全移行することである。オンライン証券会社の松井証券は，もともとは営業マンを抱えた人的販売チャネルをとっていたが，90年から人的販売チャネルを徐々に縮小して通信販売に移行し，90年代後半にはインターネットのチャネルに完全転換した。第2の方法は，既存チャネルと新規チャネルを両方用いるデュアル・チャネルの採用である。この場合，両者のバランスをとるべくチャネル管理に腐心する必要がある。例えばパナソニックは，大型量販店と系列小売店を別々の営業組織によってフォローするチャネル戦略を

| コラム | **取引費用を引き下げるイノベーション** |

　売り手と買い手が取引する場合には，財を生産する生産費用の他に，取引費用がかかる。取引費用が高すぎる場合，取引が断念されることになる。

　取引費用とは，取引に際して生じる探索・交渉・執行にかかる費用である。消費者がコンビニでジュースを買うような取引では特に意識することはないけれども，それは既に現実世界で取引費用を引き下げるための工夫がなされているからである。どこで誰が何をいくらで売っているかを知らなければ，そもそも取引は生じない（探索）。取引したい相手が決まったら，取引条件について交渉する必要がある。さらに，口約束は守られる保証などないのが世知辛い世の中であるから，約束を確実に守らせる，すなわち契約を執行する必要がある。これら3つの活動にかかる費用が取引費用と呼ばれる。なお，しばしば誤解されているが，物流費用は取引費用には含まれない。物流自体もサービスであり，物流サービスをやり取りすることに取引費用がかかるのである（例えば物流業者を探して，条件を交渉し，契約を執行する）。

　ビジネスのイノベーションは，新製品開発に限られない。取引費用を引き下げるイノベーションを起こして，取引当事者にメリットのある仕組みを作り上げることで，競争力あるビジネス・モデルを作ることができる。この種のイノベーションは，理工系的な知識が必要となる製品開発とはやや異なって，文科系のビジネスマンにとってオリジナリティを発揮できるクリエイティブなものである。事実，製品は変わっていないのに，流通の仕組みを変えて高い競争力を持った企業は数多いのである。取引費用が高すぎて望むようなパフォーマンスを挙げられていないならば，その制約を打破することがイノベーションの鍵なのである。

　ちなみに，2009年のノーベル経済学賞はオリバー・ウイリアムソンという経済学者に与えられた。取引費用というコンセプトを発展させた功績をたたえたものである。取引費用は学術的にも実務的にも有用なコンセプトなのである。

とることでこの問題の解決を図っている。

【参考文献】

Feitzinger, Edward and Hau L. Lee (1997) "Mass Customization at Hewlett-Packard: The Power of Postponement," *Harvard Business Review*, 75 (1) , pp.116-121., 山本真士・立石綾子訳 (1997)「ヒューレット・パッカード マス・カスタマイゼ-ションの三原則」『Diamond ハーバード・ビジネス』22 (3), pp.38-44.

Hagiu, Andrei (2007) "Merchant or Two-Sided Platform?" *Review of Network Economics*, Vol.6, No.2 (June), pp.115-133.

田村正紀 (1986)『日本型流通システム』千倉書房.

矢作敏行 (1996)『現代流通』有斐閣.

第11章　サービス・マーケティング

　顧客にサービスを提供している企業は，いわゆるサービス業者だけではない。製造業者もまたモノだけでなく，配送，アフターサービス，金融など様々なサービスを顧客に提供している。しかも，単なるモノの販売の補助的手段や差別化要素ではなく，製造業者の収益の柱となっていることも珍しくない。もはや，製造業者も「サービス」のマーケティングを避けて通ることはできない。サービスという提供物は，モノとはどのように異なっているのだろうか。サービス固有のマーケティング上の課題には，どのようなものがあるのだろうか。

〔トヨタ自動車のモビリティサービス専用次世代電気自動車「e-Palette Concept」〕
写真提供：トヨタ自動車株式会社

§1　サービスとは何か
§2　サービス・マーケティングの特徴と戦略
§3　サービス・マーケティングと顧客満足

　GE の CEO であったジャック・ウェルチが"Sell solution, not just the box"というスローガンを掲げ，サービス事業の重要性を訴えたのは，1990年代初めのことであった。今や「箱」をつくって売ることだけで，存続の糧を得ている企業はまれである。

　2018 年，トヨタ自動車が翌年からカーシェアリング事業に参入することを発表した。会員が自動車を共有し利用するカーシェアリング市場は近年急速に成長し，様々な業界から参入が相次ぐ激戦区となっている。同社にとってカーシェアリング事業は，全国に張り巡らせた約 5,000 店の販売網と約 4 万台の試乗車を活用できる一方で，その事業の拡大は，新車販売台数にマイナスに作用するという意味で，諸刃の剣である（章末 255 ページの図表参照）*。

　トヨタ自動車のこのような決定の背景には，自動車のマーケティング環境の激変がある。人口減少社会を迎えた国内市場は，「所有から使用へ」「所有から共有へ」という消費構造の変化によって縮小を余儀なくされている。このような厳しい市場環境に加え，相次ぐ技術革新も自動車業界を揺るがしている。例えば，IT 企業が AI 技術や通信技術を駆使した自動運転によって，ウーバーのライドシェアのような MaaS（Mobility as a Service；移動手段のサービス化）事業に乗り出している。トヨタ自動車のカーシェアリング事業は，こうした大規模な環境変化への適応行動の一部である。

　豊田章男社長は，この大変革の時代を生き抜くためにトヨタ自動車を「自動車をつくる会社」から「移動に関わるあらゆるサービスを提供するモビリティカンパニー」に変えることを宣言した（トヨタ自動車 Annual Report 2018）。そして，販売店や外部の有力 MaaS 事業者と提携しつつ，ライドシェア，個人向けカーリースなどのモビリティサービスの展開を加速している。移動というベネフィットを，従来のいわゆる物販とは異なる方法で提供するというこの挑戦は，トヨタ自動車という製造業者のマーケティングをどのように変えていくのだろうか。

§1　サービスとは何か

「あの店はサービスがいまひとつだ」「ビールを1ケース買ったらグラスをサービスしてもらえた」。こんなふうに，「サービス」という言葉は私たちの日常会話の中に頻繁に登場する。そして，接客（態度），無料のおまけ，商品の値引きなど，様々な意味で用いられている。このように，サービスという概念は非常に身近で通俗的に多様な意味をもつがゆえに，その用法に混乱が見られることも少なくない。実際，上で述べた通俗的な意味でのサービスは，いずれもマーケティングにおいて重要ではあるが，「サービス・マーケティング」といった場合のサービスはこれらのいずれとも異なる。

　そこで，サービス・マーケティング論において用いられるサービスの概念を整理することから本章を始めよう。

　サービス・マーケティング論において，サービスは「ある経済主体が他の経済主体の欲求を充足させるために，市場取引を通じて他の経済主体そのものの位相，ないしは，他の経済主体が使用・消費するモノの位相を変化させる活動（行為）そのもの（上原，1999）」のように定義される。少し難解な定義だが，ポイントは次の2点である。1つはサービスを「売買の対象」つまり商品であるとしている点である。これによって，接客，おまけ，値引きといった通俗的な意味でのサービスとは区別される。

　もう1つは，サービスを「活動そのもの」とする点で，これによって私たちが商品といったときにすぐに思い浮かべる有形のモノとは明確に区別されている。この「売買される活動」としてのサービスは，私たちが美容院で買っている美容師のカットやパーマという活動やタクシーの運転手の運転という活動を考えるとわかりやすいだろう。

　しかし，サービス・マーケティング論において，これとは少し違う意味でサービスを捉える場合もあるので注意が必要である。

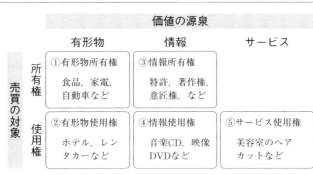

図表11-1　商品の構成要素

出所：久保田・芳賀作成。

　久保田進彦教授は，価値の源泉としての財には，有形物，情報，サービスがあり，物と情報は所有権と使用権を，サービスは使用権を販売できるので，商品の要素には図表11-1のような5つの要素があることを指摘している。

　ここでのサービス使用権は上で述べた「売買される活動」としてのサービスである。しかし，実際に私たちがこの「売買される活動」だけを購入することは少ない。例えば，私たちがレストランで食事をするときのことを考えてみよう。レストランで私たちは物理的な実体をもつ料理を購入し消費する。これは有形物所有権と考えられるだろう。しかし，同時に什器やテーブル，椅子，さらには店舗そのものといった有形物使用権，調理や配膳といったサービス使用権もまた購入している。つまり，私たちがレストランから購入する商品は，サービス使用権を含むいくつかの要素からなるパッケージであり，このパッケージに対して支払いが行なわれているのである。この「様々な要素からなるパッケージ」という商品の捉え方は，サービス・マーケティング論において，サービス・パッケージ・モデル，分子論モデルなどとよばれており，様々な商品に適用されている。例えば，航空会社が提供する商品であるいわゆる航空輸送サービスは図表11-2のように示すことができる。

　また，「様々な要素からなるパッケージ」という商品の捉え方は，伝統的な有形物のマーケティングを考える際にも重要であることは，すでに第4章で学んだ「便益の束」という商品の捉え方を思い出してみればよくわかるだろう。

図表11-2　パッケージとしての商品（航空輸送サービスの例）

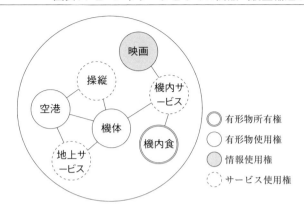

出所：Shostack（1977）p.76, Exhibit 1 および山本（1999）p.56, 図 1-5 を参考に作成。

　消費者の視点から商品を捉えることの重要性は，マーケティングにおいてどれだけ強調しても，しすぎることはない。この意味で，サービス・マーケティングにおいてもパッケージとしての商品という考え方は非常に重要である。

　しかし，サービスの概念をパッケージとしての商品のレベルで考える時には若干の注意が必要である。それは，図表 11-1 の①以外の要素が占める割合の大きい商品をサービスとよぶということである。実際，ホテルの商品の多くの部分は有形物使用権が占めると考えられるが，私たち消費者は「宿泊サービス」を購入したと考える。レストランの商品が飲食サービスとよばれ，航空会社の商品が航空輸送サービスとよばれるのも同様である。このような意味でサービスとよばれる商品には，有形物所有権が含まれることもあれば，サービス使用権があまり含まれないこともあるということが重要である。

　サービスとよばれる商品に有形物の所有権や使用権が含まれることは，有形物とサービスとの違いを相対的なものにする。つまり，商品には有形物的な商品とサービス的な商品があり，その違いは程度の差でしかないということである。実際に有形物とサービスは連続的であるという考え方もある（図表 11-3 参照）。したがって，このようなサービス概念は，サービス固有のマーケティングの特徴を検討する際にはあまり有効ではないだろう。

　また，サービスとよばれる商品に，サービス使用権があまり含まれないこと

図表11-3　有形物－サービスのスペクトラム

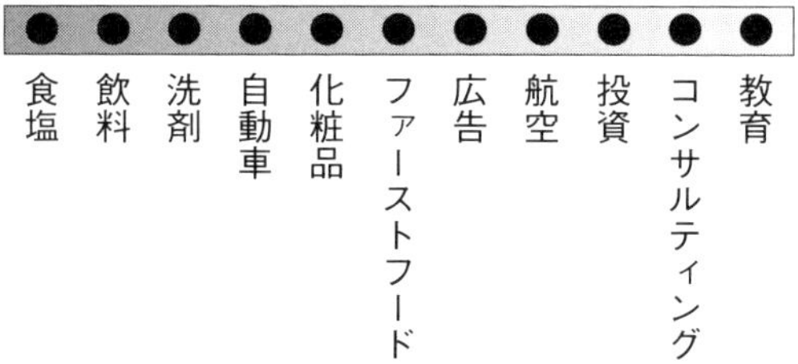

食塩　飲料　洗剤　自動車　化粧品　ファーストフード　広告　航空　投資　コンサルティング　教育

出所：Shostack（1977）p.77, Exhibit 2.

があるということは，「売買される活動」としてのサービスとの区別を明確にすることの重要性を教えてくれる。最近のビジネスホテルには，チェックインやチェックアウトを顧客自らが機械を使って行ない，従業員との接点がほとんどないところもある。このような「宿泊サービス」には，次節で述べるような「無形性」「協働性」といった重要なサービスの基本特性を備えていない。こうした商品はサービスとよばれてはいるものの，これまでサービス・マーケティング論で蓄積されてきた考え方や理論を適用することができないことも少なくない。パッケージとしての商品レベルでのサービスと「売買される活動」としてのサービスをきちんと区別する必要があるのはこのためである。

§2　サービス・マーケティングの特徴と戦略

　サービスのマーケティングは，伝統的な有形物のマーケティングとはどのように異なっているのだろうか。本節では，サービスのもつ特性からサービス・マーケティングの特徴を明らかにしたうえで，サービスのマーケティング戦略の基本的な枠組みを検討してみよう。

（1） サービスの基本特性とサービス・マーケティングの特徴

　これまでのサービス・マーケティング研究では，サービスの有する様々な特性が指摘されてきた。ここでは特に重要な基本特性として，無形性，品質の変動性，協働性の３つをとりあげ，そこから示唆されるサービス・マーケティングを特徴づけるマネジメント上の課題を見てみよう。

①　無　形　性

　サービスは物理的な形状をもたない。これは情報にも共通する特性なので，サービス固有の特質とはいえないが，そのマーケティングを考える上で非常に重要な意味をもつ。それは，購入に先立って消費者が見たり，触れたりすることによってその品質を評価することが難しいということである。

　しかし，それがいくら難しくても消費者はサービスの購入にあたって，その品質評価を必ず行なっているはずである。なぜなら購入の決定をするということは，支払う対価に見合った品質をそのサービスが備えていると判断できることが前提となるからである。では，実際に消費者はどのようにしてサービスの品質を事前に評価しているのだろうか。

　サービスの品質とは，サービス消費によってもたらされる効果や結果の質だといえるだろう。例えば，飲食店であれば料理がおいしかったかどうか，テーマパークであれば各種アトラクションが楽しかったかどうかということである。このようなサービスの品質は結果品質とよばれている。有形物であれば結果品質を購入前に判断できる場合が少なくない（探索品質とよばれる）。パソコンであれば，店頭で実物を操作してみたり，スペックを見ることによって，使いやすいかどうか，持ち運びやすいかどうかなどをある程度判断できるだろう。

　しかし，サービスの場合，飲食店のように料理がおいしいかどうか食べてみなければわからなかったり（経験品質とよばれる），病院のように診療を受けた後でも病気がよくなったのかどうかわからない（信頼品質とよばれる）ことが少なくない。このように，結果品質が事前によくわからないとき，消費者は

提供されるサービスそのものではなく，その提供過程を手掛かりにして品質判断を行なうことが明らかにされている。例えば，病院の医療サービスそのものがもたらす効果が判断できない場合，医師が親切そうかどうか，看護師が礼儀正しいかどうか，待合室は快適かどうかという提供過程の質を評価するのである。実際に，病院に関する消費者間の口コミで話題に上るのはこうした点が多いのではないだろうか。このように評価されるサービスの品質は過程品質とよばれている。サービスの結果は消費者がそのサービスを購入する目的そのものなので結果品質が重要であることはいうまでもないが，（特に結果品質の判断力が低い）消費者に選ばれたり，満足してもらうためには過程品質も充実させる必要がある。

②　品質の変動性

　有形物の品質は標準化が可能だが，サービスの品質はバラつきが出てしまうということである。例えば，同じ美容室でも美容師によって技術の差があるだろうし，同じ美容師であっても，その時の体調や気分，顧客との相性などによって仕上がりには差が出てくるのではないだろうか。サービスが人間の活動である以上，こうしたバラつきがあることは避けられない。しかし，品質の標準化は，ブランド化の前提でもある。「コカ・コーラ」の味がボトルごとに違っていたら，もはや「コカ・コーラ」ブランドは成立しないということは容易に想像できるだろう。ファーストフード店などの接客のマニュアル化は，バラつきやすい人間の活動をなるべく標準化するための工夫だといえるだろう。

　一方で，人間の活動には品質のバラつきという悪い面ばかりではなく，「柔軟な対応」というよい面もあることも忘れてはならない。実際，私たち消費者はマニュアル通りの接客に冷たさを感じ，機転の利いた臨機応変な接客に感激する。標準化か個別化か，あるいはそれらをどう組み合わせるかという問題はサービス・マーケティングにおいて避けて通れない意思決定課題である。この問題については，次項でサービスのマーケティング戦略を考える際に改めて取り上げよう。

③ 協　働　性

　サービスは生産と消費を切り離して行なうことができない。例えば，缶コーヒーの生産は工場で行なわれ，消費は消費者の自宅や職場で行なわれる。時間的にも生産は消費に先立って行なわれている。これに対して，美容師は顧客の来店前にあらかじめカットを作り置きすることはできないし，消費者もカットを自宅に持ち帰って都合のよい時間にひとりで消費するといったこともできない。サービスはその生産と消費が不可分であり，一体化しているのである。

　サービスのこうした特性は，そのマーケティング・マネジメントにサービス固有の2つの課題をもたらす。

　1つは，需要量の変動に在庫で対処することができないという問題である。そのため，サービスのマーケティングにおいては，在庫以外の方法，つまり需要量あるいは供給量を直接変化させる工夫によって需給調整が行なわれる。例えば，オフピーク時に価格を下げたり予約制を導入することで需要管理が行なわれる。パートタイマーを利用したり，ファミリーレストランのドリンクバーや飛行機のセルフチェックインのように消費者を供給過程に参加させるのは供給管理の例である。

　もう1つは，サービスの生産と消費が一体化しているがゆえに，そのサービスの成果に消費者の行動が直接影響を及ぼすということである。例えば，美容室の美容サービスの成果は顧客が的確に自分の要望を伝えたり，適切な指示を与えることができるかどうかによって変わってくるだろう。また，大学の講義のような教育サービスでも学生の受講態度がその成果を大きく左右する。この意味でサービスは売り手によって独立に生産されるのではなく，買い手との協働によって生産されるものなのである。したがって，サービスの提供過程の中で，売り手が買い手の行動を方向づけるとともに，買い手も売り手の行動を方向づける必要がある。この相互に方向づけを行なう関係は，買い手の欲求充足という共通目標に向けて行なわれるという意味で協働関係であり，この協働関係の中でサービスの生産と消費が完結するため，協働関係の構築こそがサービス・マーケティングの最も重要な課題だといえるだろう。したがって，どの

ような協働関係をどのように構築するかということが，サービス・マーケティングの具体的展開方法，つまりサービスのマーケティング戦略の基本的な枠組みとなる。次項では，この協働関係に注目してサービスのマーケティング戦略の基本枠組みを見ていこう。

（2）　サービスのマーケティング戦略

　上原（1999）は，協働関係の構築という観点からサービスを２つの次元で分類し，そこからサービスのマーケティング戦略の基本枠組みを提案している。

　協働関係の構築に注目したサービス分類の次元の１つは，買い手との関係づくりの手続きに関するものであり，これによって，サービスはルール型サービスとプロセス型サービスに分類される。

　ルール型サービスとは，あらかじめルールを設定し，それによって協働関係を事前に特定したうえで提供されるサービスである。学校の授業で教員が教壇に立って講義計画に沿った授業を行ない，生徒は自分の席に座って話を聞きノートをとるというスタイルで教育サービスが提供されているような場面を思い浮かべるとわかりやすいだろう。

　これに対して，プロセス型サービスは厳密なルールを設定せずに，状況に応じた柔軟な協働関係のなかで提供されるサービスである。例えば，家庭教師が教える内容や教え方を生徒と話し合いながらその都度調整する形でサービス提供を行なうのはプロセス型サービスの典型といえるだろう。

　このルール型とプロセス型のサービスは，前項で品質の変動性というサービス特性を見たときに述べたサービスの標準化と個別化にそれぞれ対応している。そこでも述べた通り，この選択や組み合わせは重要な戦略的意思決定課題である。この意思決定の手掛かりとして，買い手の目的構造が挙げられる。

　買い手の目的が単純で明確である場合には，ルール型にすることで効率的な対応が可能になる。ファーストフード店がルール型のサービス提供を行なっているのは，私たちの短時間で安価な食事をしたいという明確な目的に対応するためである。

反対に，買い手の目的が複雑であいまいな場合には，プロセス型のサービスが望ましいだろう。「みんなが行くから」「単なるモラトリアム」という理由で大学に入学した学生に，高度な専門知識を一方的に与えたところで芳しい成果はあげられないだろう。実際に試験が終わると学習内容をすっかり忘れてしまう学生は少なくない。このような場合には，個々の学生の能力や興味・関心，希望する将来像などとの関連で，高等教育の意義を考えさせ，学習の動機づけを与える必要があるだろう。実際に，多くの大学で，早い年次から少人数，ゼミナール形式のプロセス型教育が導入されてきている。

もう1つの協働関係の構築に注目したサービス分類の次元は，関係の範囲に関するもので，クラブ型サービスとオープン型サービスに分類される。

クラブ型サービスは，特定の買い手との長期的な関係のなかで提供されるサービスであり，フィットネスジムなどの会員制クラブや各種学校がこれに該当する。売り手の供給能力が小さい場合や，学校のように買い手の目的実現に長い期間を要する場合に適したサービスである。

オープン型サービスは不特定多数の買い手と単発的に関係を構築して提供されるサービスである。いわば浮動客相手のサービスであり，多くの飲食店や映画館などがその典型である。飲食のように頻度の高い需要を広く捉えるのに有効なサービスである。

以上の「ルール型－プロセス型」「クラブ型－オープン型」を組み合わせることによって，具体的なサービス提供の方法としてのマーケティング戦略の基本枠組みが得られる。

図表11-4にはサービス・マーケティング戦略の4つの類型と，それぞれの焦点課題が示されている。ここで重要なのは，サービスの内容や業種によってあらかじめ取るべき戦略が決まっているわけではないということである。実際に，教育サービスはルール・クラブ型（大学，専門学校）でもプロセス・クラブ型（家庭教師）でも提供されているし，駅ナカで1回500円で英会話を教えるサービス（ルール・オープン）も登場している。現在ルール・オープン型のファーストフード店であるが，今後プロセス・オープン型が登場するかもしれない。サービスのマーケティング戦略はこのような創造的意思決定であり，

図表11-4　サービス・マーケティング戦略の4類型

	ルール型サービス	プロセス型サービス
クラブ型サービス	**ルール・クラブ型** 【例】大学，会員制ゴルフ場，会員制ジム，専門学校 【戦略の焦点】 □ステイタス，イメージの向上 □供給者の増加への対応	**プロセス・クラブ型** 【例】会員制バー，家庭教師，会員制美容室，主治医 【戦略の焦点】 □緻密な個別対応 □適正顧客数の確保
オープン型サービス	**ルール・オープン型** 【例】映画館，遊園地，ビジネスホテル，ファーストフード 【戦略の焦点】 □競合のとの差別化 □価格競争への対応 □顧客の獲得	**プロセス・オープン型** 【例】病院，理髪店，ブティック 【戦略の焦点】 □個別対応の効率化 □需要の拡大への対処

出所：上原（1999）p.277．図表6-7を一部改変。

その着想の起点としてこの枠組みは非常に有効である。

　また，この枠組みからはもう1つマーケティング上の重要な示唆を得ることができる。多くの有形物のマーケティングは，標準化された商品をオープンに提供するという意味でルール・オープン型が主流であるといえるだろう。しかし近年，メーカーがICTを駆使して取り組んでいるのは，プロセス・オープン化，つまりオープン市場への個別対応である。有名な「NIKEiD」は，ウェブ上で靴のパーツのデザインや色を顧客が自分の好みに合わせて自由にカスタマイズし，「自分だけの一品」を作ることができる。こうした仕組みはマス・カスタマイゼーションとよばれるが，ニーズの多様化・個性化が進む現在のマーケティング環境において，セグメント規模を維持しつつ個々の顧客のニーズへの適合度を高めるための有効な手段といえるだろう。

第11章　サービス・マーケティング　251

§3　サービス・マーケティングと顧客満足

　1990年前後から，マーケティングにおける顧客満足（customer satisfaction: CS）の重要性が改めてクローズアップされるようになってきた。これは，多くの市場が成熟するなかで，新規顧客の獲得よりも既存顧客の維持の重要性が高まり，顧客維持の手段として顧客満足を高める必要が認識されるようになったためである。顧客満足は単なるマーケティング理念ではなく，もはや避けて通ることのできない実践課題となったのである。この顧客満足の向上という課題の追求のなかで，サービス・マーケティング研究は顧客満足研究と相互に影響し合いながら，新しい考え方を生み出してきた。ここではそのなかからサービス・エンカウンターとサービス・プロフィット・チェーンという考え方をとりあげてみよう。

（1）　サービス・エンカウンター

　エンカウンターとは，出会い，遭遇といった意味であり，サービス・エンカウンターは顧客がサービスに直接触れる場面を指す。この概念が注目されるようになったきっかけとなったのは，スカンジナビア航空の社長であったヤン・カールソンの著書（邦題『真実の瞬間』ダイヤモンド社，1990年）で有名になった moments of truth という考え方である。彼はこの考え方に基づいて，赤字にあえいでいたスカンジナビア航空を1年で再生して注目を集めた。この moments of truth とは，もともと闘牛士が闘牛にとどめを刺す瞬間（決定的瞬間）を意味する言葉であるが，彼はこれを顧客の心をつかむ瞬間という意味で用いた。彼のいうところによれば，顧客は1回平均15秒従業員と接触する。この15秒こそが決定的瞬間であり，この積み重ねが顧客満足や企業イメージの基礎となるというのである。このことは，サービスの品質評価が，その提供

コラム　顧客満足とロイヤルティの関係

　満足した顧客のロイヤルティは高くなる。ごく当たり前のように感じる顧客満足とロイヤルティの関係を明らかにして大きな注目を集めた研究がある。ヘスケット（Heskett, J. L.）らハーバード大学の研究者のグループが，米国ゼロックス社の顧客調査の結果から顧客満足とロイヤルティは単純な比例関係にはないことを示した研究である。

　彼らが見出したのは図表のような関係である。確かに，顧客満足度が高くなればロイヤルティは高くなる。しかし，「満足」と「非常に満足」のロイヤルティの差は非常に大きい。満足しているのにロイヤルティが低いのはなぜだろうか。その理由の1つは競争にある。あるブランドに満足していたとしても，同等に満足できるブランドが他にもあるのならば，特定ブランドへのロイヤルティは低くなるのである。このような場合，顧客満足度調査で得られる「満足」というレベルの顧客満足度は，ロイヤルティという観点からみるとほとんど意味がない。高いロイヤルティを獲得するためには，「極めて高い」顧客満足度を達成しなければならないのである。

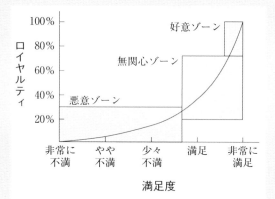

出所：Heskett, et al.（1994）p.167.

過程についても行なわれるということを思い出せば納得できるだろう。

　この決定的瞬間がサービス・エンカウンターであり，それを司るのは従業員，特に顧客と直接接触する接客員である。優れたサービス・エンカウンターは，接客員が顧客との短い接触時間のなかで，素早く，的確に，親身になって対応することによって作りだされる。接客員がこうした顧客対応をできるようにするためには，優れた人材を採用し，教育することも重要であるが，そのうえで接客員が自ら適切な判断を下して即座に行動することができるよう，エンパワーメント（権限委譲）することが必要である。アメリカの百貨店ノードストロームは過剰なまでの伝説的接客のエピソードを多数もつことで知られているが，これは「どんな状況においても自分自身の良識に従って判断すること。それ以外のルールはありません。」という同社の就業規則によって支えられているといってもよいだろう。

(2) サービス・プロフィット・チェーン

　顧客に大きな満足を与えることによって，高い顧客ロイヤルティを確保することが企業の収益性や成長性を向上させることを顧客満足研究は主張した。そして，サービス・マーケティング研究は顧客を満足させる価値の高いサービスを提供するためには，高度な顧客対応能力をもつ従業員が不可欠であることを示した。この高度な顧客対応能力をもつ従業員を確保するためには，まず従業

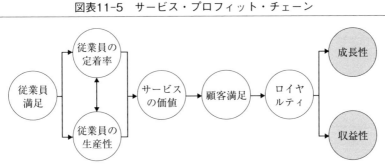

図表11-5　サービス・プロフィット・チェーン

出所：Heskett, et al.（1994）p.166 を一部改変。

員満足（employee satisfaction: ES）が必要である。満足した従業員は意欲的に仕事に取り組むため生産性が高く，高い定着率によって顧客対応のスキルやノウハウを高めるためである。こうした考え方を結び付けたのが，サービス・プロフィット・チェーンという考え方である（図表11-5参照）。

このように，サービス・マーケティングは人的資源管理と密接に結びついており，そのマーケティング・マネジメントには，伝統的なアプローチつまりマーケティング・ミックスによる顧客対応以上のものが必要となる。これを示したのが，図表11-6のサービス・トライアングルである。

エクスターナル・マーケティングは，マーケティング・ミックスによって顧客対応を図る従来のマーケティングであり，インターナル・マーケティングは従業員満足をつくりだし，顧客志向を実践させるためのマーケティングである。

ここで忘れてはならないのが，サービスは売り手と買い手の協働によって生産されるということである。いかに従業員が優れていても，顧客の協力がなければ高品質のサービスは望めない。高品質のサービスをうみだすような協働を実現するために，従業員と顧客の相互作用を操作するのが3つ目のインタラクティブ・マーケティングである。その具体的な内容は，従業員の顧客への接し方の管理や相互作用の場の雰囲気づくりに加え，顧客の活動を望ましい方向に誘導するためにルールを提示したり，場合によっては教育したりすることも含む。

サービスのマーケティングを成功させるためには，この3つの領域を統合的

図表11-6　サービス・トライアングル

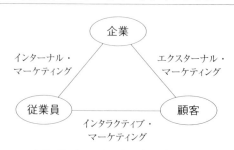

出所：Kotler and Keller（2006），邦訳 p.510, 図 13-3.

にマネジメントし，全体最適が達成されなければならない。これはサービス企業にとっては，まさに全社的な取り組みによって初めて可能になるだろう。

＊章頭のケースでとり挙げた国内カーシェアリングの車両台数と会員数の過去の推移は，以下の通りである。

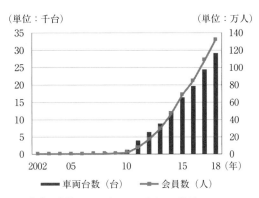

出所：交通エコロジー・モビリティ財団。

【参考文献】

Carlzon, J.（1987）*Moments of Truth*, Ballinger Publishing Co., 堤猶二訳（1990）『真実の瞬間—SAS（スカンジナビア航空）のサービス戦略はなぜ成功したか』ダイヤモンド社．

Heskett, J. L., T. O. Jones, G. W. Loveman, W. E. Sasser, Jr. and L. A. Schlesinger（1994）"Putting the Service-Profit Chain to Work," *Havard Business Review*, March-April, pp. 164-174., 小野譲司訳（1994）「サービス・プロフィット・チェーンの実践法」『ダイヤモンド・ハーバード・ビジネス・レビュー』June-July, pp. 4-15.

Kotler, P. and K. L. Keller（2006）*Marketing Management*, 12th ed., Prentice-Hall., 恩藏直人監修．月谷真紀訳（2008）『コトラー＆ケラーのマーケティング・マネジメント（第12版）』ピアソン・エデュケーション．

Shostack, G. L.（1977）"Breaking Free from Product Marketing," *Journal of Marketing*, 41（April）, pp. 73-80.

上原征彦（1999）『マーケティング戦略論』有斐閣．

山本昭二（1999）『サービス・クォリティ』千倉書房．

用 語 解 説

【あ】

IMC Integrated Marketing Communications　統合型マーケティング・コミュニケーション。企業が発信するメッセージを一貫して消費者に伝えるために，消費者と接触する可能性のあるあらゆるコミュニケーション手段を統合的に管理していこうとする考え方である。

ID要素 ID elements　ブランド要素ともいわれる。競合ブランドから識別し差別化するのに有効で商標登録可能な手段のことであり，内容としては，ブランド名，ロゴ，シンボル，キャラクター，スローガン，ジングル，パッケージ，などがある。

AIDMA　コミュニケーションに対する消費者の反応プロセスを表す代表的なモデルの1つであり，Attention（注目）—Interest（興味）—Desire（欲求）—Memory（記憶）—Action（行為）で表される各段階の頭文字をとったものである。

因果関係リサーチ causal research　ある結果をもたらす複数の原因から，そのいくつかの存在について推論するために行なわれるリサーチのこと。因果関係を確率的に捉えた上で，フィールド実験やラボ実験などによって推論を行なう。

インストア・プロモーション instore promotion: ISP　店舗内における消費者向けSPや小売業者SPのこと。具体的には，値引き，特別陳列（エンド陳列，島陳列，クロス・マーチャンダイジング），デモンストレーション販売，POP広告，プレミアムなどがある。

インターパーソナル・コミュニケーション interpersonal communication　購買意思決定に関連する消費者間のコミュニケーションのことであり，口コミなどが含まれる。新製品が普及する過程においては，オピニオン・リーダーから他の消費者へのインターパーソナル・コミュニケーションが重要な役割を果たす。

上澄み吸収価格設定 skimming pricing　新製品を導入する際に高価格を設定し，短期間に大きな利益をあげ，それにより開発コストを迅速に回収する戦略のこと。標的市場が低価格にあまり反応せず，競合他社が模倣品を導入しにくい場合に，この価格設定が採用される。（☞市場浸透価格設定）

STP（Segmentation, Targeting, Positioning）　組織がマーケティングを実施する上で出発点となる基本枠組みの

ことである。セグメンテーション（Segmentation），ターゲティング（Targeting），ポジショニング（Positioning）という3つの英単語の頭文字に由来している。

延期と投機 postponement-speculation　生産や発注の意思決定を行なうタイミングの取り方のこと。遅い時点で行なうことを延期，早い時点で行なうことを投機と呼ぶ。延期の場合，市場リスクは低下するが，ロットが多頻度小口化するため，費用が増加する。投機の場合，市場リスクは増大するが，ロットが少頻度大口化するため，費用が低下する。

オピニオン・リーダー opinion leader 他の消費者の購買意思決定に影響を与える度合いの高い消費者であり，特定の製品分野に精通しているだけでなく，コミュニティ内での社会的地位が高いという特徴を持つ。

【か】

カイ2乗（χ^2）検定 chi-square test 名目尺度と名目尺度の間に関連性があるかどうかをテストする方法。周辺確率から算出される期待値をもとに，それが観測値とどの程度ずれているかを統計的に検証することで，変数間の関連性を推論する。

拡大的問題解決／限定的問題解決／日常反応行動 extensive problem solving / limited problem solving / routine problem solving　拡大的問題解決とは，情報探索や選択肢評価に時間をかけて慎重に解決策を探る問題解決行動。限定的問題解決とは，既有の評価基準や選好に基づき，一部の情報を基に解決策を探る問題解決行動。日常反応行動とは，情報探索や選択肢評価にほとんど時間をかけない問題解決行動。

環境 enviroment　企業活動の成否に影響を与える，企業が直接コントロールすることのできない企業外部の要因。市場環境とマクロ環境に大別される。マクロ環境の分析方法として PEST 分析がある。環境と経営資源を簡潔に分析する手法として SWOT 分析がある。

関係特定的投資 relation specific investment　特定の取引相手にしか役に立たない資産を保有すること。本当に差別化できる流通サービスを遂行したり，製品を作るには必須である。しかし，この投資を行なうと，この取引相手との取引を解消しにくくなるばかりか，この相手に対する交渉力を低めることになる。

関与 involvement　動機づけら

れた状態。ある対象物や事象と消費者の関わり合いの程度を表しており，こだわりや関心，思い入れ，重要性といった意味を併せ持つ概念。関与が高まると一般に，消費者の注意，短期記憶，情報探索の量が増加し，情報処理の深さ（精緻化レベル）が深まり，豊富で複雑な知識が形成されやすくなる。

企業ブランド／製品ブランド（個別ブランド） corporate brand / product brand (individual brand)　企業のブランド戦略の対象としては，様々なものがあるが，代表的な2つが，企業ブランドと製品ブランド／個別ブランドである。企業ブランドの主な役割が，エンドーサー（品質保証機能）であるのに対し，製品ブランド（個別ブランド）の主な役割は，ドライバー（購買駆動機能）といわれる。

記述的リサーチ descriptive research　特定グループの特性記述やその全体における割合の推定，また，特定事象の予測のために行なわれるリサーチのこと。時系列データやクロス・セクション・データを用いた分析が行なわれるのが一般的である。

期待不一致モデル expectancy disconfirmation model　消費者の満足度は，購買前の期待と実際に得られた製品パフォーマンスの差によって決定されるというモデル。

機能的価値／情緒的価値 functional value / emotional value　ブランド・アイデンティティ（BI）を構築する際には，必ず考えねばならない2つの重要な価値であり，品質・機能など優劣を客観的に判断できるのが機能的価値であり，一方，イメージ・経験・五感・ストーリーなど優劣が客観的に判断できないのが情緒的価値である。

規模の経済性 economics of scale: scale merit　大規模な生産設備を導入することで，生産効率の上昇がはかられることにより生じるコスト削減の効果のこと。この効果が見込めるときには，コスト面で優位性を発揮することを目指して大規模な設備が導入されていく。

帰無仮説 null hypothesis　統計分析において仮説を検証するために立てられる，元の仮説の反対の内容を示す仮説のこと。非常に低い水準においてしか成り立たないとき棄却され，元の仮説が支持される。この水準は有意水準とよばれ，通常は5％が採用されている。

共同開発 cooperative development　他の組織と手をとり合って進められる製品開発のあり方は，共同開発とよばれている。チャネル段階が異なる組織どうしで進められるのは垂直的共同開発である一方，チャネル段階が等しい組織どうしで行なわれるのは水平的共同開発である。後者はさらに業種の違いによって同業種共同開発と異業種共同開発に分けられる。

クロス・マーチャンダイジング（MD） cross merchandising　小売店頭にお

いて，消費者の関連購買を促すために，用途や目的が共通する関連性の高い複数の製品をカテゴリー横断的にまとめて陳列すること。

経営資源 management resources
経営活動に必要なインプット（投入物）のことであり，人的経営資源（ヒト），物的経営資源（モノ），財務的経営資源（カネ），情報的経営資源（情報）の4つに分類される。他社に勝る経営資源は強み（strength）であり，他社より劣る経営資源は弱み（weakness）である。

経験価値マーケティング experiential marketing　経験価値マーケティングとは，機能など物理的で認知的な側面ばかり強調する従来型のF&B（features & benefits）マーケティングを乗り越えるものとしてSchmitt（1999）が提案したものであり，消費者の消費経験を重視するマーケティングである。

経験効果 experience effect　累積生産量が増加するにつれて，事業活動の経験が蓄積され，労働の能率の向上，仕事の専門化などが起こり，単位当たりの費用が低下していく効果のこと。この効果が顕著に見られるとき，競合企業よりもいち早く累積生産量を拡大し最大のシェアを確保していくことが重要となる。

購買意思決定プロセス purchasing dicision making process　消費者が特定の製品やサービスの購買を想起してから実際に購買し，使用や評価をするまでの一連の過程を表す。「問題認識」「情報探索」「選択肢評価」「購買」「購買後評価」といった段階の存在が指摘されている。

小売業の業種／業態 kind of business / type of store: type of operation　業種とは主要な取扱商品による分類を，業態とは販売方法による分類をさす。販売方法は品揃え，価格，プロモーション，雰囲気，アクセスからなる小売ミックスのことで，これらの組み合わせで小売業態として特徴づけられる。

小売業の上位集中化　中小規模事業者の淘汰が進む一方で，大規模小売業者同士の競争が激化することによって，上位と中下位との格差拡大，寡占化が進展すること。卸売業でも食品・日用雑貨品・医薬品分野などで同様の傾向が進展している。

小売構造の小規模・分散・多数性
1980年代までの日本の小売構造を特徴づけた傾向で，小売業全体のうちで従業者1～2人の小規模事業所が小売業全体に占める比率が高く，小売事業所が全国に広く分散して存在し，人口当たり事業所数が多いこと。

小売の輪仮説 wheel of retailing hypothesis　小売業態の盛衰に関する仮説。新しい業態は低コスト化を可能にする流通技術革新に基づき参入するが，新業態の普及により価格競争が激化すると，非価格的要素が強調され高コスト化し，新たに低コストの革新者が参入して

くる。

五感ブランディング　5-D Branding
五感ブランディングとは，五感（視覚・聴覚・味覚・嗅覚・触覚）による５次元のセンサグラム（五感の各感覚の訴求度を描写した図）を基にしたブランディングであり，Lindstrom（2005）が提唱した。

顧客満足　customer satisfaction
製品・サービスの消費によるニーズの充足度合いに対する感情的,情緒的な評価。その水準は，製品・サービスに対する顧客の期待，実際に顧客が知覚した製品・サービスのパフォーマンス（成果,結果），および期待とパフォーマンスの不一致の程度に影響される。

顧客ロイヤルティ　customer loyalty
特定のブランドや企業に対する顧客の忠誠心（心理面のロイヤルティ），あるい

は特定のブランドや企業の商品を反復的に購買する行動（行動面のロイヤルティ）。心理面のロイヤルティと行動面のロイヤルティは必ずしも一致しない。

コスト・プラス法　cost plus pricing
価格設定アプローチのうち，コストに基づくアプローチの１つ。原価に対してある一定の利益率(マージン,マークアップ)を加えて価格を設定する方法である。

コモディティ化　commoditization
コモディティとは小麦や大豆などの「一般商品」という意味であり，企業間の技術的水準が同質化し，どのブランドも一般商品のようにほとんど違いを生み出せない状況のこと。今世紀に入って，コモディティ化への動きは消費財からサービスや生産財などの分野にまで広がっている。

【さ】

サービス・エンカウンター　service encounter　顧客がサービスに出会う場面であり，サービスの生産・消費における,顧客と接客員との相互作用を指す。広義には，ATM のような機械設備との相互作用や，電話やインターネットを通じた企業との相互作用を含めることもある。

サービス・トライアングル　service triangle　サービス・マーケティングにおける顧客，企業，従業員の関係を示す三角形。従来のマーケティング・ミックスによって企業が顧客に適合するためのエクスターナル・マーケティングに加え，従業員を内部顧客ととらえ，従業員満足を目指すインターナル・マーケティ

ングと，サービスの品質を決定する従業員と顧客の相互作用を操作するインタラクティブ・マーケティングも必要であることを示している。

サービス品質 service quality

サービスの品質は，物的商品の品質とは異なる特徴をもっている。例えば，V. A. Zaithaml は品質を探索品質（商品の購買前に評価できる品質），経験品質（購買し消費を経験した後に評価できる品質），信頼品質（消費経験の後でも評価が困難な品質）に分類し，物的商品の品質が主として探索品質，経験品質であるのに対し，サービスの品質は主として経験品質と信頼品質であることを指摘している。

サービス・プロフィット・チェーン

service profit chain　サービスのマーケティングにおいて，成長性や収益性を高めるためには，顧客満足度の向上によって顧客ロイヤルティを高める必要があるが，そのためには従業員満足度の向上によってサービスの価値や品質を高める必要があるという考え方。

参入順位 entry order　参入順位とは特定の市場（製品カテゴリー）にどれだけ早く携わっているかという順番を指している。もっとも早く関わっている場合には先発者，そこから遅れて関わっている場合には後発者と呼んで区別する。

サンプリング sampling　母集団から実際の調査対象となる標本（サンプル）を選ぶ作業のこと。母集団すべてを対象にする全数（悉皆）調査はコスト面などの困難が伴うため，その一部のみを対象とする標本調査が行なわれるのが通常である。

GRP gross rating point　延べ視聴率とも訳され，リーチ（広告出稿期間において広告に少なくとも１回接触したオーディエンスの数または割合）とフリークエンシー（広告出稿期間にリーチのあったオーディエンスが広告に接触した平均回数」）を掛け合わせて算出される。

シーズ志向 seeds orientation　自らの組織がもっている技術やノウハウをもとに進められる製品開発のあり方をシーズ志向という。市場が成熟してくると，欲しいものをはっきり自覚できるような消費者が減ってきてしまう。製品開発に活かせるアイデアを消費者から得ていくのも困難になるため，シーズ志向の動きが強まることとなる。

市場浸透価格設定 market penetration pricing　新製品の導入時に低価格を設定することで，短期間に大きなシェアを獲得しコスト面での優位性を発揮し，その後に利益を獲得することを目指す価格設定戦略のこと。標的市場が低価格に反応し，大量生産によってコスト優位にたてるとき，この価格設定が採用される。（☞上澄み吸収価格設定）

市場地位別競争戦略　コトラーは同一業界で競争する複数の企業をマーケッ

ト・シェアと戦略上の特徴から，リーダー，チャレンジャー，フォロワー，ニッチャーの４つのタイプに分類している。それぞれに適した戦略として，全方位化，差別化，模倣，集中などの戦略が対応している。

品揃え形成活動　生産と消費をつなぐ流通のプロセスにおいて，交換ないし売買取引をつうじて，財を消費の目的にとって有意義な集合（assortment）へと組み替える活動のこと。流通の最も基本的な社会的役割の１つ。

需要の価格弾力性　price elasticity of demand　価格の変動に対する販売量（需要量）の変化の度合いを表す概念であり，需要量の変化率（％）/ 価格の変化率（％）として定式化される。一般的に価格を下げれば需要は増えることが多いので，この値はマイナスの値をとる。

消費財　consumer goods　消費者が個人や家庭のニーズを満たすために購入し使用する財のことを消費財という。消費者の購買習慣にもとづいて消費財はさらに最寄品，買回品，専門品，非探索品の４つに分けられる。

情報処理モデル　information processing model　目や耳といった感覚レジスターを通して様々な外部情報を取得し，その情報を脳内の短期記憶で長期記憶に保存されていた内部情報と統合し，行動を決定するという消費者行動モデル。自ら積極的に情報を探索し処理する

能動的な消費者像を仮定するところに特徴がある。

真空地帯仮説　vacuum hypothesis　小売業態の盛衰に関する仮説。小売ミックスのうち，価格的要素と非価格的（サービス）要素がトレード・オフの関係にあるとの前提にたち，低価格・低サービスと高価格・高サービスという両極で新業態は登場すると考える。

生産財（産業財）　industrial goods　企業などが最終製品をつくるために購入し使用する財のことを生産財という。製造工程への組み入れ方の違いにそって生産財はさらに材料・部品，資本財，備品の３つに分けられる。

製品 - 市場マトリックス　product-market matrix　アンゾフの提唱した企業成長の類型化の枠組。企業の成長の方向は，既存製品か新製品か，既存市場か新市場か，という２つの次元によって，市場浸透，市場開発，製品開発，多角化という４つのタイプの成長方向に分類される。

製品ポートフォリオ・マネジメント（PPM）　product portfolio management: PPM　複数製品（事業）間にどのように経営資源を配分し，目標と基本的な戦略を割り当てるかを示す枠組。市場成長率と相対的マーケット・シェアの高低により，製品（事業）は，花形，金のなる木，問題児，負け犬の４つに分類され，それぞれに適した戦略が示される。

製品ミックス product mix　製品ラインと製品アイテムの組み合わせを製品ミックスと呼んでいる。製品ミックスはライン数からなる「幅」，ラインごとのアイテム数である「深さ」，全ラインに含まれるアイテムの総数である「長さ」，そして各ラインの密接さの度合いを表す「整合性」の4次元で捉えられる。

製品ライフ・サイクル（PLC） product life cycle: PLC　市場へ導入された製品がいくつかの段階を踏みつつ市場から消えていくまでの過程を製品ライフサイクルという。段階数については見解の分かれるところであるが，一般的には導入期，成長期，成熟期，衰退期といった4段階でよく説明されている。

戦略的マーケティング strategic marketing　市場環境との適合性を中心に，環境と経営資源に適合する企業の将来の方向を定める行動の枠組。企業全体または，事業部レベルでの目標達成のための行動指針を示すもので，事業ドメイン，成長戦略，ポートフォリオ・マネジメントなどを内容とする。

相関分析 correlation analysis　間隔尺度や比尺度で測定された項目の間に関連性があるかどうかをテストする方法。2つの項目間の関連の強さを示す相関係数が算出される。相関係数は正負いずれかの関係を示す指標で，－1から＋1までの間の値をとる。

想起集合／考慮集合 evoked set / consideration set　購買を真剣に検討されるブランド群。記憶から直接活性化されるブランド群を想起集合とし，これ以外に，店頭で偶然遭遇したり，追加的に情報探索している中で知ったりしたブランドを含め，最終的に購買を検討するブランド群を考慮集合として区別する立場もある。

測定尺度 measurement scale　現実を言語化する際に用いられる数字のこと。「名目尺度」「序列尺度」「間隔尺度」「比尺度」の4つがあり，適用できる平均測度，統計分析の手法が異なるため注意が必要である。

損益分岐点 break - even point　総収入と総費用が等しくなる点をさす。売上が増加し，この点を上回ると利益が生じることになる。この見方を用いて，コストに基づく価格設定をすることができる。

【た】

耐久財 durable goods　長期の使用に耐えうる財をいう。冷蔵庫, 自動車,

工作機械などが当てはまる。購入頻度が低い耐久財にはたいてい高価格が設けられており，丁寧な人的販売，ならびに保証や配送などの手厚いサービスが求められる。

探索的リサーチ exploratory research 問題の明示化やリサーチにおける優先順位の設定，非実践的アイデアのふるい落としなどを目的に行なわれるリサーチのこと。文献検索，経験調査，グループ・インタビュー，事例分析などがある。

知 覚 perception 外部の情報を意味づけするプロセス。情報へ接触し，注意を向け，解釈するという3つの段階で構成される。消費者の知覚は様々な要因によって変化するが，そのような知覚の歪みを知覚バイアスと呼ぶ。

知覚マップ perceptual map 消費者が様々なブランドをどのように知覚しているのか（多くの場合は2次元で）図示したもの。自社や他社のブランドに関する消費者の知覚を「視覚的に」捉えることができ，ポジショニング戦略の策定に活用しやすい。ただし，知覚マップ上の空白領域が消費者のニーズや市場の潜在性を表しているとは限らない。

チャネル構造 channel structure 製造業者から消費者までのチャネルの形であり，長さと広さによって把握される。多くの小売業者に配荷する場合は広くなり，逆なら狭くなる。広いチャネルの場合は，多くの卸売業者を介在させるため

にチャネルは長くなり，逆なら短くなる。ただし，卸売業者を販社の形で内部化するなど，広いが短いチャネルも現実にはしばしば観察される。

調査仮説 hypothesis ある現象に対する自分なりの説明のことであり，通常は2つ以上のコンセプト間の関係について記述されたもの。経験データの収集と分析によって検証可能であり，リサーチ問題や意思決定問題を解決するために利用される。

t検定 t-test 名目尺度と間隔尺度，比尺度によって測定された項目の間に関連性があるかどうかをテストする方法。母分散が未知である場合における2つのグループ間の平均値に有意な差があるかどうかを検証する。

同化対比理論 assimilation-contrast theory 各商品の差異をそのまま感じ取るのではなく，ある一定の範囲を境として，その範囲内であればほとんど同じ（同化効果），その範囲を逸脱していれば実際よりも大きな差（対比効果）として知覚する消費者の傾向を示している。いったん同化効果が働くと対象間の類似点に着目し，反対に対比効果が働くとそれらの相違点に着目しやすくなる。

ドメイン domain 事業展開の範囲のことであり，企業全体の事業領域については企業ドメイン，事業部やSBU（Strategic Business Unit：戦略事業単位）の事業領域については事業ドメイン

とよばれる。エイベルは顧客ニーズ，顧客層，代替技術の３次元によるドメイン定義を提唱した。

取引依存度　企業が販売や仕入れに際して，全体の取引量のうち特定の相手に依存する量のこと。特定の相手に対して取引依存度が高くなると，この企業は相手からパワーを行使される。

取引数削減の原理　principle of minimum total transaction　生産者と消費者の間に商業者が介在し（間接取引），商業者に売買を集中させることで，生産者と消費者との直接取引よりも社会的な取引数を削減することによって，流通コスト削減に寄与すること。商業者の存立基盤の１つとしてあげられる。

取引費用　transaction cost　取引にあたって，財・サービスの価格以外に発生する費用のこと。どこでだれが何をいくらで売っているかを探す探索費用，取

引条件に合意するための交渉費用，合意された契約を確実に守らせるための執行費用の３タイプから成る。取引費用は商取引を阻害する要因であるため，取引費用を引き下げるような仕組みを作ることがイノベーションのポイントの１つになる。

トリプルメディア　triple media　ペイド・メディア，オウンド・メディア，アーンド・メディアの３種類のメディアの総称。ペイド・メディアとは，広告など，何らかの料金を支払って見込み客との接点を確保するためのメディアである。オウンド・メディアとは，自社サイトなど，企業が所有し，企業自らが顧客への情報提供を行なうメディアである。アーンド・メディアとは，口コミ，マスコミ報道など信頼や評判を獲得するメディアである。

【な】

内的参照価格　internal reference price　消費者が心の中で持っている製品価格の高い安いを判断するための基準となる価格（帯）のこと。消費者は，損失を回避する傾向があるため，この価格を基準として，得をするときよりも，損をするときの方が大きなインパクトを

持つとされる。

ニーズ志向　needs orientation　消費者の要望や不満などにそって進められる製品開発のあり方をニーズ志向という。マーケティングでは従来より消費者調査を重んじてきており，消費者の声をできるだけ詳細に汲みとって新製品をつ

くるよう心がけられてきた。

認知的不協和　cognitive dissonance
商品を購買後，消費者は「本当にこの商品で良かったのだろうか」「他のブランドの方が良かったのではないだろうか」と悩んでしまうことがある。このように，自己の内部で矛盾が生じ，心理的な緊張が高まった状態を指す。

【は】

バイイング・パワー　buying power
大規模小売業者が成長し規模拡大することによって実現される大量仕入れ・大量販売の力，あるいはそれを背景とするメーカーや卸売業者などに対する，仕入れ価格をはじめとする取引条件に関する交渉力のこと。

端数価格　odd price　きりの良い数字ではなく，9や8といった端数で終わる価格のこと。消費者は，このような数字に割安なイメージを持つことが知られており，298円などと端数で終わらせることで，実際の差よりも割安に感じさせることが意図される。

パブリシティ　publicity　自社の製品やサービスに関連する情報を，報道機関に報道してくれるように働きかける活動のことであり，管理は難しいが，メディア使用料は基本的に無料であるため，費用対効果の非常に高いコミュニケーション手段である。

バラエティ・シーキング　variety seeking　特定の製品カテゴリーの購買において，消費者が刺激や多様性を求め，一貫性のないブランド・スイッチが見られる購買行動。前回の購買商品に特に不満があるわけではないのにスイッチする，事前の検討は少なく，購買後評価に重きが置かれるといった特徴を有する。

パワー　power　ある主体Aが，別の主体Bの行動を変化させる能力のこと。主体Aが主体Bの行動を変化させられる時，主体Aは主体Bに対してパワーを持つという。逆に変化させられない時，パワーを持たないという。

パワー基盤　power base　企業にパワーの行使を可能にさせる経営資源のこと。5つのタイプがあり，報酬（価格決定権やリベート決定権を持つ），制裁（取引の拒絶や縮小の権限を持つ）の2タイプが経済的パワー基盤とよばれる。専門性（すぐれた能力や情報を持つこと），帰属意識（取引相手が一体感を感じること），正統性（取引が公正に行われていること）の3タイプが非経済的パワー基盤とよばれている。

非耐久財 nondurable goods　非耐久財とは短期のあいだに消耗してしまう財のことであり，食料品や日用雑貨品などが当てはまる。非耐久財はたいてい購入頻度が高いために手頃な価格がつけられており，幅広いチャネル，ならびに度重なる購買を促すためのプロモーションが求められる。

VMS vertical marketing system　垂直的マーケティング・システムの略語で，チャネルがあたかも1つのグループ企業のように相互調整されている状態のこと。自社製品を意図通りに小売段階までマーケティングしたい製造業者は，しばしば VMS を作る。企業型 VMS，契約型 VMS，管理型 VMS の3つのタイプがある。

プッシュ戦略 push strategy　自社の営業や流通業者向けの販売促進費を投入することによって，流通業者に対して，消費者に向けて自社製品をプロモーションし，購買するように促すコミュニケーション戦略。

プッシュ的コミュニケーション push communication　自社の営業や流通業者向けの販売促進費を投入することによって，流通業者に対して，消費者に向けて自社製品をプロモーションし，購買するように促すコミュニケーション。

ブランド・アイデンティティ brand identity: BI　「ブランド戦略策定者が創造したり維持したいと思うブランド連想のユニークな集合」をいう。そのブランドの中核的な「らしさ」であり，消費者にとって約束（promise）となるものである。構成要素としては，ブランド・コンセプト，機能的価値と情緒的価値，ID 要素（ブランド要素），などがある。

ブランド・エクイティ brand equity: BE　「ブランド，その名前やシンボルと結びついたブランドの資産と負債の集合」をいう。a. ブランド認知，b. 知覚品質，c. ブランド連想，d. ブランド・ロイヤルティ，e. パテント・マークなどの法律的資産，の5つから構成される。

ブランド・エクステンション brand extension　ある製品カテゴリーにおいて確立されたブランド名を全く別の製品カテゴリーに参入するために使用することであり，代表的なものとして，石鹸で成功したライオン「植物物語」をシャンプー・リンスなどに拡張した例があげられる。

ブランド・カテゴライゼーション brand categorization　ある製品カテゴリーに含まれるブランドの全体を消費者の認知，情報処理，態度などによっていくつかの下位集合へと分類する枠組み。

ブランド・コンセプト brand concept　ブランド・アイデンティティ（BI）の中核をなすものであり，ターゲット顧客に対して，当該ブランドが提供する価値を表したものである。このブランド・コ

ンセプトを一言で表した場合，ブランド・スローガンやブランド・エッセンスとよばれたりすることもある。

ブランド要素 brand elements
→ ID 要素

プル戦略 pull strategy　広告を中心に消費者に自社製品に対する強いブランド選好をもたせ，消費者に小売店での指名買いをさせることによって，流通業者からのその製品の注文を引き出すコミュニケーション戦略。

プル的コミュニケーション pull communication　広告を中心に消費者に自社製品に対する強いブランド選好をもたせ，消費者に小売店での指名買いをさせることによって，流通業者からのその製品の注文を引き出すコミュニケーション。

分散分析 analysis of variance:
ANOVA　名目尺度と間隔尺度，比尺度によって測定された項目の間に関連性があるかどうかをテストする方法。3つ以上のグループにおける平均値に有意な差があるかどうかを検証する。

ベネフィット benefit　製品やサービスから顧客が受けとる便益のこと。この便益によって，顧客は自らが抱える問題を解決したり，欲求を充足したりできる。性能や品質など製品の基盤部分に結びついた機能的ベネフィット，デザインなど製品の周辺部分に結びついた感情的ベネフィットの2つに大別できる。

ポーターの競争戦略　ポーターは企業が業界で長期にわたって平均以上の業績を達成するためには3つの基本戦略，すなわち①コスト・リーダーシップ，②差別化，③集中があるという。集中には2つのやり方——コスト集中と差別化集中がある。

【ま】

マーケティング・コンセプト marketing concept　顧客ニーズを出発点としてビジネスを展開していこうとする理念。イノベーションによって優れた製品を生み出そうとする製品コンセプトとは補完的な関係にある。理想的なマーケティング企業では，顧客ニーズをしっかりと反映したモノ作りがなされるので，自ずと製品は売れていくと言われている。

マーケティング・マイオピア（近視眼）
marketing myopia　マイオピアとは近視眼という意味であり，目先にとらわれすぎることを戒めている。顧客ニーズの

本質を忘れて，提供している製品やサービスに固執しすぎると，マーケティング上の近視眼に陥ってしまうことがある。

マーケティング・ミックス marketing mix　　マーケティング目標を実現するために，企業がコントロール可能なマーケティング要素を適切に組み合わせること。コントロール可能なマーケティング要素とは，4つのP，つまり「製品（Product）」「価格（Price）」「流通（Place）」「プロモーション（Promotion）」がよく取り上げられる。

マス・カスタマイゼーション mass customization　　顧客ごとにカスタム化した製品やサービスを低コストかつ高品質で提供すること。両立不可能と考え

られてきた大量生産（マス・プロダクション）と顧客ごとの個別対応（カスタマイゼーション）の合成を試みるものである。

名声価格 prestige price　　高価格は，高品質であることを強調したり，ブランド地位を高めることがある。このような状態をもたらす高価格が，名声価格とよばれるものである。

物語マーケティング narrative marketing: story marketing　　「物語性をキー概念として発想・企画・実施されるマーケティング」を意味する（福田1990）。特にブランド戦略においては，ブランド・アイデンティティ（BI）の中での情緒的価値を構築する際に，重要な視点を提供する。

【ら】

リテイル・サポート retail support　　メーカーや卸売業者による小売店支援活動のこと。商品の棚割り・陳列，広告・販売促進企画，店舗レイアウトなどの営業面の支援と，従業員教育，会計・税務，情報システム整備，新規出店計画などの経営面の支援からなる。

流通経路の多段階性　　日本の卸売構造を特徴づけてきた傾向で，卸売段階における取引が一次卸，二次卸などに垂直

的に分化すること。流通を高コスト化する要因としてあげられることが多かったが，1980年代を境に流通経路の短縮化が進んでいる。

流通チャネル distribution channel: channel of distribution　　製造業者が製品を消費者まで届けるルートのこと。直接販売の場合は製造業者と消費者が直接取引するが，間接販売の場合はその間に小売業者や卸売業者が介在する。

和文索引

(＊太字の数字は用語解説のページを示す。)

〔あ行〕

アーンド・メディア……………………… 198
アサエルの購買行動類型……………… 116
アンゾフ（H. I. Ansoff）……………… 28

異質的拡大……………………………… 125
5つの競争要因……………………… 52, 55
移動障壁…………………………………… 53
因果関係…………………………………… 94
　――リサーチ……… 79, 82, 84, 85, **259**
因子分析…………………………………… 96
インストア・プロモーション………… **259**
インターナル・マーケティング……… 254
インターパーソナル・コミュニケーション **259**
インタラクティブ・マーケティング……… 254
インフルエンサー…………………191, 199

上澄み吸収価格設定………………166, **259**

エーベル…………………………………… 34
エクスターナル・マーケティング……… 254
エリア・マーケティング………………… 16
延期……………………………………… 232
　――と投機………………………232, **260**
エンパワーメント……………………… 253

オウンド・メディア…………………… 198
オープン型サービス…………………… 249
オピニオン・リーダー………………… **260**
卸売業者………………………………… 215
卸売構造………………………………… 219

〔か行〕

回帰分析………………………………… 96
カイ2乗（χ²）検定………………… 93, **260**
外部環境要因……………………43, 55, 56
開放的流通……………………………… 225
買回品…………………………………… 225
価格設定：
　競争に基づく――…………………… 181
　コストに基づく――………………… 173
　差別的――…………………………… 182
　市場浸透――………………………165, **264**

需要に基づく――……………………… 174
　販促型――…………………………… 182
価格弾力性（需要の）……………169, **265**
価格の役割……………………………… 169
拡大的問題解決………………………… **260**
カスタマイズド・マーケティング……… 14
価値……………………………………… 21
　――相関図…………………………… 54, 55
過程品質………………………………… 246
金のなる木……………………………… 32
間隔尺度………………………………… 91, 94
環境……………………………………… 260
関係特定的投資…………………234, **260**
観察法…………………………………… 79, 88
慣習価格………………………………… 182
感情型属性……………………………… 145
観測値…………………………………… 93
関与……………………………………116, **260**
管理型 VMS…………………………… 232
管理方法………………………………… 89, 90
関連多角化……………………………… 29

機械的管理……………………………… 90
企業型 VMS………………………226, 231
企業ドメイン…………………………… 34
企業ブランド……………………140, **261**
疑似相関関係…………………………… 94
記述的リサーチ………… 79, 82, 85, **261**
　――の目的…………………………… 84
偽装（調査の）………………………… 89
　――の程度…………………………… 89, 90
期待値…………………………………… 93
期待不一致モデル………………113, **261**
機能的価値……………… 138, 142, **261**
規模の経済……………………………… 233
　――性……………………53, 167, **261**
基本戦略………………………………… 36
帰無仮説……………………………… 93, **261**
キャプティブ価格戦略………………… 183
競争に基づく価格設定………………… 181
共同開発…………………………127, **261**
　垂直的――…………………………… 127
　水平的――…………………………… 127
共分散構造分析………………………… 96

拒否集合·····················107
近視眼·····················**271**
金融機能·····················215

口コミ·····················157
クラスター分析·····················96
クラブ型サービス·····················249
グループ・インタビュー·····················83
クロス・セクション・データ·····················84
クロス・マーチャンダイジング·····················**261**
クロス表分析·····················93

経営資源·····················43-45, **262**
計画の陳腐化·····················135
経験価値·····················6
——マーケティング·····················147, **262**
経験効果·····················37, 167, **262**
経験調査·····················83
経験品質·····················245
契約型 VMS·····················232
結果品質·····················245
決定方略·····················114
懸隔·····················214
権限委譲·····················253
現行レート価格設定·····················181
限定的問題解決·····················**260**

広告·····················192
——態度モデル·····················190
構造化·····················90
——の程度·····················89
行動上の変数·····················16
購買意思決定プロセス·····················110, **262**
購買関与度·····················204
購買後評価·····················113
後発者·····················125
小売業：
——の業種と形態·····················**262**
——の上位集中化·····················**262**
——の小規模・分散・多様性·····················**262**
小売業者·····················215
——による SP·····················193
小売業態·····················220, 223
小売構造·····················219
小売サービス·····················223
小売の輪·····················220
——仮説·····················**262**
考慮集合·····················107, **266**
コード·····················154

五感ブランディング·····················149, **263**
顧客獲得コスト·····················6
顧客機能·····················34
顧客コスト·····················23
顧客層·····················34
顧客ソリューション·····················23
顧客満足·····················113, 251, **263**
顧客ロイヤルティ·····················253, **263**
コスト・プラス法·····················173, **263**
コスト・リーダーシップ·····················36
コスト集中·····················37
コストに基づく価格設定·····················173
固定費·····················167
コトラー（P. Kotler）·····················36
個別ブランド·····················140, **261**
コミュニケーション·····················23
コミュニケーション戦略·····················187
コミュニケーション法·····················79, 88
コミュニケーション・ミックス·····················201
コミュニケーション目標·····················189
コミュニケーション・モデル·····················187
コモディティ·····················137, 146
——化·····················**263**
コンジョイント分析·····················176
コンセプト·····················81
コンテクスト·····················151

〔さ行〕

サービス·····················122, 241
——の基本特性·····················245
——（の）品質·····················245, **264**
——分類·····················248
サービス・エンカウンター·····················251, **263**
サービス・トライアングル·····················254, **263**
サービス・プロフィット・チェーン·····················254, **264**
財·····················122
サイコグラフィック変数·····················16
最頻値·····················91
サブスクリプション方式·····················35
差別化·····················36, 71, 72
——集中·····················37
差別型マーケティング·····················17
差別的価格設定·····················182
産業財·····················265
3C 分析·····················43, 69
参入順位·····················**264**
参入障壁·····················53, 126
散布図·····················93
サンプリング·····················79, 87, **264**

索　引　275

サンプル……………………………………　87

シーズ志向…………………………121, **264**
シェアリング・エコノミー………………　35
事業ドメイン…………………………31, 34
時系列データ………………………………　84
思考型属性…………………………………145
市場開発……………………………………　29
市場規模…………………………………64, 67
市場細分化………………………………16, 62
市場支配力…………………………………229
市場浸透……………………………………　29
　──価格設定…………………………165, **264**
市場成長率…………………………………　31
市場地位別競争戦略………………………36, **264**
悉皆調査……………………………………　87
実験群………………………………………　86
質的データ…………………………………　91
品揃え………………………………………217
　──形成活動……………………………**265**
嶋口充輝……………………………………　39
指名買い……………………………………203
従業員満足…………………………………253
集中…………………………………………　36
集中型マーケティング……………………　18
需要に基づく価格設定………………174, 175
需要の価格弾力性…………………………171, **265**
情緒的価値………………………138, 142, **261**
消費財……………………………………122, **265**
消費者向け SP………………………………193
情報処理モデル…………………………115, **265**
商流…………………………………………　22
生涯価値……………………………………　6
ショールーム………………………………158
ショッパー・マーケティング……………158
処理集合……………………………………107
序列尺度……………………………………　91
事例分析……………………………………　83
真空地帯仮説………………………………**265**
人口統計的変数……………………………　16
人的管理……………………………………　90
人的販売……………………………………193
信頼品質……………………………………245

衰退期……………………………………51, 132
垂直の拡大…………………………………125
垂直の共同開発……………………………127
垂直的マーケティング・システム………231
水平の拡大…………………………………125

水平的共同開発……………………………127
数量化………………………………………　91
スキーマ……………………………………109
　──不一致………………………………109
スクリーニング……………………………128
スタイル……………………………………134
スノーボール法……………………………　88

生産財……………………………………122, **265**
成熟期……………………………………51, 132
正相関………………………………………　93
成長期……………………………………51, 131
製品………………………………………21, 122
製品アイテム………………………………124
製品開発……………………………………　29
製品コンセプト……………………………　8
製品 - 市場戦略……………………………　28
製品 - 市場マトリックス…………………**265**
製品ブランド……………………………140, **261**
製品ポートフォリオ・マネジメント…　30, **265**
製品ポジション…………………61, 72, 73
製品ミックス……………………………124, **266**
製品ライフ・サイクル……………51, 131, **266**
製品ライン………………………………71, 124
セールス・プロモーション………………193
セグメンテーション………………5, 27, 63-68, 71
　──変数…………………………………　65
セグメント……………………62, 64, 66, 67, 69-71
セグメント・マーケティング……………　14
線形代償型…………………………………114
潜在変数……………………………………　94
全数調査……………………………………　87
選択的知覚…………………………………102
選択的流通…………………………………225
先発者………………………………………125
専門品………………………………………225
戦略的マーケティング…………………27, **266**

相関関係……………………………………　94
相関係数……………………………………　93
相関分析…………………………………93, **266**
想起集合…………………………………107, **266**
　──サイズ………………………………107
相対的市場シェア…………………………　31
総費用………………………………………167
属性…………………………………………230
測定…………………………………………　91
測定尺度……………………………80, 90-92, **266**
　──値……………………………………　91

——のタイプ…………………………… 91	データの収集方法…………………………… 88
ソサイエタル・マーケティング………… 11	データのタイプ…………………………… 86
組織能力………………………………… 43-45	データ分析………………………………… 92
損益分岐点…………………………173, **266**	デュアル・チャネル……………………… 235
	電子商取引………………………………… 222
〔た行〕	伝統的チャネル…………………………… 231
ターゲティング……5, 16, 17, 27, 62, 63, 68-71	電話法……………………………………… 90
耐久財………………………………122, **266**	
代替技術…………………………………… 34	同化効果…………………………………… 108
代替品………………………………… 54, 55	同化対比理論……………………………… **267**
対比効果…………………………………… 108	投機………………………………………… 232
対立………………………………………… 228	統計分析…………………………………… 93
多角化……………………………………… 29	統制群……………………………………… 86
妥協効果…………………………………… 104	導入期………………………………… 51, 131
多属性態度型……………………………… 114	ドメイン…………………………………… **267**
探索的リサーチ………………79, 82, 83, **267**	留置き法…………………………………… 89
——のタイプ…………………………… 83	取引依存度……………………………230, **268**
——の目的……………………………… 82	取引数削減の原理………………………… **268**
探索品質…………………………………… 245	取引費用………………………………236, **268**
短縮連鎖型アプローチ…………………… 131	トリプルメディア……………………197, **268**
単純重複型アプローチ…………………… 130	
単独開発…………………………………… 127	**〔な行〕**
	内的参照価格…………………………182, **268**
知覚…………………………………102, **267**	内部環境要因…………………………43, 55, 56
——の選択性…………………………… 102	ナショナル・ブランド…………………… 139
知覚バイアス……………………………… 102	
知覚品質…………………………………… 104	ニーズ志向……………………………121, **268**
知覚マップ……………………73, 105, **267**	二次データ………………………………… 86
知識………………………………………… 204	日常反応行動……………………………… **260**
知名集合…………………………………… 100	ニッチ・マーケティング………………… 14
チャネル：	ニッチャー…………………………… 38, 166
——の開閉……………………………… 224	入札価格設定……………………………… 181
——の広狭……………………………… 224	入手可能集合……………………………… 106
——の長短……………………………… 224	認知的負荷………………………………… 114
——の広さ……………………………… 224	認知的不協和………………… 116, 206, **269**
チャネル管理………………… 217, 228, 235	
チャネル構造…………………………224, **267**	ネットワーク効果………………………… 221
チャネル設計………………………217, 233	
チャレンジャー……………………… 38, 74	**〔は行〕**
調査仮説………………… 80-84, 90-93, 96, **267**	ハーシュマン・ハーフィンダール指数… 52, 54
調査報告書………………………………… 96	バイイング・パワー……………………… **269**
——の一貫性…………………………… 96	排他的流通………………………………… 225
——の妥当性…………………………… 96	端数価格………………………………182, **269**
——の明瞭性…………………………… 96	花形………………………………………… 31
——の網羅性…………………………… 96	パブリシティ………………… 157, 194, **269**
直販………………………………………… 217	バラエティ・シーキング……………117, **269**
地理的変数………………………………… 16	バリュー・チェーン………………… 45-47
	パワー…………………………………229, **269**
低関与学習モデル………………………… 190	パワー基盤……………………………230, **269**

索　引　277

パワー・シフト……………………… 230
ハワード＝シェス・モデル……… 115
販促型価格設定…………………… 182
判断抽出法…………………………… 88
ハンドメーリング法………………… 88
販売機能…………………………… 215

非関連多角化………………………… 29
非偽装（調査の）…………………… 89
被験者間実験………………………… 85
被験者内実験………………………… 85
ビジネス・システム………… 45-47
比尺度……………………… 91, 92, 94
非処理集合………………………… 106
非耐久財…………………………… 270
非知名集合………………………… 100
人ごみインターセプト法…………… 88
標的顧客……………………………… 62
標本…………………………………… 87
　　——抽出……………………… 87

ファッド…………………………… 134
フィールド実験…………………… 85, 90
フォロワー…………………… 38, 166
負相関……………………………… 93
プッシュ的コミュニケーション……202, 270
プッシュ的戦略…………………… 270
物流…………………………………… 22
　　——機能……………………… 216
プライベート・ブランド………… 139
プラットフォーム………………… 221
ブランド……………………………… 72
ブランド・アイデンティティ… 137, 142, 270
ブランド・イメージ……………… 142
ブランド・エクイティ……… 140, 141, 270
ブランド・エクステンション……153, 270
ブランド・カテゴライゼーション……106, 270
ブランド・コンセプト……… 142, 144, 270
ブランド選好………………………… 94
ブランド認知……………………… 133
ブランド・マネジャー制………… 139
ブランド要素……………………152, 271
ブランド・ロイヤルティ………… 141
プル戦略…………………………… 271
プル的コミュニケーション……202, 271
プロセス型サービス……………… 248
プロトタイプ……………………… 128
プロモーション……………………… 21
文献検索……………………………… 83

分散…………………………………… 94
　　——分析………………… 94, 271

平均値………………………………… 92
ペイド・メディア………………… 197
ベネフィット………………………121, 271
ペルソナ戦略……………………… 144
便宜的抽出法………………………… 88
ベンチマーキング…………………… 5
変動費……………………………… 167

ポーター（M. E. Porter）………… 36
　　——の競争戦略……………… 271
ホールドアップ…………………… 234
補完製品……………………………… 54
ポジショニング……… 5, 19, 27, 62, 63, 71-74
母集団………………………………… 87
ボストン・コンサルティング・グループ… 30
保留集合…………………………… 107

〔ま行〕

マーケティング遠視眼……………… 34
マーケティング近視眼……………34, 271
マーケティング・コンセプト……9, 271
マーケティング・マイオピア……9, 271
マーケティング・マネジメント…… 27
マーケティング・ミックス… 21, 27, 133, 272
マーケティング・リサーチ………… 99
マクロ外部環境…………………… 48, 50
　　——要因……………………… 50
負け犬………………………………… 32
マス・カスタマイゼーション………250, 272
マス・マーケティング……………… 14

ミーン………………………………… 92
ミクロ・マーケティング…………… 14
ミクロ外部環境………………… 48, 49, 51
魅力効果…………………………… 104

無作為抽出法………………………… 87
無差別型マーケティング…………… 17
無相関………………………………… 93

名声価格……………………………171, 272
名目尺度…………………………… 91, 94
メディアン…………………………… 91
面接法………………………………… 89

モード………………………………… 91

物語マーケティング……………150, **272**	リテイル・サポート…………………… **272**
最寄品……………………………… 224	リポジショニング………………… 19
問題児……………………………… 32	利便性…………………………… 23
問題認識…………………………… 111	流通………………………… 21, 214

〔や行〕

有意水準…………………………… 93	流通機関………………………… 214
有意抽出法………………………… 88	流通機能の代替性………………… 227
郵送法……………………………… 89	流通業者………………………… 217
	——向け SP ……………… 193
4 つの C ………………………… 22	流通経路の多段階性……………… **272**
4P ………………………………… 27	流通チャネル…………………… **272**
	量的データ……………………… 91

〔ら行〕

ラグビー型アプローチ……………… 130	リレー型アプローチ……………… 129
ラボ実験…………………………85, 90	
	ルール型サービス………………… 248
リーダー………………………38, 72	
リサーチ・デザイン……………78, 82	ロイヤルティ…………………… 70
リサーチ問題……………80, 81, 96	

〔わ行〕

割当抽出法………………………… 88

欧文索引

〔A〕

AIDA モデル………………………… 190
AIDMA …………………………… 259
AIDMA モデル……………………… 190
AISAS® …………………………… 190
analysis of variance …………… 271
ANOVA …………………………… 271
assimilation-contrast theory ……… 267

〔B〕

BE ………………………………… 270
benefit …………………………… 271
BI ………………………… 137, 270
brand categorization ……………… 270
brand concept …………………… 270
brand elements ………………… 271
brand equity …………………… 270
brand extension ………………… 270
brand identity …………………… 270
break-even point ………………… 266
buying power …………………… 269

〔C〕

causal research ………………… 259
CDP モデル ……………………… 111
channel of distribution ………… 272
channel structure ……………… 267
chi-square test ………………… 260
cognitive dissonance …………… 269
commoditization ………………… 263
Communication ………………… 23
consideration set ……………107, 266
Consumer Decision Process ……… 111
consumer goods ………………… 265
Convenience …………………… 23
cooperative development ………… 261
corporate brand ………………… 261
correlation analysis …………… 266
cost plus pricing ………………… 263
cross merchandising…………… 261
CS ………………………………… 251
Customer Cost ………………… 23
customer loyalty………………… 263
customer satisfaction ………251, 263
Customer Solution……………… 23

索　　引　279

〔D〕

decision strategy ……………………… 114
descriptive research ………………… 261
distribution channel ………………… 272
domain ………………………………… 267
durable goods ………………………… 266

〔E〕

EC ……………………………………… 222
economics of scale ………………… 261
emotional value ……………………… 261
entry order …………………………… 264
enviroment …………………………… 260
evoked set …………………………… 266
expectancy disconfirmation model　113, 261
experience effect …………………… 262
experiential marketing ……………… 262
exploratory research………………… 267
extensive problem solving ………… 260

〔F〕

5-D Branding ………………………… 263
FCB グリッド ………………………… 123
functional value ……………………… 261

〔G〕

GAFA…………………………………… 221
gross rating point …………………… 264
GRP …………………………………… 264

〔H〕

hypothesis …………………………… 267

〔I〕

ID 要素（ID elements）……………… 259
IMC …………………………………… 259
individual brand ……………………… 261
industrial goods ……………………… 265
information processing model ……… 265
instore promotion …………………… 259
Integrated Marketing Communications 259
internal reference price …………… 268
interpersonal communication……… 259
involvement………………………116, 260
ISP …………………………………… 259

〔K〕

kind of business ……………………… 262

〔L〕

limited problem solving …………… 260

〔M〕

management resources ……………… 262
market penetration pricing ………… 264
market power ………………………… 229
marketing concept…………………… 271
marketing mix………………………… 272
marketing myopia …………………… 271
mass customization ………………… 272
MD……………………………………… 261
measurement scale ………………… 266
moments of truth …………………… 251

〔N〕

narrative marketing ………………… 272
National Brand ……………………… 139
NB ………………………………139, 231
needs orientation …………………… 268
nondurable goods …………………… 270
null hypothesis ……………………… 261

〔O〕

odd price ……………………………… 269
OEM …………………………………… 230
opinion leader ………………………… 260

〔P〕

PB ………………………………139, 230
perceived quality …………………… 104
perception ……………………102, 267
perceptual map ……………………… 267
PEST 分析……………………………… 48
Place …………………………………… 21
PLC ……………………………131, 266
postponement-speculation ………… 260
power…………………………………… 269
power base …………………………… 269
PPM …………………………………… 265
prestige price ………………………… 272
Price …………………………………… 21
price elasticity of demand ………… 265
principle of minimum total transaction 268
Private Brand ………………………… 139
Product ………………………………… 21
product brand ………………………… 261
Product Life Cycle ……………131, 266

product market matrix ·················· 265
product mix ·························· 266
product portfolio management ········· 265
productmarket matrix ················ 265
Promotion ·························· 21
publicity ···························· 269
pull communication ················· 271
pull strategy ························ 271
purchasing dicision making process ·· 262
push commumication ··············· 270
push strategy ······················ 270

〔R〕

relation specific investment············ 260
retail support ······················ 272
routine problem solving ·············· 260

〔S〕

sampling ·························· 264
scale merit ························ 261
seeds orientation ·················· 264
Segmentation, Targeting, Positioning ·· 259
service encounter ·················· 263
service profit chain ················ 264
service quality···················· 264
service triangle ···················· 263

skimming pricing ················· 259
story marketing ··················· 272
STP··························· 5, 13, 63, 259
strategic marketing ················· 266
SWOT 分析 ····················· 43, 56, 69

〔T〕

t 検定（t-test）···················· 94, 267
transaction cost ··················· 268
triple media ······················ 268
type of operation··················· 262
type of store······················ 262

〔V〕

vacuum hypothesis ················· 265
variety seeking ···················· 269
vertical marketing system ············· 270
VMS ·························· 231, 270
　管理型——························226, 231
　企業型——························226, 231
　契約型——······················· 232
VRIO 分析························· 45

〔W〕

W/R 比率 ························ 218
wheel of retailing hypothesis ············· 262

〈監修者紹介〉

公益社団法人　日本マーケティング協会

　昭和32年産学共同をかかげて設立以来，内外のマーケティングの理論と技法の研究・普及に努め，その知見を会員企業が実践の場で最大限に生かすことで，わが国のマーケティングの発展に多大な成果を上げてきた。

　法人会員社500社（2019年度現在）

　事業内容は，マーケティングの階層別教育研修プログラムを中心とした人材育成，内閣府認定のマーケティング検定事業，最新の研究成果と情報を発信する定期刊行物マーケティング・ジャーナルや月刊誌ホライズン等の情報提供，各種研究会等の異業種交流，グローバル化の推進としてアジアマーケティング連盟での活動等，積極的な事業展開を行なっている。

　〒106-0032　東京都港区六本木3-5-27　六本木YAMADA ビル9F
　TEL 03-5575-2101

2010年 9 月17日　初版発行	
2019年 3 月31日　初版11刷発行	
2019年 7 月10日　第2版発行	《検印省略》
2024年12月25日　第2版12刷発行　略称：ベーシックマーケ(2)	

ベーシック・マーケティング（第2版）

監修者　　　ⓒ(公社)日本マーケティング協会
発行者　　　中　島　豊　彦

発行所　**同 文 舘 出 版 株 式 会 社**
　　　　東京都千代田区神田神保町 1-41 〒101-0051
　　　　電話 営業(03)3294-1801 編集(03)3294-1803
　　　　振替 00100-8-42935
　　　　https://www.dobunkan.co.jp

Printed in Japan 2019　　　　　　　印刷：萩原印刷
　　　　　　　　　　　　　　　　　製本：萩原印刷

ISBN 978-4-495-64372-0

[JCOPY] 〈出版者著作権管理機構 委託出版物〉
本書の無断複製は著作権法上での例外を除き禁じられています。複製される場合は，そのつど事前に，出版者著作権管理機構（電話 03-5244-5088，FAX 03-5244-5089，e-mail: info@jcopy.or.jp）の許諾を得てください。